JAMAIKA

REISE-TASCHENBUCH

Axel Pinck

JAMAIKA

DUMONT

Titelbild: Warten auf Kundschaft
Umschlaginnenklappe vorne: Sonnenuntergang in Negril
Umschlaginnenklappe hinten: Straßenszene in Buff Bay
Umschlagrückseite: Pushcart-Fahrer transportieren Waren durch die Stadt
  (oben); am Strand von Long Bay (Mitte); Jamaika in lauschiger Abend-
  stimmung (unten)
Vignette S. 1: Auf Jamaika allgegenwärtig – der Reggae-Star Bob Marley

Über den Autor: Axel Pinck, geboren 1948 in Hamburg, Diplom-Volks-
wirt, arbeitet im Medien- und Touristikbereich mit den Schwerpunkten
Nordamerika und Karibik. Verschiedene Veröffentlichungen als Buchautor
und Verfasser von Beiträgen in Zeitschriften, Zeitungen und im Rundfunk.
Bei DuMont erschienen von ihm die Richtig Reisen-Bände »Florida« und
»USA – Die Südstaaten« sowie die Reise-Taschenbücher »Bahamas«,
»Barbados – St. Lucia – St. Vincent – Grenada« und der Band »DuMont
Extra: Florida«.

Bitte schreiben Sie uns, wenn sich etwas geändert hat.
Alle in diesem Buch enthaltenen Angaben wurden vom Autor nach bestem
Wissen erstellt und von ihm und dem Verlag mit größtmöglicher Sorgfalt überprüft. Gleichwohl sind – wie wir im Sinne des Produkthaftungsrechts betonen
müssen – inhaltliche Fehler nicht vollständig auszuschließen. Daher erfolgen
die Angaben ohne jegliche Verpflichtung oder Garantie des Verlages oder des
Autors. Beide übernehmen keinerlei Verantwortung und Haftung für etwaige
inhaltliche Unstimmigkeiten. Wir bitten dafür um Verständnis und werden Kor-
rekturhinweise gerne aufgreifen:
DuMont Buchverlag, Postfach 10 10 45, 50450 Köln
E-Mail: reise@dumontverlag.de

© DuMont Buchverlag, Köln
3., aktualisierte Auflage 2001
Alle Rechte vorbehalten
Umschlaggestaltung: Groschwitz, Hamburg
Satz und Druck: Rasch, Bramsche
Buchbinderische Verarbeitung: Bramscher Buchbinder Betriebe

Printed in Germany   ISBN 3-7701-3132-0

INHALT

LAND & LEUTE

Natur, Umwelt, Wirtschaft

Geschichte, Gesellschaft und Kultur

UNTERWEGS
AUF JAMAIKA

Kingston und der Osten

Der Norden und das Hinterland

Der Westen und der Südwesten

TIPS & ADRESSEN

LAND & LEUTE

Bond sah die grüne
Insel am Horizont
auftauchen und
größer werden.
Die untergehende
Sonne ließ Flüsse
und Bäche golden
aufschimmern.
»Xaymaca - Land der
Hügel und Flüsse«
hatten es die Arawak-
Indianer genannt.

Ian Fleming

Natur
Umwelt
Wirtschaft
Politik

Geographie und Klima

Pflanzen- und Tierwelt

Staat und Verwaltung

Wirtschaft und Politik

Die Küste bei Port Antonio

Landschaft

Jamaika ist annähernd halb so groß wie Mecklenburg-Vorpommern. Die größte englischsprachige Karibikinsel ist mit einer Ausdehnung von 10 991 km^2 nach Kuba und Hispaniola gleichzeitig drittgrößte Insel der Antillen. Die Antillen ziehen sich in einem weiten Bogen von der mexikanischen Halbinsel Yukatan bis vor die Küste von Venezuela und begrenzen die Karibische See nach Norden und Westen. Jamaika liegt 145 km südlich von Kuba und 160 km westlich von Haiti. Miami in Süd-Florida ist etwa 1000 km entfernt.

Die Bezeichnung Karibik erinnert an den kriegerischen Volksstamm der Kariben, der von der Region des heutigen Guyana im Norden von Südamerika zunächst die Inseln der Kleinen Antillen besiedelte und die dort lebenden Arawak vertrieb. Zur Zeit der spanischen Entdeckung unternahmen die Kariben bereits Raubzüge nach Jamaika und zu anderen Inseln der nördlichen Großen Antillen.

Jamaika besteht aus einer oval geformten Hauptinsel, die zwischen Morant Point im Osten und South Negril Point im Westen 236 km sowie zwischen St. Ann's Bay im Norden und dem südlichen Portland Point 82 km mißt. Hinzu kommen einige winzige, der mehr als 1000 km langen, buchtenreichen Küste vorgelagerte Inseln, außerdem die Pedro- und die Morant

Cays, Eilande, die zwischen 75 und 100 km südlich von Kingston in der Karibischen See liegen und als Stützpunkt von Fischern und Brutgebiet von Seevögeln bekannt sind.

Es gibt vier deutlich voneinander unterscheidbare Landschaftstypen. Die agrarisch intensiv genutzte Küstenebene ist besonders im Süden

und Westen ausgedehnt und erreicht dort eine Breite von bis zu
20 km. Weiter im Innern erhebt
sich auf durchschnittlich 450 m ein
zum Teil stark zerklüftetes Hochplateau, das etwa die Hälfte der In-
seloberfläche umfaßt. Das höchste,
verkarstete Gebiet dieser Region
südlich der Hafenstadt Falmouth
heißt Cockpit Country. Im Osten

Ein Paradies für Wassersportler

von Jamaika steigen die Blue
Mountains mit dem Gipfel des Blue
Mountain Peak auf 2256 m an. Im
warmen Wasser des Festland-
sockels sind im Süden, Westen und
Norden vor der Küste in mehreren

13

›Steckbrief‹ Jamaika

Name: Jamaika, Hauptstadt ist Kingston

Lage: Die knapp 11 000 km^2 große Insel gehört zu den Großen Antillen, sie liegt in der Karibischen See, etwa 145 km südlich von Kuba und 160 km westlich von Haiti.

Bevölkerung: Gut 2,5 Mio. Einwohner, 229 Einwohner pro km^2. Mehr als 1 Mio. Jamaikaner leben im Ausland (USA, Kanada, Großbritannien). Im Großraum Kingston wohnen etwa 1 Mio. Menschen, in Montego Bay 200 000. Etwa 80 % sind westafrikanischen Ursprungs, 15 % Mulatten, 1,3 % Inder, 0,2 % Europäer, 0,2 % Chinesen.

Religion: Etwa 56 % protestantische Christen (*Church of God,* Anglikaner, Baptisten, Presbyterianer, Adventisten), 5 % Katholiken, 5 % Rastafari, Minderheiten von Muslimen, Bahai, Juden und Naturreligionen

Sprache: Amtssprache ist Englisch, Umgangssprache Kreol (Patois)

Bildungssystem: Es besteht offiziell Schulpflicht vom siebten bis zum fünfzehnten Lebensjahr. An der Universität von Kingston, die mit der Universität der West Indies kooperiert, sind 9000 Studenten eingeschrieben.

Unabhängigkeit: 6. 8. 1962, nach 161 Jahren spanischer und 307 Jahren britischer Kolonialherrschaft

Staatsform: Parlamentarische Monarchie im britischen *Commonwealth,* Staatsoberhaupt ist die britische Königin, vertreten durch einen Generalgouverneur, Zwei-Kammer-Parlament mit Repräsentantenhaus und Senat

Flagge: Ein diagonales, gelbes Kreuz formt vier Dreiecke, deren oberes und unteres grün, deren rechtes und linkes schwarz gefärbt sind. Schwarz soll die überwundenen und zukünftigen Probleme, Gelb die natürlichen Reichtümer und den Sonnenschein, Grün die Hoffnung und die Produkte der Landwirtschaft symbolisieren.

Beschäftigung: Industrie 43 %, Dienstleistungsbereich 32 %, Landwirtschaft 8 %; Arbeitslosigkeit 17 %

Export: Tonerde, Bauxit, Bekleidung, Zucker, Bananen, Rum, Kaffee

Handelspartner: USA, Großbritannien, Kanada, Norwegen, Trinidad und Tobago, Japan

tausend Jahren prächtige Korallenriffe gewachsen.

Wie auch die übrigen Antilleninseln verdankt Jamaika seine Existenz tektonischen Bewegungen
der Erdplatten. Es liegt mit den Inseln Hispaniola und Puerto Rico
am Rand der karibischen Platte, die
im Gegensatz zur nordamerikanischen nach Osten driftet. Vulkani-
sche Aktivitäten an den Plattenrän-
dern schufen die Antillen. Anhal-
tende Plattenbewegungen ließen
die Insel vor 30 bis 20 Mio. Jahren
unter den Meeresboden sinken.
Überreste von Meerestieren lager-
ten sich nun als teilweise viele
hundert Meter dicker Kalkstein-
rücken auf dem erkalteten Vulkan-
und Sedimentgestein ab. Vor etwa
10 Mio. Jahren erhoben sich Jamaika und andere Antilleninseln wieder über die Wasseroberfläche.
Brüche und Auffaltungen formten
die heutige, abwechslungsreiche
Landschaft.

Jamaika hebt sich noch immer
innerhalb von 1000 Jahren etwa
30 cm aus dem Meer. Der Cay-
man-Graben, die bis zu 7680 m
tiefe Meeresenke zwischen Jamaika und dem am Rande der nordamerikanischen Platte gelegenen
Kuba, vertieft sich gleichzeitig weiter. Die Lage am Rande der karibischen Platte macht die Insel anfäl-
lig für Erdbeben. Etwa 17 Erschüt-
terungen, die meisten für Menschen kaum spürbar, werden alljährlich in Kingston registriert.
Zwei größere Erdstöße in der Neu-
zeit brachten der Insel Tod und

Zerstörung. Das berüchtigte Beben
von 1692 riß zusammen mit einer
gewaltigen Flutwelle weite Teile
von Port Royal und 2000 Menschen ins Meer, das Beben von
1907 und die dadurch ausgelösten
Brände vernichteten den größten
Teil von Kingston und kosteten 800
seiner Bewohner das Leben.

Etwa 120 Flüsse, davon ein Dutzend nennenswerte, entspringen
im gebirgigen und hügeligen Innern der Insel, um nach kurzem
Lauf im Meer zu münden. Bekannt
sind der Rio Grande bei Port Antonio, der White River nahe Ocho
Rios und der Martha Brae River bei
Falmouth, auf denen sich Urlauber
mit Bambusflößen treiben lassen
können. Der Black River, der auf
dem Weg zur Küste ein ausgedehn-
tes Feuchtgebiet durchströmt, ist
als einziger Fluß auf etwa 40 km
mit kleinen Booten schiffbar.

Die meisten der internationalen
Touristenorte mit feinsandigen
Stränden und meist üppig bewach-
senem Hinterland, wie Negril,
Montego Bay, Runaway Bay, Ocho
Rios oder Port Antonio, liegen an
der Nord- und der Nordwestküste.
Die Hauptstadt Kingston, die lang-
sam mit den Städten Portmore und
Spanish Town zusammenwächst,
May Pen, Mandeville und Savan-
na-la-Mar, die im Südwesten der
Insel liegen, werden von vielen Ur-
laubern nur auf Rundreisen ge-
streift. An der Südküste verbergen
sich einige bislang wenig bekannte
Badeorte wie Whitehouse, Black
River Bay oder Treasure Beach.

Klima

Selbst die *Northers,* eisige, polare Schneestürme, die zwischen Dezember und März bisweilen das nordamerikanische Festland heimsuchen und noch in Florida die Orangenernte an den Bäumen gefrieren lassen, heizen sich über dem Wasser des Golfes von Mexiko und der Karibischen See so weit auf, daß sie das tropische Jamaika nur als angenehm kühlende Winde erreichen. Auf der Insel herrscht das ganze Jahr über Sommer.

Jahreszeiten, die sich durch deutliche Temperaturdifferenzen voneinander unterscheiden, gibt es

nicht. Die Durchschnittstemperaturen im Winter betragen 24° Celsius, in den Sommermonaten sind es nur drei Grad mehr. In den Küstenebenen klettert das Thermometer höher, die Werte für Kingston liegen im Juli bei 32,4° Celsius. Im hügeligen und bergigen Innern der Insel kühlt es hingegen etwas ab. Die Temperatur der Küstengewässer beträgt selten weniger als 25 bis 27° Celsius.

Unterschiede lassen sich im Jahresverlauf eher in der Intensität der Niederschläge ausmachen. Die durchschnittlich 2095 mm im Jahr konzentrieren sich auf zwei regnerische Saisonzeiten. Im Mai und Juni sowie von September bis November kann es auch an heiteren Tagen nachmittags häufiger zu Regengüssen kommen. Diese verteilen sich zudem regional. Der

Port Antonio nach einem Regenschauer

Hurrikan

Der ›böse Geist‹ der Karibik

Der Wind braust mit unvorstellbarer Gewalt und mit Geschwindigkeiten bis zu 360 km/h. Bäume werden mit ihren Wurzeln aus dem Boden gerissen, Schiffe an Land geschleudert, Dächer durch die Luft weggetragen. Das Zentrum des Sturmes, das ›Auge des Hurrikan‹, kann einen Durchmesser von 20 bis 50 km erreichen. Im Auge herrscht niedriger Luftdruck und die Stille vor der nächsten Attacke. Wenn die dunkle Wolkenwand vorbeizieht, die das ruhige Sturmzentrum umgibt, geht das Getöse ein zweites Mal los, und es folgt ein Wolken- und Sturmwirbel von mehreren hundert Kilometern Durchmesser. Sintflutartige Regenfälle verwüsten dann nicht selten mit Niederschlägen von über 2000 mm in wenigen Stunden das Land, meterhohe Wellen bringen auch große Schiffe in Seenot, Flutwellen setzen niedrige Landstriche unter Wasser.

Kein Wunder, daß die Arawak, die indianischen Einwohner der Großen Antillen, die überwältigende, zerstörerische Naturgewalt, gegen die sie sich nicht zu wehren vermochten, einst *Hurakan*, böser Geist, nannten. Auch heute noch sind die Menschen tropischen Wirbelstürmen ausgeliefert, können nur vor der vermuteten Bahn flüchten und versuchen, ihre Habe in Sicherheit zu bringen. Allein die Vorhersagemöglichkeiten haben sich verbessert. Satelliten, Radarstationen und Wetterflugzeuge des National Hurricane Center in Miami, Florida, versorgen die karibischen Staaten mit Informationen über Richtung, Geschwindigkeit und Stärke der mächtigen Stürme, einige Tage bevor sie die Inseln erreichen.

Ein Hurrikan, der in Australien Willy-Willy, im Indischen Ozean Zyklon und im Nordpazifik Taifun genannt wird, entsteht über tropischen Meeren, jedoch nur dann, wenn diese sich im Spätsommer auf mindestens 26° Celsius erwärmt haben. Warme Luft von hoher Luftfeuchtigkeit über dem Atlantik westlich der Kapverdischen Inseln vor Afrika steigt auf und kondensiert. Die entstehenden Wolken werden durch die Erddrehung in Rotation versetzt. Das aufgeheizte Wasser des Ozeans versorgt den Wirbelsturm, der sich in einem Bogen nach Westen bewegt, mit zusätzlicher Energie. Erreicht seine Windgeschwindigkeit mehr als 116 km/Std., spricht man von einem Hurrikan.

Jamaika liegt zwar im Herzen der Karibischen See, wurde jedoch von den gewaltigen Wirbelstürmen glücklicherweise nur selten heimgesucht. Viele dieser Stürme laufen sich auf dem Atlantik tot, ziehen in andere Regionen der Karibik oder erreichen die Südstaaten der USA. Nach 1951 traf erst 1980 mit Allen wieder ein Hurrikan die Insel. Zwischen dem 10. und 17. 9. 1988 zog Gilbert mit Böen von 250 km/Std. eine zerstörerische Spur durch die Karibik. Haiti, Jamaika, die Cayman-Inseln und die Halbinsel Yukatan in Mexiko waren am härtesten getroffen. Insgesamt 300 Menschen wurden von umherfliegenden und herabstürzenden Gegenständen erschlagen oder ertranken in den Fluten. In Jamaika war die Ernte auf den Feldern vernichtet, Hunderte von Privathäusern, öffentlichen Gebäuden und Hotels boten nur noch den Anblick von Ruinen. Die von Allen und von Gilbert zerstörte Trasse der jamaikanischen Eisenbahn zwischen Montego Bay, Kingston und Port Antonio ist noch immer nicht wiederaufgebaut.

Nordosten von Jamaika, der Distrikt Portland mit den John Crow- und den Blue Mountains, wird mit mehr als 5000 mm pro Jahr reichlich bedacht, während die südliche Küstenebene, in der auch Kingston und Spanish Town liegen, mit 760 mm Niederschlag im Jahr dürftiger wegkommen.

Im Spätsommer, zwischen August und September, ist die recht seltene Gefahr, einen Hurrikan zu erleben, am größten. Doch nicht immer bläst der Wind mit derart zerstörerischer Kraft wie ein tropischer Wirbelsturm. Die karibischen Inseln liegen im Bereich der Passatwinde, eines beständigen Luftstroms, der auf der Nordhälfte der Erdkugel aus dem Bereich der Subtropen nach Südwesten in Richtung Äquator weht. So erklärt sich auch, daß die regenschweren Wolken vorzugsweise an den Berghängen im Nordosten von Jamaika

und im Sommer auch an den leichten Erhebungen südlich von Montego Bay abregnen und die Regionen im Windschatten der Berge leer ausgehen.

Die Passatwinde, deren englische Bezeichnung *trade winds* auf deren Bedeutung für die Handelsschiffahrt in der Epoche der großen Segler verweist, werden durch Land- und Talwinde ergänzt. Diese entstehen, wenn sich an einem sonnigen Tag die Luft über dem Land erhitzt und aufsteigt. Von See strömt Luft nach, eine leichte Meeresbrise bringt angenehme Abkühlung, die, nicht unpassend, *doctor breeze* genannt wird. Die erhitzte, feuchtwarme Luft, die in höhere Regionen aufgestiegen ist, kondensiert dort zu einer Kumuluswolke. Nachts kühlt die Luft über dem Land schneller ab, die Windrichtung dreht, und die Luft strömt Richtung Meer zurück.

Pflanzen- und Tierwelt

Für Christoph Kolumbus, der Jamaika 1494 als erster Europäer erblickte, war die Insel von »höchstem Liebreiz«. Hügel und Berge waren von dichten Wäldern bedeckt, in denen wilde Orchideen auf Mahagonibäumen und Zedern wuchsen. Auf kleinen Feldern in den Ebenen der Küsten bauten die Arawak Tabak, Mais und Cassava an, ernteten wohlschmeckende, wildwachsende Ananas und Avocados. Die Spanier, die wenige Jahre später damit begannen, Jamaika zu besiedeln, führten neue Nutzpflanzen ein – Zuckerrohr, Zitrusfrüchte, Ingwer. Sie brachten Tiere mit – Pferde, Rinder, Ziegen und Schweine.

Die Engländer, die 1655 die Insel von Spanien eroberten, übernahmen die Zuckerrohrplantagen und bauten Jamaika zu einer ›Zuckerfabrik‹ aus. Aus anderen Kolonien in Asien und Afrika führten sie weitere Pflanzen ein, um sie im fruchtbaren Klima der Karibikinsel auf Plantagen zu kultivieren und ausreichend Nahrungsmittel für Zehntausende Sklaven anzubauen.

Im Jahre 1793 schaffte Kapitän Bligh im zweiten Versuch eine Schiffsladung mit Brotfruchtbaumsetzlingen aus der Südsee heran; die erste Fahrt nach Jamaika auf der »Bounty« war durch die (Film-)Geschichte gewordene Meuterei des Offiziers Fletcher Christian jäh unterbrochen worden. Später kamen dann Ackee-Bäume aus Westafrika, Mangos von Mauritius, Kaffeebohnen, Okra-Gemüse, Yam-Wurzeln, und *Guinea Gras,* eine Art Hirse, hinzu. Indische Vertragsarbeiter brachten Marihuana aus ihrer Heimat mit, eine der ertragreichsten Pflanzen in der Geschichte von Jamaika.

Ursprüngliche und eingeführte Pflanzen haben vom fruchtbaren Boden und Klima der Insel profitiert. Das Angebot an Obst- und Gemüsesorten sowie Gewürzen ist riesig: Zitrusfrüchte, Papayas, Bananen, Melonen, Guaven, Otaheite-Äpfel, Calahoe-Gemüse, Plantains-Kochbananen, viele verschiedene Nüsse, darunter natürlich Kokosnüsse, Zimt, Piment, auch Jamaika-Pfeffer genannt, Muskatnuß, Gewürznelken oder Kampfer. Im Grün der Wälder, in Vorgärten und Parkanlagen leuchten Zierpflanzen in vielen Rot- und Blautönen: Bougainvillea, Oleander, Poinsetta, Flamboyant oder Allamanda.

Südlich von Montego Bay, besonders aber im Nordosten von Jamaika wächst ein tropisch-maritimer, immergrüner Regenwald mit hochaufragenden Baumkronen, mit

Fischer im Mangrovendickicht des Black River

Schlingpflanzen, Farnen und Epiphyten, die ihrerseits auf Bäumen wachsen. Die grauweißen Flechten des Louisiana-Mooses, auch *Spanish Moss* genannt, hängen dekorativ, zotteligen Bärten spanischer Konquistadoren gleich, von den Ästen der Laubbäume. An Bergflanken und an Wasserläufen findet man Bambuswäldchen sowie verschiedene Palmenarten.

Im trockeneren Süden der Insel, im Windschatten der Berge bei Savanna-la-Mar, zwischen Treasure Beach und Milk River Bath, in den Hellshire Hills oder auf der Halbinsel Palisadoes bei Kingston wachsen verschiedenartige Kakteen und dornige Büsche. An der Bay-Seite von Palisadoes, östlich von Port Royal, kann man das Ökosystem von Mangroven studieren, eigentümlichen Pflanzen, die auf Stelzwurzeln im flachen Wasser zu stehen scheinen. Ihre besondere Eigenschaft, Salzwasser verarbeiten zu können und der Schutz, den das Wurzelgewirr Tieren bietet, haben die Mangrovensümpfe zu bevorzugten Nistplätzen von Seevögeln und zum Tummelplatz vieler Fischarten werden lassen.

Mehr als 3000 verschiedene Pflanzenarten, davon etwa 800, die nur auf Jamaika vorkommen, gedeihen auf der Insel. Allein in den Blue Mountains unterscheiden Wissenschaftler zwischen 250 Gewächsen. Am Morant Point an der Ostspitze, im Hinterland von Negril im Westen und am Unterlauf des Black River im Südwesten der Insel bieten große, mit Schilfgras, Wasserrosen und Mangroven bewachsene Feuchtgebiete – *Great Morass* genannt – Reihern und anderen Stelzvögeln, dem häufig fälschlich Alligator genannten und bis zu 7 m langen Krokodil sowie unzähligen Moskitos Lebensraum. Mit der nur noch einige hundert Tiere zählenden Population der inzwischen geschützten Echse und den blutdurstigen Moskitos sind schon die wildesten Tiere der Insel genannt. Die kleinen Schlangen, Eidechsen, Kröten und Frösche auf Jamaika sind harmlos.

In den Hellshire Hills versteckt leben noch einige der urweltlich anmutenden Leguane, die aussehen, als ob sie jeden Moment Feuer spucken werden. Sie sind unmittelbar von der Ausrottung bedroht, gejagt von Mungos, Wiesel ähnlichen Raubtieren, welche die Engländer Ende des 19. Jh. aus Indien eingeführt hatten, um der Rattenplage auf den Zuckerrohrfeldern Herr zu werden. Mungos bedrängen auch die letzten Coneys, kleine Nagetiere, die einst überall auf der Insel zu finden waren.

Neben Rindern, Pferden, Ziegen, Katzen und Hunden, Nutztierimporten der Spanier und Engländer, leben zwei Dutzend verschiedene Arten von Fledermäusen auf der Insel. Im Unterlauf und im Mündungsbereich von Milk River und Alligator Hole River an der Südküste kann man noch einige Dutzend westindische Seekühe, Manatees, finden. Die schwerfälligen, pflan-

Kolibris hautnah

Die Doctorbirds der Rocklands Bird Feeding Station

»Come on, come on here!« Mit den ersten Lockrufen von Fritz, dem Mitarbeiter der Station, kommen die Vögel herbeigeflogen. Tauben, Gelbfinken und Drosseln lassen sich zunächst vorsichtig auf den Steinfliesen der begrünten Veranda nieder. Waldsänger und Blau-Ammern kommen hinzu. Winzige Vögel scheinen in der Luft zu stehen, bewegen sich dann ruckartig näher, als ob sie auf etwas warteten.

Sechs *Hummingbirds,* Kolibris, kommen um 15 Uhr zum Futterplatz. Fritz hält ihnen mit Zuckerwasser gefüllte Fläschen entgegen, deren Verschluß mit einer kleinen Öffnung versehen ist. Ein Schwalbenschwanzkolibri, der als Nationalvogel *Doctorbird* auch die 1-Dollar-Noten und die Leitwerke der Fluglinie Air Jamaica ziert, läßt sich auf dem ausgestreckten Finger nieder und taucht seinen langen, roten Schnabel in die Flaschenöffnung, um am Zuckerwasser zu nippen. Sein grünschwarzes Federkleid und die langen dunkelblauen, sich kreuzenden Schwanzfedern lassen sich nun gut betrachten.

Andere Kolibris, der schwarze *Mango Hummer* und der nur wenige Gramm leichte, dunkelgrüne *Bee Hummer* gesellen sich zu Fritz und einigen Besuchern, die das erste Mal in ihrem Leben einen Kolibri auf dem Finger verspüren. Inzwischen ist auch ein Waldspecht eingetroffen, Eulen sind noch nicht zu sehen, kommen jedoch, wie Fritz versichert, regelmäßig vorbei, wenn nicht zu viele Gäste da sind. Auf der Terrasse, auf der das Licht der Nachmittagssonne durch ein Dach üppig wachsender, farbenprächtiger tropischer Pflanzen gefiltert wird, sitzen nun mehr als 30 Vögel.

Die Rocklands Bird Feeding Station wurde vor mehr als 40 Jahren von Lisa Salmon geschaffen. Die über 90jährige *Bird Lady of Anchovy* lebt seit 1954 auf Jamaika und befaßt sich mit der vielfältigen Vogelwelt der Karibikinsel. Ihre Aufsätze und Zeichnungen sind in vielen Publikationen erschienen, ihre Meinung ist in Fachkreisen geschätzt. Regelmäßig besuchen Ornithologen, Autoren oder Filmemacher ihr Haus und genießen die private Atmosphäre der kleinen Forschungs- und Beobachtungsstation. Von der Terrasse geht der Blick über Wälder und Hügel weit nach Norden bis Montego Bay (Rocklands Bird Sanctuary, Anchovy, südwestl. von Montego Bay, ☎ 952-20 09, tägl. 14.40–17 Uhr).

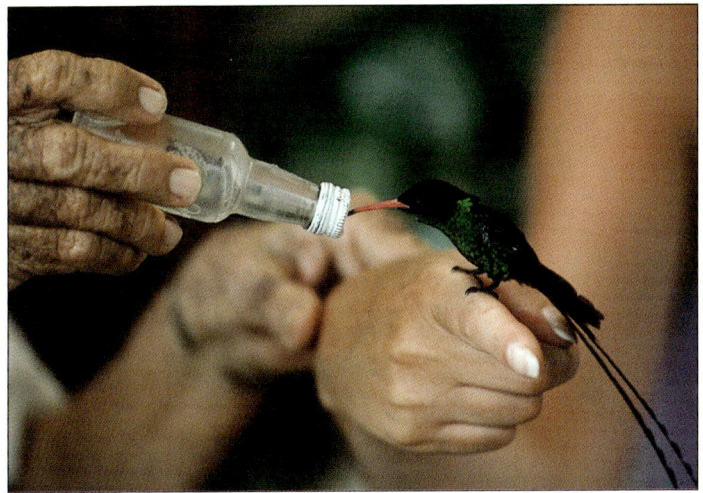

Bei der Fütterung von Kolibris

zenfressenden Meeressäuger, die schon Kolumbus zu erstaunten Kommentaren in seinem Tagebuch anregten, wurden lange wegen ihrer fettreichen Hautschicht gejagt.

Mehr als 300 Vogelarten und Schmetterlinge flattern durch Jamaikas Lüfte, einige Dutzend von ihnen wird man selbst auf anderen karibischen Inseln nicht finden. Der spektakuläre, gelb-schwarz gezeichnete Schwalbenschwanzschmetterling mit einer Spannbreite von etwa 25 cm lebt vor allem in den Wäldern der Blue- und der John Crow Mountains. John Crow soll ein nicht allzu beliebter Pastor in Port Royal gewesen sein, der mit fliegenden Rockschößen zur Kanzel in der Kirche zu eilen pflegte, um seiner Gemeinde die Leviten zu lesen. Neben der Bergkette im äußersten Osten der Insel trägt heute auch der schwarzgefiederte John Crow Bird, ein aasfressender Truthahngeier, seinen Namen.

Der *Mockingbird,* eine silbergrau und weiß gezeichnete Spottdrossel, die auch jamaikanische Nachtigall genannt wird, lebt in den dichten Wäldern, wie die vorwitzige Antillen-Drossel, deren schepperndes »Kling, Kling« ihr zum gleichnamigen Spitznamen verholfen hat und der jamaikanische Todi, der wegen seiner rotgelben Färbung auch als *Robin Redbird* oder *Rasta-Bird* bekannt ist. Der Todi baut keine Nester in den Bäumen, er gräbt vielmehr einen bis zu 60 cm langen Tunnel ins Erdreich und legt dort seine Eier ab.

Patoo, die scheue weiße Eule, wird man eher hören als sehen. Deutlich hörbar ist auch das Hämmern des etwa 20 cm großen Spechtes, der mit weißen Rückenfedern und roter Kopf- und Halszeichnung auffällt. Grün-, Rot-, Gelb- und Blautöne schmücken Papageien und jamaikanische Kanarienvögel, wie den *Jamaican Parrott* und den *Banana Quit.* Vier verschiedene Arten der winzigen Kolibris, darunter der Nationalvogel *Doctorbird,* laben sich am Nektar der vielen Blüten in den Wäldern der Karibikinsel. An den Küsten finden Seemöwen, Seeschwalben, braune Pelikane und Fregattvögel günstige Lebensbedingungen.

Unter der Wasseroberfläche des Festlandschelfes beginnt eine eigene, aufregende Welt. In den Korallenriffen arbeiten winzige Polypentierchen unermüdlich daran, Korallenskelette über runde Steine zu ziehen, zu Fächern und Wäldern zu formen. See-Anemonen, tropische Fische, Muscheln, Hummer, Krebse, und Seefarne leben hier in einem Mikrokosmos, der sehr empfindlich auf Veränderung der Wasserqualität reagiert. In tieferen Gewässern sind Thunfische, blauer Marlin, Wahoo und Fächerfisch zu finden, häufig Objekt der Angelleidenschaft vor allem US-amerikanischer Urlauber.

Wirtschaft und Finanzen

Die wirtschaftliche Entwicklung von Jamaika verläuft auf einem komplizierten Weg mit Widersprüchen und Wendungen. Während der britischen Kolonialepoche war die Insel für das Mutterland wegen des Anbaus von Zuckerrohr und der Produktion von Zucker wich-

Bei Mandeville wird die bauxithaltige Erde abgebaut

tig. Im 20. Jh. kamen Bananenplantagen hinzu, auf denen die Früchte zunächst für den Export nach Nordamerika, später auch nach Europa angebaut wurden.

Noch heute ergibt die Ernte von den großflächigen Zuckerrohrfeldern alljährlich 250 000 t des ›weißen Goldes‹, während die Kleinbauern auf ihren Äckern weniger Feldfrüchte anbauen können, als für die Versorgung der Bevölkerung notwendig wäre. Zu den bekanntesten agrarischen Exportgütern von Jamaika gehören Zucker, Rum, Bananen und Kaffee.

Marihuana, auch Ganja oder Cannabis genannt, taucht in der offiziellen Handelsstatistik nicht auf. Dennoch gehen auch vorsichtige Schätzungen von einem Exportwert von einigen Hundert Millio-

Rum

Zuckerwasser der Karibik

»Es geht nichts über einen ehrlichen White Overproof«. Ray, der eben noch einige Urlauber durch den tropischen Regenwald zu den von Lianen überwucherten Ruinen einer Zuckerrohrplantage der Engländer geführt hatte, prostet seinen Gästen am Tresen der winzigen Dorfbar zu. Er hat den aromatischen klaren Rum, der mit 63 % Alkoholgehalt zum Trinken zu scharf wäre, mit Wasser verdünnt.

Das Nationalgetränk von Jamaika hat eine lange Tradition, die eng mit dem Anbau von Zuckerrohr verbunden ist. Bereits Christoph Kolumbus brachte 1494 auf seiner zweiten Reise in die Neue Welt Zuckerrohrpflanzen in die Karibik, die dort wegen der günstigen klimatischen Bedingungen schon bald auf Plantagen gezüchtet wurden. Nachdem England Mitte des 17. Jh. Jamaika den Spaniern abgenommen hatte, entwickelte sich die Zuckerrohr- und auch die Rumproduk-

nen US-Dollar des auf versteckten Feldern angebauten Krautes aus. In der Landwirtschaft arbeitet jeder Dritte der gut 1 Mio. Arbeitskräfte der Insel. Auch der Fischreichtum der Karibischen See, der Fang und die Verarbeitung von Fischen, Krustentieren und Muscheln gibt nach wie vor mehr als 100 000 Menschen Arbeit.

Während des Zweiten Weltkriegs begann im Zentrum der Insel

tion auf der Insel rasant. Auf den ausgedehnten Zuckerrohrfeldern der Plantagen arbeiteten in Afrika geraubte Sklaven, schlugen das reife Zuckerrohr mit Macheten.

Zucker, Melasse und Rum waren die begehrten Produkte, die den Plantagenbesitzern märchenhafte Gewinne einbrachten. Um 1800 sollen bereits etwa 30 Mio. l Rum nach Europa exportiert worden sein. Ohne ein angemessenes Quantum Rum zog kein Pirat auf Kaperfahrt, segelte kein englischer Marinesoldat in eine Seeschlacht, auch auf Handelsschiffen gab der Kapitän bei aufkommendem Sturm ein Gläschen Rum zur Stärkung an seine Leute aus.

Rum wird seit eh und je auf die gleiche Weise hergestellt. Melasse, ein süßes Nebenprodukt beim Zuckersieden, zum Teil auch reiner Zuckersaft, wird mit Hefe zur Gärung gebracht. Dazu wird *skimming*, Schaum, der sich beim Kochen des Zuckers bildet sowie *dunder*, ein Rückstand beim Destillieren, hinzugesetzt. Beide Zutaten tragen zum Aroma und Charakter des späteren Destillats bei.

Auf Jamaika läßt man den Rum bis zu zwölf Tage gären, auf anderen Antillen-Inseln begnügt man sich häufig mit einer Schnellgärung von zwei Tagen. Die so entstandene *ash*, ein ungenießbarer Zuckerrohrwein mit einem Alkoholgehalt zwischen 5 und 10 %, wird nun in der herkömmlichen Destillierblase mehrmals hintereinander oder in einem kontinuierlichen Destillierverfahren stufenweise auf 65° Celsius erhitzt und am Ende des Kondensationsweges zu einem farblosen, weißen *over-proof* Rum von 60 bis 75 %.

Mit unterschiedlichen Filterverfahren, durch Mischen mit anderen Sorten oder indem vor der Gärung Aromastoffe wie Gewürznelken oder Trockenfrüchte hinzugefügt werden, läßt sich der Geschmack beeinflussen. Die Farbe des Rums sagt nichts über dessen Alter aus. Sie gibt dem Kenner vielmehr darüber Auskunft, ob und wie lange er in einem Holzfaß gelagert hat. Ob White Rum von Wray and Nephew, Medium Brown vom Appleton Estate oder Dark Brown von Sangster aus den Blue Mountains, die renommierten Rum-Marken von Jamaika genießen an den Bars dieser Welt einen ausgezeichneten Ruf.

der Abbau von Bauxit, das zu Aluminium verarbeitet wird. In den 1950er und 60er Jahren stieg Jamaika kurzfristig zum führenden Bauxitproduzenten der Welt auf, allerdings ohne daß dies nachhaltige Auswirkungen auf Beschäftigung und Nationaleinkommen gehabt hätte. Im Bauxit-Tagebau wurden nicht mehr als 8000 Menschen beschäftigt, die Verarbeitung des Rohstoffes geschah im Ausland.

Da wenige kanadische und US-amerikanische Firmen den Markt unter sich aufteilten und das Bauxit zu künstlich niedrig gehaltenen Transferpreisen an ihre eigenen Tochterfirmen im Ausland lieferten, erhielt der Staatshaushalt gleichfalls nur niedrige Exportabgaben und Steuern auf die Bodenschätze. Erst nachdem Premierminister Michael Manley in den 70er Jahren durchsetzte, daß Jamaika 51 % des Kapitals der Aluminiumgesellschaften kontrollierte, erhöhten sich die Einnahmen.

Die Politik der Regierung Manley löste jedoch mit weiteren Verstaatlichungen, mit einer Annäherung an Kuba und einer größeren Distanz zu den USA Kapitalflucht und die wirtschaftlich spürbare Verärgerung des ›großen Bruders‹ aus. Da gleichzeitig die Weltmarktpreise für Bauxit purzelten, zeigte die eigentlich sinnvolle Kontrolle über die nationalen Reichtümer zunächst nur wenig positive Auswirkungen. Die heute etwa 6000 Beschäftigten in der Bauxitindustrie erwirtschaften mit 600 Mio. Jamaika-Dollar gegenwärtig etwas mehr als die Hälfte der Exporterlöse des Landes.

In den letzten Jahren hat der Dienstleistungsbereich deutlich an Bedeutung zugenommen. Er ist mittlerweile für mehr als die Hälfte des jamaikanischen Bruttoinlandsprodukts verantwortlich. Banken, Versicherungen, Kommunikationswirtschaft, vor allem aber die deutliche Zunahme des Tourismus haben zu dieser Entwicklung beigetragen. Von den mittlerweile mehr als 1,8 Mio. Urlaubern im Jahr sind etwa 600 000 Passagiere von Kreuzfahrtschiffen, touristische Eintagsfliegen, die meist nur für wenige Stunden in Montego Bay oder Ocho Rios einfallen.

Der beachtliche Rest hält sich länger auf und verbringt zwischen einer und drei Wochen in den Hotels an der Nord- und Westküste. US-Amerikaner und Kanadier machen mit 70 % das größte Kontingent der Besucher aus, Europäer, darunter etwa 45 000 sonnenhungrige Reisende aus dem deutschsprachigen Raum, stellen ein Viertel der Touristen. Ihr Einfallstor ist neben Kingston vor allem der moderne Flughafen von Montego Bay, auf dem Chartermaschinen aus Europa und Nordamerika landen.

Eine inzwischen auf vielen Inseln der Karibik beliebte Form des Urlaubs, der Aufenthalt in *All Inclusive-Resorts,* in denen alle Leistungen bis hin zum reichhaltigen Sportangebot und den Drinks an der Bar im Preis eingeschlossen sind, wurde in den 70er Jahren auf Jamaika eingeführt. Daneben gibt es viele mittlere und kleinere Hotels mit ausgezeichnetem Standard sowie einfache Hotels und *Guest Houses* mit moderaten Preisen.

Der überwiegende Teil der Urlauber strebt in die Ferienanlagen von Negril im äußersten Westen der Insel, nach Montego Bay, in die Runaway Bay und nach Ocho Rios an die Nordküste. Der landschaftlich sehr reizvolle Nordosten um die Stadt Port Antonio oder die Südküste bei Treasure Beach sind bislang nur bei wenigen Reisenden im Programm. Sicherlich spielt hierbei auch eine Rolle, daß das Straßennetz bei einer sonst angemessen ausgebauten Infrastruktur seit vielen Jahren vernachlässigt wird und sich zum Teil in einem grotesk schlechten Zustand befindet. Allein auf der Küstenstraße, vor allem zwischen Ocho Rios und Negril, läßt es sich ganz passabel fahren.

Auch die Eisenbahn, die einst Montego Bay mit Spanish Town, Kingston und Port Antonio verband, ist außer Betrieb, nachdem die Hurrikans Allen 1980 und Gilbert 1988 über die Insel gefegt waren. Eine für die Einkommens- und Beschäftigungssituation wichtige Zunahme des internationalen Tourismus müßte mit einer Verbesserung der Verkehrsverhältnisse einhergehen. Parallel dazu wäre es wichtig, daß auch die ländlichen Gebiete und deren Bewohner in der Umgebung der großen Urlaubsmetropolen stärker vom Fremdenverkehr profitieren können, da so die krassen Einkommensunterschiede, der verständliche Neid und die *Harassing* genannte ›Anmache‹ gegenüber den im Vergleich reichen Urlaubern gemindert werden könnten.

Jamaika als traditionelles Exportland für Rohstoffe und Agrarerzeugnisse ist in hohem Maße von eingeführten Fertigwaren und Konsumgütern abhängig. Seit vielen Jahren

ist die Handelsbilanz negativ. Die Preissteigerungsrate konnte in den vergangenen Jahren auf ca. 13 bis 15 % gesenkt werden. Allerdings hemmen die extrem hohen Kreditzinsen von etwa 30 % die Bau- und Investitionstätigkeit und schaffen keine Abhilfe für die Arbeitslosenrate, die örtlich bis zu 50 % erreichen kann. Der Umfang der Beschäftigungslosigkeit und die damit einhergehende Armut wird noch dadurch verschleiert, daß viele Jamaikaner in den ›informellen‹ Wirtschaftssektor abgedriftet sind und versuchen, sich mit Gelegenheitsjobs oder dem Verkauf von allerlei Kleinkram an Touristen und Einheimische über Wasser zu halten.

Nach Schätzungen der UNO verdienen etwa zwei Drittel der arbeitenden Bevölkerung weniger als den offiziellen Mindestlohn von umgerechnet etwa 50 € im Monat. Die Wirtschaftspolitik einer forcierten Privatisierung von einst öffentlichen Aufgaben und Betrieben hat den Staat zwar von einigen maroden Unternehmen befreit, gleichzeitig jedoch die sozialen Probleme des Landes und die Unterschiede zwischen Armen und Reichen vertieft. Nur wenn es der Regierung weiterhin gelingt, die Rahmenbedingungen für eine wirtschaftliche Belebung zu verbessern und damit der Entwicklung von Arbeitsplätzen, der Erhöhung der Masseneinkommen und der Versorgung der Bevölkerung einen Schub zu geben, werden sich erste Erfolge stabilisieren können.

Geschichte, Gesellschaft und Kultur

Daten zur Geschichte

Bevölkerung

Staat, Bildungs-
und Sozialsystem

Kunst, Kultur und Religion

Daten zur Geschichte

ca. 6000 v. Chr.	Die Inselkette der Antillen wird von ersten Gruppen indianischer Wandervölker erreicht, die den Norden des südamerikanischen Kontinents besiedeln.
ca. 600 n. Chr.	Arawak-Indianer, die aus der Orinoko-Region im heutigen Venezuela stammen, gründen Siedlungen auf den karibischen Inseln, auch auf Jamaika.
ca. 1300 n. Chr.	Die kriegerischen Karibe-Indianer aus dem Gebiet des heutigen Guyana beginnen, die karibischen Inseln zu besiedeln. Sie erreichen auf ihrem Weg nach Norden Jamaika und bekämpfen die Arawak-Indianer.
1494	Christoph Kolumbus ankert während seiner zweiten Entdeckungsfahrt am 5. 5. bei der heutigen St. Ann's Bay und erklärt Jamaika zu spanischem Besitz.
1503–1504	Kolumbus erleidet vor der Nordküste von Jamaika nahe der St. Ann's Bay Schiffbruch und muß über ein Jahr auf Rettung warten.
1509–1510	Die Spanier gründen die befestigte Siedlung Sevilla la Nueva nahe dem heutigen St. Ann. Juan de Esquivel wird erster spanischer Gouverneur.
1520	Die Spanier beginnen mit der Kultivierung von Zuckerrohr und setzen dazu indianische und afrikanische Sklaven ein.
1534–1535	Villa de la Vega beim heutigen Spanish Town wird spanische Kolonialhauptstadt. Jamaika bleibt wegen fehlender Gold- und Silbervorkommen nur ein unbedeutender Handels- und Versorgungsstützpunkt im spanischen Kolonialreich.
1655	Ein britisches Expeditionsheer, das im Auftrag des Lord-Protektors Oliver Cromwell kurz zuvor vergeblich Hispaniola angegriffen hatte, vertreibt die spanischen Besatzungsoldaten von Jamaika und reklamiert die Insel für Großbritannien. Die abziehenden Spanier lassen ihre afrikanischen Sklaven zurück, die in die Berge fliehen und dort unter dem Namen *Maroons* (von span. *cimarron* – wild, verwildert) ein freies Leben beginnen.
1670	Im Vertrag von Madrid wird Jamaika offiziell britische Kolonie. Die Insel entwickelt sich zum wichtigen Stützpunkt von Freibeutern, die spanische Galeonen in der Karibik überfallen.

Bevor Kolumbus kam

Die Kultur der Arawak-Indianer

Von ihrer Siedlung auf einem Hügel am Fuße der Blue Mountains hatten die Arawak einen guten Überblick. Sie konnten ihre Felder, auf denen sie Mais, Tabak und Süßkartoffeln anbauten, in der Ebene zwischen den Bergen und dem türkisblauen Meer ausmachen und auch die spanischen Schiffe erkennen, die sich langsam der Küste näherten.

Die Spanier wollten den Hauptort ihrer Kolonie Jamaika von der klimatisch ungesunden Nordküste in den Süden verlegen und gründeten im Jahre 1534 westlich der später Kingston Harbour genannten Bucht die Niederlassung Villa de la Vega. Mit der Ruhe des Arawak-Dorfes, in dem nahezu 3000 Menschen lebten, war es endgültig vorbei. Pokken, Masern und andere ansteckende Krankheiten, welche die Spanier einschleppten und gegen die Einheimische keine Abwehrstoffe hatten, dezimierten die Bevölkerung rapide. Die Überlebenden wurden als Sklaven verschleppt oder starben an den Foltern, mit denen die goldhungrigen Eroberer Hinweise auf vermutete Lagerplätze des begehrten Edelmetalls erpressen wollten. Wenige Jahrzehnte, nachdem Christoph Kolumbus als erster Europäer seinen Fuß auf den Strand von Jamaika gesetzt hatte, waren die Arawak ausgerottet.

Zur Zeit der spanischen ›Entdeckung‹ im Jahre 1494 lebten etwa 100 000 Arawak in knapp 250 Siedlungen auf der Antilleninsel. Sie ernährten sich von Fischen und Muscheln, bauten Gemüse an und sammelten Cashew-Nüsse, Wurzeln und Maniok sowie wildwachsende Früchte, Guaven, Sternfrucht oder Ananas. Ihren Speiseplan bereicherten gelegentlich erlegte Hutia, wieselgroße Nagetiere, Manatees genannte Meereskühe oder Leguane.

Die Arawak stammten aus dem Mündungsbereich des Orinoko-Flusses im Gebiet des heutigen Venezuela. Mit Kanus, die sie aus dem Holz eines Seidenbaumes oder dem Stamm einer karibischen Zeder brannten und mit Steinäxten herausschlugen, begannen sie seit der Zeitenwende, die Antilleninseln nach Norden zu besiedeln. Eine erste Welle von Einwanderern muß etwa 650 n. Chr., eine zweite gut 200 Jahre später Jamaika erreicht haben. Möglicherweise trafen und verdrängten sie hier wie auf Kuba und Hispaniola Ciboney-Indianer, ein einfaches Fischervolk, das seinen Weg auf die Antillen wahrscheinlich von Florida über die Bahamas nach Süden gefunden hatte.

Die kunstvoll mit Schnitzereien verzierten Boote der Arawak konnten je nach Größe bis zu 50 Personen aufnehmen, sie wurden mit kräftigen Paddeln vorangetrieben. Obwohl die Arawak auf Jamaika wildwachsende Seebaumwolle kannten, diese zu Stricken und Tuch verarbeiteten und mit den Bewohnern der Nachbarinseln gegen andere Güter tauschten, waren sie überrascht, als sie erkannten, wie die Spanier Segel und Wind als Antriebskraft für ihre Schiffe nutzten.

Die Arawak galten als friedfertig. In ihrer Sprache, die nur mündlich überliefert wurde und keine Schriftform kannte, gab es kein Wort für Krieg. Die fruchtbaren Inseln und der übergroße Reichtum an nahrhaften Meerestieren ließen unter den Bewohnern keine Auseinandersetzungen um Nahrungsmittel aufkommen. Viele Jahrhunderte lang verhinderte die isolierte Lage der Antilleninseln mögliche Konflikte mit anderen Kulturen. Zwar gab die stabile Lebensgrundlage zum einen wenig Anstöße für eine Weiterentwicklung von Arbeitstechniken und Organisationsformen, ermöglichte jedoch den Aufbau einer hierarchischen Ordnung, bei der Kaziken, Priesterhäuptlinge, die Verbindung zu den Göttern der Glaubenswelt herstellten und die praktischen Aufgaben der Siedlungen organisierten. Gleichzeitig gab es genügend Freiraum für die Entwicklung von einfachem Kunsthandwerk. In einigen Höhlen im Landesinnern wurden Malereien und Zeichnungen von Tieren gefunden, Steinmetze fertigten nicht nur Äxte und Messer, sondern auch Halsketten und Armbänder aus Stein. Schmuck wurde zudem aus Muscheln und Korallen gearbeitet. Die Arawak lebten in Siedlungen von bis zu 3000 Bewohnern in kleinen, mit Palmblättern

1692	Ein Erdbeben zerstört Port Royal im Südosten von Jamaika, den wichtigsten Hafen der Piraten in der Karibik.
1739	Mit einem Friedensvertrag endet der mehr als 80 Jahre währende Guerrilla-Krieg der *Maroons* gegen die britische Kolonialmacht.
1795	Nach Ende des zweiten *Maroon*-Krieges werden 600 *Maroons* zunächst nach Kanada und dann weiter nach Sierra Leone in Afrika deportiert.
1808	Das britische Parlament verbietet den Sklavenhandel.
1834	Sklavenhaltung und Sklavenarbeit werden im britischen Weltreich abgeschafft.
1838	Nach einer vierjährigen Übergangzeit werden alle Sklaven in die Freiheit entlassen. Viele Zuckerrohrplantagen auf Jamaika werden von ihren britischen Besitzern auf-

gedeckten Rundhäusern, die um einen kräftigen Mittelpfahl errichtet waren. Allein die Familie des Kaziken bewohnte ein größeres Haus, das zudem bisweilen eckig gebaut war.

Kleidung war, bis auf einen knappen Lendenschurz für geschlechtsreife Frauen, unüblich. Die Körper zierten je nach Rang unterschiedlich kunstvolle Tätowierungen. Zu Gesang und Tanz oder bei Festlichkeiten wurden zusätzlich Farbmuster auf die Körper aufgetragen. Ein Ballspiel, *batos,* bei dem eine Kautschukkugel mit Hilfe von Kopf, Schulter, Hüfte oder Knie in das gegnerische Feld befördert werden mußte, bildete häufig einen Höhepunkt der Feiern. Zu zeremoniellen Anlässen wurden die beiden Hauptgottheiten Locauna und Atabeira, die das Licht und das Wasser symbolisierten, sowie Nebengötter angerufen, kreiste eine Pfeife, *cohiba,* in der ein bitterer Tabak brannte, sowie ein Krug mit vergorenem Maissaft, einem Urahn des Whiskey.

Im Gegensatz zu den Kariben, einem kriegerischen Volksstamm aus der Region des heutigen Guyana, dem auch kannibalistische Praktiken nachgesagt wurden, setzten die Arawak den spanischen Entdeckern kaum Widerstand entgegen. In ihren Mythen gab es ein Göttervolk, das den hellhäutigen Eroberern glich. Als die Arawak ihren Irrtum bemerkten, war ihr Untergang nicht mehr aufzuhalten. So sind von den Ureinwohnern nur spärliche Zeugnisse auf Jamaika erhalten. Einige ihrer Worte wie Mais, Hurrikan, Tabak oder Hängematte *(hammock)* leben in der englischen oder spanischen Sprache fort, der Name der Insel bleibt als poetische Erinnerung an die ausgerotteten Arawak, bei denen Xaymaca soviel wie Land reich an Wäldern und Flüssen bedeutete.

	gegeben, da bezahlte Landarbeiter bei sinkenden Zuckerpreisen zu teuer sind.
1866	Nach Jahren der Unruhe, von Aufständen und blutiger Unterdrückung der farbigen Bevölkerung durch Pflanzer und Händler wird Jamaika zur Kronkolonie erklärt.
1872	Der Sitz der britischen Kolonialregierung wechselt von Spanish Town nach Kingston.
1907	Ein schweres Erdbeben zerstört große Teile von Kingston und fordert mehr als 800 Menschenleben.
1927	Der Anbau von Bananen, die vor allem in die USA exportiert werden, erreicht einen Höhepunkt. Jamaika wird als Urlaubsziel von Nordamerikanern entdeckt.
1938	Soziale Unruhen, hervorgerufen durch Armut, Arbeitslosigkeit und politische Ohnmacht führen zur Gründung

	von Gewerkschaften und politischen Parteien, wie der *Jamaican Labour Party* (JLP) von Alexander Bustamente und der *People's National Party* (PNP) von Norman Manley.
1943	Der Abbau der enormen Vorkommen an Bauxit, das zur Herstellung von Aluminium benötigt wird, beginnt.
1944	Die *Jamaica Labour Party* gewinnt die ersten allgemeinen Wahlen.
1958	Die britischen Kolonien Jamaika, Barbados, die Windward-Inseln, Trinidad und Tobago werden zur Westindischen Föderation zusammengeschlossen.
1961	In einem Referendum entscheidet sich die Bevölkerung von Jamaika für den Austritt aus der Föderation.
1962	Am 6. 8. erhält Jamaika die Unabhängigkeit und wird Mitglied im britischen Commonwealth. Nach den Parlamentswahlen im April wird Alexander Bustamante (JLP) Ministerpräsident.
1972	Der Sozialist Michael Manley (PNP) wird zum Premierminister gewählt, initiiert gesellschaftliche Reformen und avanciert zu einem Sprecher der Dritten Welt.
1973	Der Reggae-Musiker Bob Marley (s. Abb. S. 37) erobert die Hitparaden und popularisiert die Reggae-Musik.
1980	Der pro-westliche Edward Seaga (JLP) löst nach dem mit 700 Toten blutigsten Wahlkampf in der jamaikanischen Geschichte Manley als Ministerpräsident ab.
1981	Am 11. 5. stirbt Bob Marley in Miami an Krebs und wird unter großer Anteilnahme der Bevölkerung mit einem Staatsbegräbnis geehrt.
1988	Der Hurrikan Gilbert zieht eine Spur der Verwüstung über die Insel. Ein Viertel der Bevölkerung ist obdachlos.
1989	Michael Manley (PNP) wird mit einem moderaten Programm erneut zum Ministerpräsidenten gewählt.
1992	Percival Patterson (PNP) übernimmt das Amt des Premierministers vom erkrankten Manley.
1993	Patterson wird bei den Wahlen mit großer Mehrheit in seinem Amt bestätigt.
1997	Michael Manley, ehemaliger Premierminister von Jamaika, stirbt im März nach langer Krankheit in Kingston. Im Dezember gewinnt Patterson erneut die Wahlen.
2000	Mit sieben Medaillen bei den olympischen Spielen von Sydney unterstreichen Jamaicas Sprinter ihre Spitzenstellung bei den Kurzstrecken.

Bob Marley

Bevölkerung

»Hey whitey – white man!«, das Mädchen in der Schuluniform zeigt auf den hellhäutigen Fahrer des Kleinwagens, der sich mühsam auf der von Schlaglöchern übersäten Landstraße durch die Blue Mountains quält und sie auf ihrem Weg nach Hause überholt. Was wie eine Belästigung oder ›Anmache‹ aussieht, ist doch nur ein erfreuter Ausruf über den seltenen Anblick. »This is my work – jeah mon«, der Holzschnitzer zeigt stolz die Masken und Tiere, die er aus dem Holz eines Mahagonibaumes herausgearbeitet hat. Der scheinbar nur auf Touristen-Dollars erpichte Straßenhändler entpuppt sich im Gespräch als Kunsthandwerker, der bereits seit gut einem Dutzend Jahren seinen Lebensunterhalt mit dem Schnitzmesser verdient.

»No problem mon – you're in Jamaica«, der freundliche, lässige Hinweis des Barkeepers bringt den hektischen Touristen, der den bestellten Rumpunsch nicht in der erwarteten Geschwindigkeit serviert bekommt, auf den Boden der Tatsachen zurück. Wer sich als Tourist in Jamaika aufhält, sollte wissen, daß er sich in einen anderen Kulturkreis begeben hat, der stark von afrikanischen Einflüssen geprägt ist, daß zudem sein eigenes, in Mitteleuropa möglicherweise eher durchschnittliches Einkommen ein Vielfaches von dem beträgt, was

Waschtag in Manchioneal

der ihn im Restaurant bedienende Kellner oder gar ein Straßenhändler nach Hause bringt.

Bei einer Bevölkerung, von der 20 % arbeitslos sind – bei den Jugendlichen ist die Erwerbslosigkeit sogar doppelt so hoch –, ist es verständlich, wenn Touristen aus Nordamerika oder Europa auch als wandelnde Dollar-Quelle angesehen werden, welche die eigene dürftige Situation verbessern könnte. Die Antwort auf die Frage nach dem richtigen Weg zu einem Restaurant wird nicht selten mit dem Hinweis auf ein nun fälliges Trinkgeld – »This was a good advice man, worth a tip« – abgeschlossen.

Wer um Kontakte mit Jamaikanern bemüht ist und sich aus dem abgeschotteten Areal der *All Inclusive-Klubs* heraustraut, kann in eine Welt mit lebhaften, gesprächsfreudigen Menschen eintauchen, auf Straßenmärkten oder den *Craft Markets* der Touristenorte um Mitbringsel feilschen, lernt vom *Hiking Guide* der Wandergruppe in den Tälern des Rio Grande etwas über Heilpflanzen im tropischen Regenwald, findet in der düsteren, kleinen Dorfkneipe jemanden, der ihn über Geheimnisse und Feinheiten des Jamaika-Rums aufklärt oder besucht auf einer geführten Tour Schuhmacher und Ziegenfarmer.

Auf Jamaika leben etwa 2,7 Mio. Menschen, die 3-Millionenmarke könnte im Jahre 2020 übersprungen werden. Der Anstieg der Bevölkerung wäre hier deutlich höher, wenn nicht alljährlich Tausende das Land verlassen würden, um anderswo bessere Lebens- und Arbeitsbedingungen zu finden. Im Ausland, überwiegend in den USA, in Kanada und in Großbritannien leben mehr als 1 Mio. Jamaikaner.

Im Großraum der Hauptstadt Kingston, Spanish Town eingeschlossen, ballen sich inzwischen etwa 1 Mio. Menschen. Die Mietskasernen, Siedlungen und Häuser erstrecken sich scheinbar endlos über die Ebene zwischen der Karibischen See und den Blue Mountains und klettern bereits die Hänge des bewaldeten Mittelgebirges empor. In der Umgebung der zweitgrößten Inselmetropole Montego Bay, gleichzeitig touristisches Zentrum des Landes, haben sich knapp 200 000 Jamaikaner niedergelassen. Mehr als 50 % der Bevölkerung leben im Einzugsbereich der Städte, ein Drittel ist unter 14 Jahre alt. Die durchschnittliche Lebenserwartung beträgt für Männer 72 Jahre, Frauen dürfen ein knapp fünf Jahre längeres Leben erhoffen.

Das Motto des Staates, *Out of many, one people* – viele Herkunftsländer, ein Volk –, steht mit dem eher homogenen Erscheinungsbild auf den Straßen von Jamaika in einem scheinbaren Widerspruch. Die Zusammensetzung der Bevölkerung ist das Ergebnis langjähriger britischer Kolonialpolitik. Mit Hilfe der Zwangsarbeit importierter afrikanischer Sklaven wurde Zuckerrohr auf großen Plantagen angebaut. Etwa 95 % der Ja-

maikaner sind afrikanischer, meist westafrikanischer Herkunft, ein Siebtel von ihnen Mischlinge in verschiedenen Abstufungen.

Als die Engländer 1655 die Insel von den Spaniern eroberten, waren die 100 000 ursprünglich dort lebenden indianischen Arawak längst ausgerottet. Nachdem die spanischen Soldaten und Plantagenbesitzer überstürzt vor den Engländern flüchten mußten und nicht einmal ihren wertvollsten Besitz, die Arbeitssklaven mitnehmen konnten, lebten weniger als 3000 Menschen auf der Antilleninsel.

Die befreiten Sklaven flüchteten ins unzugängliche Landesinnere und bildeten dort den Kern von zwei *Maroon*–Siedlungsgebieten, den *Windward Maroons* in den Blue- und den John Crow Mountains im Osten und den *Trelawny Maroons* im Cockpit Country im Westen. Das spanische Wort *cimarrón*, das wild oder verwildert bedeutet, stand Pate für viele *Maroon*-Gemeinschaften geflüchteter Sklaven in den Kolonien Mittel- und Südamerikas. Die jamaikanischen *Maroons* haben während jahrzehntelanger Kämpfe gegen die britische Besatzungsmacht ihre Freiheit und viele afrikanische Traditionen bewahren können. Bis heute wird den *Maroons* unter ihren gewählten ›Obersten‹ eine recht weitgehende innere Selbstverwaltung zugestanden.

Das afrikanische Erbe der Jamaikaner ist in der langen Kolonialzeit vielfach gebrochen und verfrem-

Cool runnings

Spitzensportler von Jamaika

Verleiht der Jamaika-Rum Flügel, sind es die Mango-Früchte, die Papayas, wirken Strand und Meer wie ein Doping der Natur? Ist es ein besonderer Körperbau mit ideal proportionierten Beinen, gibt es besondere Laufgene? Irgend etwas muß doch dahinterstecken, daß jamaikanische Leichtathleten seit vielen Jahren immer wieder auf den Siegertreppchen bei Olympischen Spielen, Weltmeisterschaften oder internationalen Sprint-Meetings zu finden sind. Der kleine Inselstaat mit knapp 2,5 Mio. Einwohnern ist nach den USA die erfolgreichste Sprint-Nation der Welt.

Bereits bei den Olympischen Spielen 1948 in London und 1952 in Helsinki überraschten die Kurzstreckenläufer Heck McKenley, Arthur Wint, George Rhoden und ihre Team-Gefährten die Sportwelt mit Siegen und Plazierungen auf den Distanzen zwischen 100 und 800 m. Wenige Jahre später sprinteten auch Jamaikas Damen, Una Morris, Cynthia Thomas und andere, erfolgreich über die Aschenbahnen. Bei den Olympischen Spielen 1968 in Mexiko lief Lennox Miller vom Kingston College über 100 m zwischen den US-Stars Charlie Greene und Jim Hines zur Silbermedaille, spurtete ein Quartett von College-Studenten und Schülern aus Jamaika über 4 × 100 m auf eine neue Weltrekordmarke von 38,3 Sekunden. Donald Quarrie von der Camperdown High School erkämpfte sich 1976 in Montreal olympisches Gold über 200 m sowie eine Silbermedaille über 100 m.

Im Jahre 1980 begann die Ausnahme-Athletin Merlene Ottey in Moskau mit einer Bronzemedaille über 200 m ihre internationale Karriere und gewann damit als erste jamaikanische Sportlerin olympisches Edelmetall. 1984 in Los Angeles wiederholte sie diese Plazierung auf der 100- und der 200-Meter-Strecke, mit jungen Sprinterinnen wie Grace Jackson an ihrer Seite. Merlene Ottey, die sich noch 1996 bei den Spielen in Atlanta zweimal olympisches Silber und eine Bronzemedaille erkämpfte, gehörte neben vielen anderen zu den Spitzenathleten aus dem unerschöpflichen Reservoir der High School- und College-Mannschaften der Antilleninsel, die ein Sportreporter der US-Fernsehgesellschaft NBC als ›Sprinter-Fabrik‹ bezeichnete.

Bedenkt man, daß gebürtige Jamaikaner wie die Sprint-Superstars Donovan Bailey, Colin Jackson, Ben Johnson oder Linford Christie ausgewandert sind und für andere Staaten an den Start gehen, wird erst das Ausmaß des einmaligen Sportphänomens sichtbar. Talentsucher und ›Aufkäufer‹ von US-amerikanischen Universitäten sind inzwischen bereits auf Schulsportfesten und den landesweiten jährlichen Wettkämpfen der *High School Track and Field Athletics* der Jungen und der Mädchen zu finden, um dort Verträge über Stipendien in den USA sowie Zuwendungen von Sponsoren abzuschließen.

Eine Mediensensation ersten Ranges und den Hollywood-Film »Cool Runnings« wert war der Start eines jamaikanischen Teams im Viererbob bei den Olympischen Winterspielen 1988 im kanadischen Calgary. Die Athleten von der Karibikinsel schlugen sich im Eiskanal recht beachtlich und begründeten damit eine ungewöhnliche Tradition, in der bis heute Zweier- und Viererbobs mit dem jamaikanischen Emblem durch die Bobbahnen von Europa und Nordamerika jagen.

Die Nachkommen der Sklaven, die den Aufsehern auf den Zuckerrohrplantagen behende und mit schnellen Beinen in die Hügel und Berge des Inselinnern davonrannten, der Feldarbeiter, die sich 1838 nach Aufhebung der Sklaverei nicht schnell genug von den Plantagen der Küstenebenen ins Hochland absetzen konnten, die Kinder der Kleinbauern, die oft die langen Wege zu den Schulen zu Fuß gehen mußten, haben inzwischen auch den Weg von den Hügeln Jamaikas zu den olympischen Gipfeln zurückgelegt.

det. Sklaven wurden aus verschieden afrikanischen Kulturkreisen zusammengeraubt, auf den Sklavenmärkten der Karibik wieder getrennt, in unterschiedliche Regionen verkauft, sie wechselten häufig selbst auf Jamaika noch die Besitzer. Trotzdem hat sich eine afrikanische Identität nicht ganz unterdrücken lassen. Sie lebt fort in überlieferten Bräuchen und Geschichten und zeigt sich in Rhythmen und den Instrumenten jamaikanischer Musik. Die etwa 8000 afrikanischen Vertragsarbeiter aus dem Kongo und dem westlichen Nigeria, welche die Engländer nach Aufhebung der Sklaverei zwischen 1840 und 1865 auf die Insel holten, haben zudem eine Auffrischung der afrikanischen Traditionen bewirkt.

Die weißen Kolonialherren, die mit ihren farbigen Mätressen nicht wenige Kinder zeugten, definierten diese je nach ›Mischungsverhältnis‹ als *Sambo* (drei Viertel afrikanisch), *Mulatto* (ein halb), *Quadroon* (ein Viertel), *Octaroon* (ein Achtel) und *Musteefino* (ein Sechzehntel) und setzten sie in der Verwaltung der Kolonie und der Plantagen ein. Die Zeit der einstigen britischen Kolonialherren und der Plantagenaristokratie ist heute endgültig abgelaufen. Nur noch wenige hundert weiße Jamaikaner britischer Abstammung, meist in verantwortlichen Positionen in der Industrie oder Landwirtschaft tätig, erinnern an längst vergangene Tage, als das Empire von London aus die Weltmeere beherrschte. Spuren einer tiefverwurzelten Sklavenmentalität, die auch Bob Marley in vielen Liedern anprangerte, und die eine dunkle Hautfarbe als etwas weniger Wertvolles ansah, sind jedoch selbst heute noch zu finden. Mit Percival Patterson übernahm erst 1992, 30 Jahre nach der Unabhängigkeit, der erste Schwarze das Amt des Premierministers von Jamaika.

Nachdem die Sklaverei im britischen Kolonialreich 1838 endgültig abgeschafft war, bemühte sich die Kolonialverwaltung, nicht nur aus Afrika Vertragsarbeiter zu billigen Löhnen für die Plantagen anzuheuern. Insgesamt 40 000 Inder siedelten nach Jamaika über, von den weißen Herren meist abschätzig als *Coolies* bezeichnet. Sie brachten den Curry auf die Antillen, heute Bestandteil vieler Gerichte, sowie Ganja, das von vielen als ebenso unverzichtbar für das Wohlbefinden angesehene Marihuana. Heute sind viele indischstämmige Jamaikaner im Handel tätig. Auch etwa 1200 Deutsche ließen sich mit der Aussicht auf eigenes Land und auf eine sichere Existenz 1834 von Lord Seaford für seine jamaikanischen Plantagen anwerben. Ihre Nachfahren leben noch heute, soweit sie nicht wieder ausgewandert sind, unter ärmlichen Bedingungen in Seaford Town im Westen der Insel, der deutschen Sprache seit langem nicht mehr mächtig (vgl. S. 187f).

Die zur selben Zeit eingewanderten Chinesen arbeiten längst

Fenky-fenky

Was Englisch vom Patois unterscheidet

Wenn es stimmt, daß Menschen beim Fluchen automatisch in ihre Muttersprache zurückfallen, dann wird auf Jamaika eindeutig Patois gesprochen. Auch Jamaikaner, die weiterführende Schulen besucht haben und sich in der Familie auf Englisch unterhalten, sind beim Schimpfen plötzlich des Patois (sprich Patwa) mächtig.

Auf den Straßenmärkten der Städte, in Bars, selbst in Banken ist wenig Englisch zu hören, wenn sich Jamaikaner untereinander verständigen. Englisch ist die Amtssprache, die Zeitungen erscheinen in Englisch, der staatliche Rundfunk sendet, zumindest die Textbeiträge, in der Sprache der einstigen Kolonialmacht. Mit Englisch kommt man (fast) überall weiter. Dennoch werden viele Kinder auf dem Lande oder in den Vorstädten von Kingston und Montego Bay erst in der Schule mit der offiziellen Sprache von Jamaika vertraut, haben sich vorher meist ausschließlich in Patois unterhalten.

Nachdem Engländer, Franzosen und Holländer den Spaniern und Portugiesen in der Neuen Welt einige Kolonien abgejagt hatten, importierten sie in Afrika geraubte Sklaven für die Feldarbeit auf die karibischen Inseln. Die ursprünglichen Bewohner, Arawak und Kariben, waren meist längst ausgerottet. Auf den weitläufigen Plantagen gab es oft viele hundert Sklaven, die untereinander eher Kontakt hatten als mit den weißen Aufsehern und so von deren Sprache selten mehr als die wichtigsten Vokabeln und Sätze erlernten. Außerdem gab es keine Schulen für Sklaven, es war ihnen verboten, Lesen und Schreiben zu erlernen.

Da Afrikaner aus verschiedenen Regionen geraubt und nach Amerika verkauft worden waren, Ashanti, Tivi, Cormorante oder kongolesische Stämme, überlebten auch deren Muttersprachen nicht. In den englischen, französischen und holländischen Besitzungen vermischten sich so Sprachelemente der jeweiligen Kolonialmacht mit verschiedenen afrikanischen Mundarten zu jeweils noch regional unterschiedlichen Dialekten, die als Pidgin, Creol oder Patois bezeichnet werden.

Das jamaikanische Patois erhielt von afrikanischen Vertragsarbeitern, die nach Aufhebung der Sklaverei auf die Insel kamen, durch die an der äthiopischen Kultur orientierten Rasta (vgl. S. 52f.) sowie mit einigen Begriffen aus anderen Einwanderersprachen seine besondere Ausprägung. Lange galt Patois auf Jamaika als gewöhnlich, als unfein, war mit seiner Entstehung doch ein sehr dunkles Kapitel der Geschichte verknüpft. Heute hat die rhythmische und bildreiche Umgangssprache über die Texte der einheimischen Musikgruppen die Radiosender erobert, werden auf den Theaterbühnen der Insel viele Stücke auf Patois gespielt. Inzwischen gibt es sogar ein »Oxford Dictionary of Jamaican English«, das Vokabeln und Grammatik sowie deren Entwicklungsgeschichte umfaßt.

Auch wer nur kurze Zeit als Urlauber auf Jamaika weilt, wird schnell einige Redewendungen aufschnappen. Es ist besser, als Besucher nicht allzu *fenky-fenky* (unbescheiden) aufzutreten und zu berücksichtigen, daß eine *cockroach no bizness in a fowlyard* hat (eine Küchenschabe nicht über einen Hühnerhof spazieren, also man lieber vor seiner eigenen Tür kehren sollte). Wer sich für etwas Besseres hält und meint, hoch über den anderen zu stehen, sollte bedenken, daß *monkey, the higher 'im climb, the more 'im expose* (je höher der Affe klettert, desto deutlicher sieht man seinen Hintern). Sehr eilige und hektische Besucher, vertraut mit Terminkalender und Zeit-Management, lernen auf Jamaika, daß es auch anders geht. Hier heißt es *soon come,* wird schon werden.

nicht mehr in der Landwirtschaft. Ihre Domäne ist der Handel, ihnen gehören mittlerweile zahlreiche Supermärkte und Restaurants. Einige chinesische Familien haben sich stark im Immobiliengeschäft auf Jamaika engagiert. Nicht wenige chinesisch-stämmige Jamaikaner wanderten in den unruhigen 1970er Jahren in die USA aus.

Libanesen und andere Bevölkerungsgruppen aus der arabischen Region, auf Jamaika pauschal als Syrer bezeichnet, sind erst um die Wende zum 20. Jh. auf die Antillen gekommen und traditionell in der Bekleidungsindustrie tätig. Juden wanderten schon mit Spaniern und Portugiesen in die Neue Welt ein, häufig, um der katholischen Inquisition zu entgehen. Sie blieben auch nach Vertreibung der Spanier auf der Insel, da ihnen die Engländer freie Religionsausübung garantierten. Etwa 1500 Nachfahren dieser jüdischen Gemeinde leben noch heute auf Jamaika, viele bekleiden wichtige Positionen in Politik und Wirtschaft.

Frauen spielen eine besondere Rolle in der jamaikanischen Gesellschaft. Weniger in der Politik oder den Chefetagen der Wirtschaft, sondern im täglichen Leben, in der Familie, in der Gemeinde, auf den Märkten. Ihre Position ähnelt mit ihren matriarchalischen Elementen der starken Stellung von Frauen in vielen afrikanischen Gesellschaften. Frauen sind das Rückgrat der Familie. Da weit über die Hälfte aller Kinder auf Jamaika unehelich geboren werden und der *babyfather* sich womöglich bereits einer anderen Frau zugewandt hat, zieht die Mutter, oder, wenn diese berufstätig ist, die Großmutter die Kinder auf. Der Satz »My mother fathered me«, heißt soviel wie meine Mutter war auch mein Vater und bedeutet, daß das Kind ohne Vater aufwuchs.

Auch in der Zeit der Sklaverei waren Frauen allein für die Kinder zuständig, da die Partner häufig keine feste Beziehung entwickeln konnten, bisweilen sogar durch Verkauf an andere Sklavenhalter getrennt wurden. Soziologen sehen in dem Fehlen einer männlichen Bezugsperson in zahlreichen Familien und in der damit verbundenen Dominanz der Frauen einen Grund für die Unsicherheit vieler Männer, ihre Rolle in der Gesellschaft zu finden, halten männliche Aggressivität und Macho-Gehabe als Kehrseite dieser Verunsicherung.

Frauen sind oft besser ausgebildet als Männer, sie erreichen doppelt so häufig die Hochschulreife, der Anteil der Frauen, die nicht lesen und schreiben können, ist mit knapp 10 % nur halb so groß wie jener der Männer. Auf der anderen Seite sind Frauen von der Arbeitslosigkeit in höherem Maße betroffen und häufig in schlechtbezahlten Berufen im Dienstleistungsgewerbe tätig. Kein einfaches Los bei gleichzeitiger Belastung mit den Pflichten in der Familie.

Staat, Bildungs- und Sozialsystem

Jamaika ist eine unabhängige parlamentarische Demokratie im britischen *Commonwealth*. Nach der Verfassung von 1962 ist die britische Königin nominell auch Staatsoberhaupt des Inselstaates. Sie wird vertreten durch einen von ihr ernannten Generalgouverneur, den die jamaikanischen Regierung vorgeschlagen hat. Der Generalgouverneur Gee Gee übt nur repräsentative Aufgaben aus, die Exekutive konzentriert sich in den Händen des Premierministers und seines 15köpfigen Kabinetts.

Noch mehr als 100 Jahre nach Abschaffung der Sklaverei blieben die Jamaikaner afrikanischer Abstammung an den Rand der Gesellschaft gedrängt. Die politische und wirtschaftliche Macht lag in den Händen der englischen Kolonialherren. Nach den Unruhen in den 1930er Jahren wurden Gewerkschaften und Parteien gegründet, in denen sich die farbige Bevölkerungsmehrheit organisierte.

Die Rivalität zwischen der *Jamaica Labour Party*, die sich westlich-prokapitalistisch ausrichtete und der *People's National Party*, die bald einen linken sozialistischen Kurs steuerte, bestimmt bis heute das Muster des Zwei-Parteien-Systems. In den 70er Jahren führten die Auseinandersetzungen zwischen PNP und JLP bis an den Rand eines Bürgerkriegs, als bewaffnete Partei-Einheiten Überfälle auf Hochburgen der jeweils anderen Seite inszenierten und der Wahlkampf des Jahres 1980 mit 700 Toten zum blutigsten in der Geschichte des Landes geriet.

Die Wogen haben sich inzwischen geglättet, dennoch ist Gewalt als Mittel des politischen Kampfes nach wie vor nicht ungewöhnlich. Die Eskalation der politischen Bandenkriege vor 20 Jahren zeigt bis heute Auswirkungen auf die Kriminalität und die Gewaltbereitschaft. Eine neue Partei, *National Democratic Movement* (NDM), die sich von der JLP abgespalten hatte und auch Zulauf von unzufriedenen PNP-Mitgliedern erhalten hatte, konnte bisher keinen politischen Einfluß gewinnen.

Auch in Jamaika kann man bei vielen Menschen einen Vertrauensverlust in die Politik feststellen. Die Wahlbeteiligung sinkt, das Gefühl, man könne doch nichts ausrichten und ›die da oben‹ würden in die eigene Tasche wirtschaften, macht sich in politischer Apathie und in gelegentlichem Aufbegehren gegen die ›Westminster-Demokratie‹ Luft, wenn ein Dorf noch immer nicht an die öffentliche Wasserversorgung angeschlossen wird oder angeblich kein Geld für die Instandsetzung der von Schlaglöchern übersäten Hauptstraße durch einen Ort vorhanden ist.

Auf Jamaika herrscht Schulpflicht zwischen dem siebten und fünfzehnten Lebensjahr. Das Bildungssystem ist nach englischem Modell mit Vor-, Grund-, höheren

Power to the people

Michael Manley und der ›Demokratische Sozialismus‹

Anfang der 70er Jahre geriet Jamaika in die Schlagzeilen der Weltpresse. Michael Manley, der Vorsitzende der *People's National Party* (PNP), begann 1972 nach seinem Wahlsieg als Premierminister, das Programm seiner Partei in praktische Politik umzusetzen. Unter den Slogans *Power for the people* und *Better must come* hatte die PNP einen ›Sozialismus mit menschlichem Gesicht‹ angekündigt, eine stärkere Kontrolle der Wirtschaftspolitik sowie soziale Reformen zugunsten der Arbeiter und der *Sufferer,* der ganz Armen.

Ein gesetzlicher Mindestlohn wurde verkündet, ein neues Arbeitsgesetz stärkte die Rechte der Beschäftigten, die Gemeindevertretungen erhielten größere Befugnisse. Mit einer Landreform regelte die Regierung die Vergabe von Ackerland an Kleinbauern und erleichterte die Kreditvergabe für Saatgut, Werkzeuge und Maschinen. Im Staatshaushalt wurden dem Gesundheits- und Bildungssektor sowie dem Wohnungsbau wichtige Etats eingeräumt.

Um die Reformen finanzieren zu können, benötigte die Regierung umfangreichere Einnahmen als bisher. Die öffentliche Hand verwaltete viele Unternehmen, wie die Fluglinie Air Jamaica und die Eisenbahngesellschaft Jamaica Railway Corporation. Dies sollte Einkünfte bringen und gleichzeitig den Einfluß des Staates auf die Wirtschaft erhöhen.

Die gleiche Doppelstrategie wandte Manley gegenüber den auf Jamaika operierenden internationalen Konzernen an, insbesondere in der Bauxitförderung, die nach Meinung der Regierung bislang zu wenig zu den Staatsfinanzen beitrugen. Da die Verhandlungen um eine Erhöhung des Staatsanteils zunächst scheiterten, erhöhte das Parlament die Steuern auf die exportierten Rohstoffe. Die Aluminiumkonzerne reduzierten nun drastisch die Bauxitförderung und damit die zu zahlende Steuersumme, während sich Jamaika wegen der Erdölkrise in den Jahren 1973/74 mit dreifach gestiegenen Ölpreisen konfrontiert sah und in einer akuten Finanzklemme steckte.

Auch außenpolitisch beschritt Jamaika neue Wege, profilierte sich als ein Sprecher der Blockfreien und als Advokat einer ›Neuen Weltwirtschaftsordnung‹. So klagte Manley auf der Weltkirchenkonferenz 1975 in Nairobi den Kapitalismus als verantwortlich für die düstere Lage vieler Entwicklungsländer an, normalisierte die Beziehungen zum sozialistischen Nachbarn Kuba, besuchte Havanna und auch Moskau. Bei der US-Regierung in Washington läuteten die Alarmglocken, Hilfsprogramme für die Antilleninsel wurden gestrichen, die Weltbank und der Internationale Währungsfond verkündeten harte Bedingungen für weitere Kredite, Engagements ausländischer Investoren blieben aus. Viele wohlhabende Jamaikaner kehrten ihrer Heimat den Rücken, andere deponierten ihr Vermögen auf ausländischen Konten.

Gleichzeitig verschärfte sich das innenpolitische Klima, eskalierte die Gewalt in der Auseinandersetzung zwischen den beiden großen Parteien. Im Wahlkampf von 1976, besonders aber vor den Parlamentswahlen von 1980, geriet das Land an den Rand eines Bürgerkriegs, als mehrere Hundert Menschen bei Straßenschießereien und Überfällen der Parteien-Gangs getötet wurden. Die oppositionelle *Jamaican Labour Party* (JLP) konnte die Mehrheit der Parlamentssitze für sich gewinnen und kündigte sofort eine radikale politische und wirtschaftliche Kehrtwendung an.

Die erste Auslandsreise führte den neuen Premierminister Seaga zum US-Präsidenten Reagan nach Washington. Als Michael Manley 1989 erneut die Parlamentswahl für die PNP entscheiden konnte, bezeichnete er sein früheres Vorgehen als Jugendsünde, setzte die Politik der Privatisierung und Wirtschaftsliberalisierung seines Vorgängers fort, suchte die Nähe zu den USA und bemühte sich um enge Kooperation mit dem Weltwährungsfond. Das Experiment eines ›demokratischen Sozialismus‹ auf Jamaika war gescheitert und beendet.

Jede Schule hat eigene Schuluniformen

und Berufsfachschulen ausgerichtet. Zudem gibt es private, meist
von Kirchen getragene Schulen,
die eine Gebühr verlangen. Die
Schüler tragen Uniformen, deren
Farben Eingeweihten die jeweilige
Schule verraten. Der Schulbesuch
ist kostenlos, die Ausgaben für Uni-
form und Lernmittel stellen viele
Familien jedoch vor große Probleme. Wegen der sinkenden öffentlichen Budgets im Bildungsbereich
sind Lehrer schlecht bezahlt und
knapp, Grundschulklassen mit 60
Schülern nicht selten. Dennoch ist
es gelungen, in den letzten Jahren
die Analphabetenrate um mehr als
30 % auf einen Wert zwischen 10
und 25 % zu senken.

Verschiedene *Colleges* mit den
Schwerpunkten Kunst, Landwirtschaft oder Wissenschaft sowie Leh-
rerausbildung bieten neben dem
Kingstoner Campus der University
of the West Indies, die in mehreren
Karibik-Staaten vertreten ist, weiterführende Bildung an. Da Studenten
ein Drittel der Ausbildungskosten
selbst tragen müssen, ist die Barriere
für Kinder aus ärmeren Familien
trotz gewisser Kreditmöglichkeiten
recht hoch. In öffentlichen Büche-
reien – ein weiteres, positives Relikt
der englischen Kolonialzeit – können nicht nur Studenten, sondern
alle Lesewilligen gegen eine nomi-
nelle Gebühr Bücher entleihen.

Die medizinische Grundversor-
gung der Bevölkerung erfolgt in öffentlichen Gesundheitszentren, die
über die Insel verteilt sind, sowie in
Hospitälern. Die Vorteile der gerin-

Viktorianische Gebäude erinnern an
die englischen Kolonialherren

gen Behandlungskosten werden allerdings durch stundenlange Wartezeiten und eine recht einfache Ausstattung der Praxen gemindert. Private Praxen und Hospitäler erfreuen sich daher bei Jamaikanern, die es sich leisten können, trotz der höheren Kosten großer Beliebtheit. Komplizierte Krankheiten können in Florida behandelt werden.

In vielen ländlichen Regionen vertraut man der Kraft von Heilkräutern, die in den dichten Wäldern wild wachsen. *Balm-yard mo-thers* – Frauen, welche die Wirkung unzähliger Kräuter, aber auch die Lebensumstände der Menschen kennen, praktizieren ohne offizielle Zulassung, nur vom Vertrauen ihrer Patienten getragen.

Dank umfangreicher Impf- und Gesundheitsprogramme gilt Jamaika nicht als malariagefährdetes Gebiet. Auch andere Krankheiten und Seuchen wie Gelbfieber oder Typhus sind auf Jamaika nicht verbreitet. Bis vor kurzer Zeit praktizierten deutsche Ärzte für ein bis zwei Jahre in Krankenhäusern und Praxen auf der Antilleninsel. Diese bei den Jamaikanern sehr dankbar aufgenommene, private Initiative scheint jedoch fast eingeschlafen zu sein.

Kunst, Kultur und Religion

Einige Höhlenzeichnungen von Tieren und Menschen sowie Schmuck aus Stein, Knochen und Korallen blieben als spärliche Zeugnisse des Kunstschaffens der ausgerotteten Arawak-Indianer erhalten. Von den spanischen und englischen Kolonialherren gibt es mehr über militärische Ereignisse und Profite aus dem Zuckergeschäft als über kulturelle Höhenflüge zu berichten. Die wenigen restaurierten Plantagenvillen, *Great Houses* genannt, demonstrieren zumindest den Kunstgeschmack der Aristokratie, der sich jedoch nicht von den jeweils aktuellen Moden im englischen Mutterland unterschied.

Der Kunstmaler Philip Wickstead porträtierte die reichen Pflanzer, George Robertson die Landschaften der Antilleninsel. William Hogarth, der bekannte satirische Zeichner im England des 18. Jh., erntete mit seinen Darstellungen vom bigotten Leben der Zuckerbarone, ›The sugar planter at home and abroad‹, schadenfrohe Zustimmung in der Öffentlichkeit und bittere Anfeindungen von den Betroffenen.

Hier und da sieht man einige restaurierte, aber auch viele verfallende Kolonialbauten, wie etwa Gerichtsgebäude oder Rathäuser. Beispiele georgianischer Architektur des 17. und 18. Jh. kann man im Zentrum von Spanish Town oder an der Market Street in Falmouth finden. Fassaden aus Ziegelsteinen, Arkadengänge hinter angedeuteten Säulen, aus Holz gefertigte Balkone oder Oberetagen, die auf dem Steinsockel des Erdgeschosses ruhen, und klare, rechteckige Linien sind typisch für diesen Baustil. Die Montvedin Lodge in Port Antonio und auch die meisten Uhrtürme auf zentralen Straßenkreuzungen wie in Old Harbour oder Kingston spiegeln den viktorianischen Baustil wider, der einen stärkeren Akzent auf Verzierungen und Ornamente an schmiede-eisernen Balkonen, Dächern, Fensterumrahmungen oder Säulen legt.

Die in Afrika für die Arbeit auf den Zuckerrohrplantagen geraubten Sklaven wurden aus ihrem kulturellen Leben gerissen und mit Leidensgenossen aus anderen Stämmen und Kulturkreisen zusammengewürfelt. Sie mußten eine neue Sprache erfinden, um sich untereinander und mit den weißen Herren verständigen zu können. Ihnen war es verboten, Lesen, Schreiben und Rechnen zu erlernen. Die lange, harte Arbeit ließ ihnen kaum Möglichkeiten, sich künstlerisch auszudrücken.

Auch in den knapp 130 kolonialen Jahren nach Beendigung der Sklaverei bis zur Unabhängigkeit wurden die afrikanischen Wurzeln ihrer Kultur systematisch unterdrückt. Trotz dieser ungünstigen Voraussetzungen hat sich auf Jamaika eine lebendige, kreative Kultur entwickelt, die in der Karibik

Rastafari

Glaube an den schwarzen Messias

»Blickt auf Afrika, auf die Krönung eines schwarzen Königs. Er wird der Messias sein!« Am 2. 11. 1930 wurde Ras Tafari Makonnen, Urenkel des früheren äthiopischen Königs Saheka Selassie von Shoa zum Herrscher gekrönt und trug fortan den Titel ›Haile Selassie I., Macht der heiligen Dreifaltigkeit, König der Könige, Herr der Herren, der eroberne Löwe von Juda, auserwählt von Gott‹.

Die Prophezeiung aus den 20er Jahren, die dem schwarzen jamaikanischen Politiker und Nationalhelden Marcus Garvey zugesprochen wird, schien sich nach nur wenigen Jahren erfüllt zu haben. Äthiopien, das biblische Land von König Salomo und der schwarzen Königin von Saba aus dem Alten Testament, war das gelobte Land, in dem nun ein schwarzer Erlöser herrschte, ein Gott für alle entwurzelten Afrikaner auf der Welt. Nach der Krönung von Haile Selassie zum Kaiser und unter dem Eindruck der Lehren von Marcus Garvey, der auch in den USA für das Selbstbewußtsein der Schwarzen und deren Rückkehr nach Afrika predigte, begann im Jamaika der 30er Jahre, in dem die farbige Bevölkerungsmehrheit unter erbärmlichen Bedingungen lebte, die Zahl derer zuzunehmen, die Haile Selassi, den Ras Tafari, als göttlich verehrten. Anfang der 40er Jahre wurden die ersten Rastafari-Gemeinden in den Ghettos von Kingston gegründet.

Den weißen Christus der ehemaligen europäischen Kolonialherren lehnen die Rasta wie auch deren gesellschaftliches System als sündhaftes ›Babylon‹ ab. Ihr heiliges Buch ist die Amharische Bibel, eine der frühen Schriften des Alten Testaments. Die Rastas tragen ihre Haare ungekämmt, in Locken, die an eine Löwenmähne erinnern. Die Haare werden oft von mächtigen, in den Nationalfarben von Äthiopien gehaltenen Mützen gebändigt. Diese Farben haben für die Rastafari eine zusätzliche Bedeutung: Rot steht für das Blut, das in der Sklaverei vergossen wurde, Gold für den Reichtum, der ihnen genommen wurde, Grün für das geraubte Land. Kaffee, Nikotin, Fleisch, Salz und Alkohol sind aus der Ernährung verbannt.

Das Rauchen des Ganja, von Marihuana, in einer Pfeife oder als *Spliff,* also wie eine Zigarette, gehört nach einer entsprechenden Auslegung der Bibel zum Gottesdienst. Das ungewöhnliche Erscheinungsbild der Rastafari, ihre Ablehnung der von den Engländern vorgegebenen Ordnung, die zunächst offensiv vorgetragene Auffassung, alle Schwarzen sollten nach Afrika zurückkehren und der offene Genuß von Marihuana machte sie in den Augen vieler suspekt. Erst in den 70er und 80er Jahren begannen sich die jeweils Herrschenden mit ihrer Existenz abzufinden und sie widerwillig zu tolerieren. Bob Marley, Rasta und international populärer Reggae-Superstar, hatte mit seiner Musik nicht wenig Anteil daran (vgl. S. 74f.).

Der Sturz des feudalen Herrschaftssystem in Äthiopien im September 1974 und der Tod des Kaisers im darauffolgenden Jahr hat dessen Verehrung als Gott und Erlöser keinen Abbruch getan. Haile Selassie war über die Anbetung seiner Person auf Jamaika eher verwundert. Auch wenn die religiöse Gruppe der Rasta in Jamaika eine Minderheit von nicht mehr als 5 % der Bevölkerung ausmachen, ist ihre kulturelle Ausstrahlung, nicht nur über die Reggae-Musik, deutlich größer.

Bei einer Demonstration zum 60. Jahrestag des Sieges einer äthiopischen Freischärlereinheit über ein Kontingent der italienischen Eroberungsarmee versammelten sich 1996 mehr als 30 000 Rastafari in Kingston. Außerhalb von Jamaika gibt es überall dort größere Rasta-Gemeinden, wohin Jamaikaner ausgewandert sind, in den USA, in Kanada oder Großbritannien. Auch in Äthiopien, in dem die Menschen mehrheitlich der äthiopisch-orthodoxen Kirche angehören, findet man Rasta-Gruppen, meist von eingewanderten Jamaikanern. Selbst im fernen Neuseeland, dessen Ureinwohner von den Engländern an den Rand der Gesellschaft gedrückt wurden, stößt der Gedanke eines schwarzen Messias bei einigen dunkelhäutigen Maori auf Widerhall.

Beim Sumfest

ihresgleichen sucht. Afrikanische *burru drums,* mit Ziegenleder bespannte, dumpf tönende Trommeln, die es den Sklaven früher auch ermöglichten, Nachrichten von Plantage zu Plantage auszutauschen, sind heute aus Musik und Tanz nicht wegzudenken.

Anancy, der listige Spinnengott der westafrikanischen Ashanti, ist auch heute populärer als Popstars oder Politiker. Der achtbeinige, schlitzohrige und faule Gesell, der auch in Menschengestalt auftreten kann, meistert das Leben mit Intelligenz und Witz, weiß auch aus hoffnungslosen Situationen einen Ausweg. Seine zahllosen Abenteuer, Parabeln auf das wirkliche Le-

ben, machen ihn zum Helden für Kinder und Erwachsene.

Musik gehört auf Jamaika unüberhörbar zum täglichen Leben. Der Verkäufer von Sportschuhen auf dem Samstagsmarkt in Black River hat eine Verstärkersäule aufgebaut, die seinen kleinen Stand ums Doppelte überragt. In den überfüllten Überlandbussen dröhnen die neuesten Hits aus eigens angebrachten Lautsprechern, selbst in der Schalterhalle der Scotiabank von Port Antonio sind die Reggae-Bässe aus einem riesigen Ghetto-Blaster nicht zu überhören.

Mento-Musik entstand um die Wende zum 20. Jh. auf Jamaika. Auch heute treten bei Familienfeiern oder an Markttagen in größeren Orten zuweilen noch *Mento*-Bands auf mit Gitarre, Banjo sowie Bongos oder Rasseln, die zu einer rhythmischen, melodischen Tanzmusik lyrische Texte über das Leben und die Liebe singen.

Der Calypso zog von Trinidad nach Norden durch die Karibik. Harry Belafonte, dessen Eltern auf Jamaika geboren wurden, hat mit »Island in the sun« und dem »Banana boat song« in den 1950er Jahren sowohl den Calypso als auch Jamaika in Nordamerika und Europa popularisiert. *Mento* gehörte mit Rhythm and Blues zu den Geburtshelfern des *Ska,* einer schnellen Tanzmusik, die von Jamaika aus in einer kurzen Karriere auch in Europa bekannt wurde und mit »My Boy Lollipop« sogar einen internationalen Hit landen konnte.

Rock Steady, ein deutlich langsamer, durch einen synkopierten Rhythmus auffallender Nachfolger des *Ska,* kann gleichzeitig als Vorläufer des Reggae gelten. Einige seiner Interpreten wie Jimmy Cliff gehörten später zu den Reggae-Stars. Diese Stilrichtung verbreitete sich Ende der 1960er Jahre aus den Ghettos von West Kingston über die Insel und wurde zum bekanntesten musikalischen Exportartikel von Jamaika.

Reggae, seine Entwicklung und internationalen Erfolge sind untrennbar verbunden mit dem Namen von Bob Marley, dem ersten Musiksuperstar, den die sogenannte Dritte Welt hervorgebracht hat (s. S. 74f.). Die häufig zornigen Texte seiner Songs befassen sich mit gesellschaftlichen Themen, mit dem Erbe des Kolonialismus, mit Armut, Gewalt, mit Religion, handeln aber auch von Liebe und Zärtlichkeit. Gleichzeitig geht die Musik in die Beine, übt auf die Zuhörer einen unwiderstehlichen Zwang aus, sich zu bewegen, zu tanzen. Peter Tosh, der 1987 bei einem Raubüberfall erschossen wurde, Third World, Black Uhuru, Mighty Diamonds, Burning Spear, Gregory Isaacs und nach Bob Marleys Tod vor allem sein ältester Sohn Ziggy gehören zu den bekanntesten Musikern, die bei den großen Reggae-Festivals im Sommer wie dem *Sumfest* in MoBay jeweils mehr als 250 000 Zuschauer aus aller Welt in rhythmische Bewegung versetzen.

Soca, ein Ableger des Reggae, der weniger Gewicht auf politische Texte legt, hat sich mittlerweile als fröhliche Party- und Disco-Musik etabliert. Die Rap-Kultur aus den Ghettos der USA hat über jamaikanische Emigranten in Nordamerika die Karibikinsel erobert und sich hier mit der lebendigen Musiktradition und der Neigung zu scharfzüngigen Texten zu einem eigenen Dancehall-Stil entwickelt. Die DJs ›reiten‹ auf der harten, einfachen Melodieführung und sprechen und singen ihre eigenen Texte dazu *(dubbing).* Mutabaruka, Rasta und Sänger, ist für seine lyrischen Texte bekannt. Die Songs bekannter *Dub*-Poeten, wie Shabba Ranks, Winston ›Yellowman‹ Foster, Buju Banton oder William ›Supercat‹ Maragh greifen meist Probleme des Ghettos auf, handeln von Sex, Gewalt, den Tricks der Herrschenden und provozieren regelmäßig mit sexistischen Ausfällen kontroverse Diskussionen.

Auch das jamaikanische Theater ist mit mehreren professionellen und diversen Laiengruppen äußerst lebendig. Von Weihnachen bis Mai ist im altehrwürdigen Ward Theatre im Zentrum von Kingston Hochsaison. Seit 1941 wird hier die *National Pantomime* aufgeführt, lebhafte Stücke im Stil einer Musical-Revue, die mit frechen Texten in Patois aktuelle gesellschaftliche Themen aufgreifen sowie Politiker und bekannte Persönlichkeiten des Landes zur Freude der Zuschauer durch den Kakao ziehen. Mit dem National Dance Theatre Movement, den Jamaican Folk Singers, den University Players, der Frauentheatergruppe Sistren und dem National Chorale verfügt der kleine Inselstaat gleich über mehrere international bekannte Ensembles von hohem Niveau.

Jamaikanische Literaten sind außerhalb der Landesgrenzen nur einem kleineren Kreis Interessierter bekannt. Die Anancy-Geschichten, früher mündlich weiter gegeben, sind inzwischen in mehreren Bänden gesammelt und werden ständig ergänzt. Louise Bennett, Miss Lou, die große alte Dame der jamaikanischen Literatur, hat viele erfolgreiche Stücke für die National Pantomime geschrieben, in Patois, und damit der Umgangssprache der Inselbewohner auf die Bühne und zum Durchbruch verholfen. Anto-

ny Winkler lebt in den USA und auf Jamaika. Seine auch international erfolgreichen Romane spiegeln die Geschichte des Landes und seiner Menschen von der Kolonialzeit bis heute wider. Einige internationale Literaten fanden auf Jamaika eine zweite Heimat. Der englische Schriftsteller Ian Fleming, bekannt durch seine »James Bond«-Romane, sowie der Schauspieler und Dramatiker Noël Coward lebten viele Jahre zwischen Point Maria und Oracabessa an der Nordküste. In Long Bay südlich von Port Antonio hat sich der deutsche Schriftsteller Peter-Paul Zahl (vgl. S. 106f.) niedergelassen.

Bis in die 1940er Jahre galten die Werke jamaikanischer Maler und Bildhauer als ›primitiv‹, allein die Ästhetik europäischer bildender Kunst zählte. Erst nachdem eine Gruppe einheimischer Künstler während einer Veranstaltung des Institute of Jamaica demonstrativ die Beachtung ihrer Arbeit verlangte, änderten sich langsam die Auffassungen. Den Skulpturen von Edna Manley, einer dieser rebellischen Künstlerinnen, Frau von Norman Manley und Mutter des späteren Premierministers Michael Manley ist ein Flügel der Nationalgalerie in Kingston gewidmet. In dieser Sammlung jamaikanischer Kunst des 20. Jh. finden sich auch Werke des 1881 geborenen, autodidaktischen Malers John Dunkley, der zuvor seinen Friseurladen in Kingston mit Farbe und Pinsel phantasievoll dekoriert hatte. Für

Das Sumfest in MoBay zieht Zehntausende von Reggae-Fans an

seine Bilder wie auch für die Arbeiten von Colin Garland, Mallica ›Kapo‹ Reynolds, David Pottinger oder Christopher Gonzalez werden heute hohe Summen gezahlt.

Landschaftsmotive, ausdrucksstarke Gesichter, Fische und Vögel gehören zu den bevorzugten Motiven lokaler Kunsthandwerker. Ihre Schnitzereien und Malereien, die man neben viel Kitsch und Nippes in Kunstgewerbeläden und -märkten der Touristenorte erstehen kann, spiegeln häufig beachtliches künstlerisches Talent und handwerkliches Können wider.

Zwei geistige Kräfte kämpfen um die Seelen der Jamaikaner: Gott und der Alkohol. So scheint die Vielzahl der Kirchen, die selbst noch in den kleinsten Orten die Gläubigen zur Andacht rufen, nur noch von der Zahl der Bars übertroffen zu werden, in denen sich zumindest die Männer ein Red Stripe-Bier oder ein Glas Overproof-Rum mit Wasser genehmigen und zwei oder drei Zigaretten dazukaufen.

Sonntags kann man auf dem Lande Erwachsene und Kinder im besten Feststaat am Straßenrand zum nächsten Dorf wandern sehen, einige von ihnen mit einer Bibel in der Hand. Etwas später erschallt aus den Gotteshäusern die temperamentvoll vorgetragene Predigt, tönt der Gesang von Gospels und anderen rhythmischen Kirchenliedern über die Hügel, oft begleitet von Gitarre und Tambourin.

Jamaica cuisine

Ackee, Jerk Pork und andere Köstlichkeiten

Der herrliche Ausblick von der Terrasse des Restaurants Mille Fleur bei Port Antonio über die bewaldeten Hügel bis zur türkisblauen Karibischen See wird angenehm unterbrochen. Die aufgetragene Vorspeise, ein *Carpaccio of Paw-Paw, Otaheiti-Apple and Cho-Cho* entpuppt sich als köstlicher, säuerlich angemachter Salat aus hauchdünn geschnittenen Papajas, rotschaligen Äpfeln mit festem Fruchtfleisch und einem Gemüse, das wie eine Mischung aus Kohlrabi und Zucchini mundet.

Der Hauptgang, *Poached Snapper* schmeckt nach Jamaika, frisch gefangener Fisch aus der Karibischen See, *escoveitched,* mariniert in gepfeffertem Limonensaft, gewürzt mit frischen Kräutern, und auf einem Bett von Zwiebeln, Knoblauch, Tomaten und Schalotten gegart. *Orange Custard with Wild Orange Liqueur* heißt die süße Sünde, die als Dessert gereicht wird, eine mit karamelisiertem Zucker überbackene Orangen-Eiercreme, deren Zubereitung allein mehr als eine Stunde in Anspruch nimmt.

Restaurants, die es verstehen, traditionelle Zutaten und Rezepte phantasievoll mit dem Trend zu leichten, schmackhaften Gerichten zu verbinden, sind auch auf Jamaika ein Geheimtip. Trotzdem muß sich keiner mit der gesichtslosen ›internationalen Küche‹, die in vielen Ho-

Auf Plätzen am Rande der Städte stehen zuweilen große Zelte von Missionspredigern, deren Wortgewalt die Gläubigen von weit her anzieht. Einst war es allein die anglikanische Staatskirche von England, heute sind es vor allem Baptisten, die sich schon früh auf die

telrestaurants präsentiert wird, oder den auch auf der Karibikinsel gut vertretenen US-amerikanischen Fast Food-Ketten abfinden.

Jamaikas ländliche, vor allem von afrikanischen Einflüssen geprägte Speisen stecken voll herzhafter, gut gewürzter Überraschungen. *Ackee n'Saltfish,* mit Stockfisch gekochte, in rohem Zustand giftige Baumfrüchte, werden traditionell zum Frühstück serviert und erinnern im Geschmack an Rührei. *Callaloo,* ein grünes Gemüse, schmeckt gehackt und gegart entfernt wie Spinat, mit Okra, Kokosnuß und Pökelfleisch kommt es auch als pikante Suppe auf den Tisch. *Red Pea*-Suppe wird nicht etwa mit roten Erbsen, sondern mit roten Kidney-Bohnen und Rindfleisch zubereitet. Rote Bohnen werden neben Zwiebeln auch dem auf Kokosnußmilch gekochten *Rice 'n Peas* beigemischt, der Leib- und Magenspeise vieler Jamaikaner.

Als kleinen Snack zwischendurch lassen sich in den meisten Bäckereien *Patties,* mit Gemüse oder Fleisch gefüllte Pasteten oder *Bammies,* frittierte, aus Maniokmehl geformte Appetithappen erstehen. Am Straßenrand, vor allem im Westen der Insel, bieten Händler *Peppershrimp,* scharf gewürzte, gekochte oder gegrillte Flußkrebse feil, an Nachbarständen löscht das erfrischende Wasser aufgeschlagener Kokosnüsse den Durst aufs Köstlichste.

Da indische Einwanderer nicht nur Marihuana, sondern auch Curry nach Jamaika eingeführt haben, findet man ein würziges Curry-Gulasch aus Ziegen- oder aus Hühnerfleisch auf mancher Speisekarte. *Mannish Water,* eine Suppe, die aus dem Kopf von Ziegen gekocht wird, soll bei Männern ungeahnte sexuelle Kräfte freisetzen. Irish Moss, einer Suppe aus Meeresalgen, Kondensmilch, Muskat und Rum, wird bei beiden Geschlechtern eine aphrodisierende Wirkung nachgesagt.

Im *Jerk Centre* kommt hingegen die Schärfe aus der Tonne. Hühnchen und Schweinefleisch werden pikant gewürzt als *Jerk Chicken* und *Jerk Pork* über Pimentzweigen geröstet. Am berühmtesten sind die Stände beiderseits der Durchgangsstraße von Boston Bay im Osten der Insel, an denen sich schon mittags ein würziges Aroma entwickelt. Das beste *Jerk Chicken* von Jamaika serviert Sir Pluggy in Black Rock, zwischen Boston- und Long Bay.

Seite der unterdrückten Schwarzen stellten und aus deren Reihen Anführer von Widerstandsbewegungen wie Samuel Sharpe oder Paul Bogle (vgl. S. 141) erwuchsen, dazu Methodisten, Moravier, Katholiken, Zeugen Jehovas und Mormonen.

Die Rastafari kennen keine festen Kirchengebäude und keine strengen Hierarchien in den Gemeinden. Sie berufen sich auf die Amharische Bibel, eine der Auslegungen des Alten Testaments, und halten den hellhäutigen Jesus für Propaganda der Europäer. Inder und Chinesen sowie einige arabische Einwanderer pflegen ihre eigenen religiösen Riten. Die *United Congregation of Israelites,* die sich in der Synagoge von Kingston trifft, gilt als älteste jüdische Glaubensgemeinschaft in Amerika.

Afrikanische Mythen und Naturreligionen sind trotz langer Unterdrückung der Sklaven lebendig geblieben. Mehrere Tausend afrikanische Vertragsarbeiter, die Mitte des 19. Jh. nach dem Ende der Sklaverei ins Land geholt wurden, haben diese Traditionen neu belebt. So sind in deren ehemaligen Hauptsiedlungsgebieten, insbesondere im Hinterland der Gemeinden von St. Thomas und St. Ann, der Kumina-Kult, bei dem Tänzer in Trance versuchen, zu den Seelen Verstorbener Kontakt aufzunehmen und der christliche und afrikanische Elemente verbindende Pocomania-Kult stark vertreten. Bei letzterem reden die Tänzer in Ekstase ›in Zungen‹. Vor allem in diesen beiden Gemeinden findet man auch noch einige der gefürchteten Obeah-Männer. An sie kann man sich im geheimen und gegen Honorar wenden, wenn man einem Nebenbuhler oder Konkurrenten Unglück oder den Tod wünscht.

Die Kirche von Buff Bay

UNTERWEGS
AUF JAMAIKA

Kingston und
der Osten
Von Ocho Rios bis
Montego Bay
Von Negril über
Savanna-la-Mar
und Mandeville
nach Kingston

Kingston und der Osten

Die Hauptstadt Kingston

Die Blue Mountains

Von Port Antonio
die Küste entlang
nach Kingston

Von Port Antonio
nach Ocho Rios

Bei Port Antonio

Kingston und der Osten

Knapp die Hälfte der 2,5 Mio. Jamaikaner lebt in Kingston, dem dynamischen und widersprüchlichen Zentrum des Landes. Port Antonio, der buchtenreiche Nordosten und das Blue Mountains-Gebirge gehören zu den landschaftlichen Perlen der Karibikinsel.

Die Hauptstadt Kingston

Kingston ist die Hauptstadt von Jamaika, das lebhafte, politische, wirtschaftliche und kulturelle Zentrum, mit Hotels, Bankenhochhäusern, einem modernen Konferenzzentrum und Einkaufszentren, mit Hunderten von Straßenhändlern und Verkaufsständen, mit einem unbeschreiblichen Getümmel auf den Märkten, mit Villenvororten und Elendsquartieren, mit zahlreichen Kunstgalerien, einem regen Theater- und Konzertleben sowie Dutzenden von Studios, in denen junge Talente und arrivierte Musiker Titel für den heimischen und den internationalen Markt aufnehmen, mit Musik auf der Straße, im Bus, Klubs und Dancehalls.

Etwa 40 % der jamaikanischen Bevölkerung leben in *The City* oder deren Trabantenstädten. Nach dem großen Erdbeben von 1692, das die Stadt Port Royal auf der Palisadoes-Halbinsel zerstörte, siedelten sich viele der überlebenden Einwohner jenseits der Bay auf dem Areal einer ehemaligen Schweinefarm an. Als die aufstrebende Handelsstadt nach langen Auseinandersetzungen 1872 erreichte, daß die Kolonialregierung von Spanish Town nach Kingston wechselte, lebten bereits 28 000 Menschen in dem Straßengeviert an der Kingston Bay. Etwa 50 Jahre später hatte sich die Einwohnerzahl auf 60 000 mehr als verdoppelt, bis 1943 waren daraus 200 000 geworden.

Heute wird die Zahl der Kingstonians auf 1 Mio. geschätzt. Genau weiß dies allerdings keiner. Noch immer strömen ganze Familien, vor allem aber jüngere Menschen aus ländlichen Regionen, voller Hoffnung auf bessere Lebens- und Berufschancen in die Hauptstadt, wenngleich dieser Strom in den letzten Jahren auch ein wenig abgeebbt ist. Wer von den Hügeln am nördlichen Stadtrand, an denen die besser gestellten Jamaikaner ihre Villen errichtet haben, abends auf die sich bis zum Hafen ausbreitenden Wohn- und Geschäftshäuser blickt, wird vom Lichtermeer der karibischen Metropole überwältigt sein.

Bei Tageslicht zeigten sich Anlage und Struktur der Stadt etwas deutlicher. Im Norden begrenzen die Ausläufer der Blue Mountains die Ausdehnung von Kingston, im Osten schieben sich Long- und Dallas Mountain wie zwei Riegel zwischen Inlandsgebirge und Küste. Im Hope-Tal zwischen den beiden langgestreckten Hügeln haben das Gelände der University of the West Indies und das Mona Reservoir, ein Stausee mit Trinkwasser für die Hauptstadt, Platz gefunden. Die Kingston Harbour Bay, ein großer natürlicher Hafen, in dem die gesamte Westindienflotte von Großbritannien Platz fand und die zur türkisfarbenen Karibischen See von der schmalen, 14 km langen Palisadoes-Landzunge abgeschirmt wird, beschränkt die Ausbreitung der Stadt nach Süden.

Nach Westen fehlt eine natürliche Begrenzung. So erstrecken sich dort vom alten Stadtzentrum, der Parade, endlos anmutende, uniforme Massenunterkünfte, *Tenements,* wie die einstige Mustersiedlung Tivoli Gardens, und bunt zusammengewürfelte, aus Wellblech und Holz konstruierte Quartiere, *Yards,* wie Trenchtown oder Denham Town.

Blick auf Kingston vom
Royal Jamaican Yacht Club

Jenseits der Hunts Bay, die von einer Dammbrücke überquert wird, ist mit Portmore eine Trabantenstadt entstanden, die inzwischen mehr als 100 000 Bewohner zählt.

Der schlechte Ruf, den Kingston besonders während der 70er und 80er Jahre erworben hatte, in denen die Auseinandersetzungen zwischen den rivalisierenden Parteien PNP und JLP auch mit Maschinenpistolen und meist in den Armenvierteln ausgetragen wurden, wirkt bis heute nach, auch wenn die Stadt gegenwärtig ›nur‹ noch eine ähnliche Kriminalitätsrate wie vergleichbare Metropolen in Nordamerika aufweist. Übergriffe und Straftaten werden zudem meist in den Ghettos begangen, so daß Touristen, die unsichere Gegenden meiden, vor allem Gefahr laufen, von Straßenhändlern oder Bettlern angesprochen zu werden. Ein Risiko, das in den meisten größeren Städten der Welt inzwischen zum Alltag geworden ist.

Das alte, nach einem Schachbrettmuster angelegte Zentrum, Downtown, erstreckt sich vom früheren Hafen, vom Ocean Boulevard, und reicht bis etwa drei Straßenzüge nördlich der Parade. Einige historische Gebäude sind restauriert, ein größerer Teil scheint dem Verfall preisgegeben, dazwischen entstanden Neubauten. Ein zweites, moderneres Zentrum, New Kingston, hat sich nördlich des National Heroes Park herausgebildet. Hier konzentrieren sich die Hotels und Bankenhochhäuser,

Verwaltungsgebäude von Firmen, Märkte, Behörden, kulturelle Einrichtungen und die Botschaften der auf Jamaika vertretenen Staaten.

Downtown Kingston

Wie eine Oase der Ruhe mitten im quirligen historischen Stadtkern wirkt der **William Grant Park** (1), der nach dem schwarzen Bürgerrechtler und Gewerkschafter benannt wurde. Einst standen dort die Kanonen einer Befestigung, die feindliche Schiffe in der Bay unter Beschuß nehmen konnten. Verewigt als Büsten und Statuen blicken hier der Staatsgründer und Politiker Alexander Bustamente, Norman Manley und Edward Jordan auf die vorbeihastenden Kingstonians. Das Standbild von Queen Victoria ist am östlichen Rand des Parkes zu finden.

North Parade war noch zu Beginn des 19. Jh. ein Exerzierplatz für die britischen Kolonialtruppen. Dort fanden auch öffentliche Auspeitschungen und Hinrichtungen statt. Heute warten hier Nah- und

---

Downtown Kingston
1 William Grant Park   2 Ward Theatre
3 Headquarters House   4 Gordon House   5 Synagoge von Jamaika
6 Institute of Jamaica   7 Museum of Coins and Notes   8 National Gallery
9 Crafts Market   10 Kingston Parish Church   11 National Heroes Circle
12 Mico College

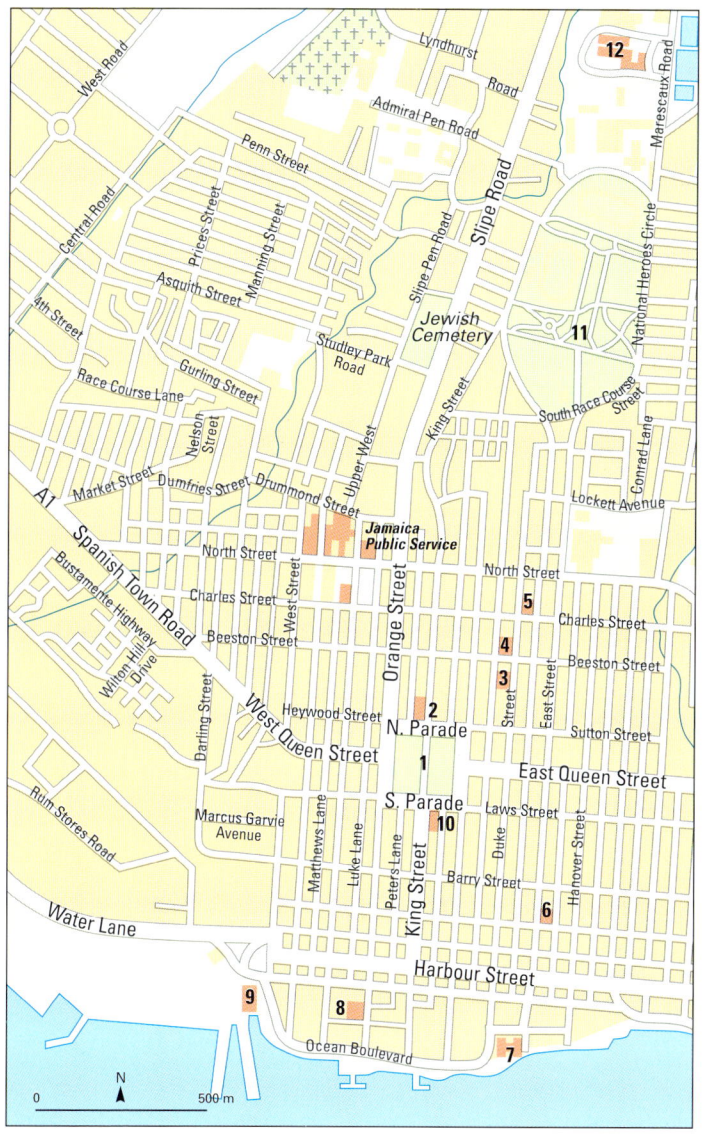

Das Ward Theatre in Kingston

Fernverkehrsbusse, drängen sich
Passanten durch den hektischen
Verkehr, transportieren Arbeiter mit
pushcarts Waren hin und her.

Auf der Bühne des 1911 in Him-
melblau und mit weißen Stuckver-
zierungen erbauten **Ward Theatre**
(2) an der North Parade werden traditionell vom 26. 12., dem *Boxing
Day,* bis in den Mai Vorstellungen
der National Pantomime gegeben,
des beliebten, in Patois gespielten
Revuetheaters. Zu den Stücken, die
ihre Zuschauer mit deftigen An-
spielungen auf politische und kulturelle Ereignisse erheitern, kom-

men vollgepackte Busse aus allen
Teilen der Insel nach Kingston.

Ein Rundgang vom Grant Park
und der Parade durch das alte
Stadtzentrum führt an einigen restaurierten und vielen verfallenen
Gebäuden der Kolonialepoche
vorbei. Baulücken sind von kleinen
Werkstätten oder Verkaufsständen
ausgefüllt, allein die schon zu britischen Zeiten renommierte Duke
Street, nach wie vor beliebte Adresse für Rechtsanwaltskanzleien,
macht noch immer einen respektablen Eindruck.

Mitte des 18. Jh. ließ der englische Kaufmann Thomas Hibbert
eine Stadtvilla in der Duke Street
errichten, die später der britischen
Militärkommandantur als **Head-**

quarters House (3) und zeitweise als Versammlungsort der kolonialen gesetzgebenden Versammlung diente. Im prächtigen, gründlich restaurierten Gebäude residiert seit vielen Jahren der *Jamaica National Trust,* verantwortlich für das kulturelle Erbe der Antilleninsel. Im modernen **Gordon House** (4, ✆ 9 22-02 00, Besichtigung nur nach Vereinbarung) tagt die Abgeordnetenversammlung von Jamaika. Das Gebäude ist nach George William Gordon benannt, einem Baptistenprediger und Abgeordneten, den die herrschenden Kreise der Kolonie 1865 als geistigen Urheber einer Rebellion schwarzer Landarbeiter vermuteten. Unter Mißachtung geltenden Rechts wurde der gemeinsame Sohn eines schottischen Plantagenbesitzers und seiner Sklavin von Kingston nach Morant Bay verschleppt, dort vor ein Standgericht gebracht und erhängt.

An die jüdische Gemeinde, die bereits zu spanischen Kolonialzeiten auf der Insel existierte, erinnert der kleine Friedhof der **Synagoge von Jamaika** (5) mit Gräbern aus dem 17. Jh. Großzügige Spenden schottischer Kaufleute ermöglichten den Bau der St. Andrew's Scots Kirk zu Beginn des 19. Jh. Wer einen Gottesdienst mit dem renommierten Chor der St. Andrew's Singers verpasst, sollte zumindest einen Blick auf die bleiverglasten Fenster mit dem blauen schottischen Andreaskreuz werfen.

Bereits 1872 wurde das **Institute of Jamaica** (12 East Tower St.,

✆ 9 22-06 20, Mo–Do 9–17, Fr 9–16 Uhr, Eintritt frei) zur Förderung von Wissenschaft und Künsten gegründet. Die angeschlossene National Library of Jamaica beherbergt die weltweit umfangreichste Dokumentensammlung zur Geschichte der karibischen Staaten. In der Abteilung zur Naturgeschichte kann man sich über Flora und Fauna von Jamaika informieren.

Im **Museum of Coins and Notes** (7, Bank of Jamaica Building, Ocean Blvd., ✆ 9 22-07 50, Mo bis Fr 9–17 Uhr, Eintritt) sind die oft farbenfrohen Motive der jamaikanischen Geldscheine, alte Münzen und Tallies – Lohn-Coupons für die Bananenträger – ausgestellt. Die 1984 eröffnete **National Gallery** (8, Roy West Building, 12 Ocean Blvd., ✆ 9 22-85 40, Mo bis Fr 10–16 Uhr, Eintritt) beherbergt auf zwei Etagen eine interessante Sammlung mit Werken bildender Künstler von Jamaika. Der Bildhauerin Edna Manley, Frau des Staatsgründers Norman und Mutter des späteren Premierministers Michael Manley, ist eine Sonderausstellung gewidmet. Nahezu 100 Holzskulpturen von Shepard Kapo können ebenfalls dort bewundert werden. Am Ocean Boulevard dokumentiert die Statue »Negro Aroused« von Edna Manley das wachsende Selbstbewußtsein der befreiten Sklaven auf Jamaika.

Victoria Pier, der alte Anleger für Passagierschiffe und Frachter, existiert schon lange nicht mehr. Als die Kreuzfahrt-Liner, die hier am Cruise Ship Pier festmachten, nach den unruhigen 70er und 80er Jahren ausblieben und statt dessen bei Montego Bay und Ocho Rios vor Anker gingen, verödete das einst lebhafte Hafenviertel.

Neben einigen modernen Bürogebäuden wirkt der **Crafts Market** (9) an der Port Royal Street wie ein Erinnerungsstück aus alter Zeit. Das langgestreckte Gebäude wurde vor über 100 Jahren errichtet. Hunderte von Ständen, an denen Geschnitztes, Geflochtenes und Gewebtes eine bunte Mischung aus Kitsch und Kunst bieten, konkurrieren um die Touristen-Dollars.

Pushcart-Fahrer transportieren Waren durch die Stadt

Von der alten Hafenfront geht es auf der King Street, einst renommierteste Einkaufs- und Flaniermeile der Stadt, wieder zurück zur Parade. Arkaden und schmiede-eiserne Balkonbrüstungen an einigen Häusern, an denen sonst der abbröckelnde Putz überwiegt, geben einen schwachen Eindruck vom früheren Glanz. Schon kurz vor der South Parade säumen Dutzende Verkaufsstände die Gehwege, deren Händler, häufig unterstützt von phonstarken Beschallungsanlagen, allerlei Krimskrams abzusetzen versuchen. Hinter den Buden erhebt sich die weiß gestrichene **Kingston Parish Church** (10), die 1910 aus Beton wieder errichtet wurde, nachdem das Erdbeben von 1907 den alten Bau aus dem Jahre 1695 zum Einsturz gebracht hatte. Die Orgel sowie einige Grabmale stam-

men vom ursprünglichen Gottes-
haus, eine Skulptur von Edna Manley im Kircheninnern stellt den To-
desengel dar.

Der **National Heroes Circle** (11)
mit einem Shrine of Monuments
liegt zwischen der Innenstadt und
dem Stadtteil New Kingston am
südlichen Rand des National Hero
Park. Einige Statuen erinnern an
Persönlichkeiten, die Besonderes
für Jamaika geleistet haben. Die
Staatsgründer Alexander Bustamente und Norman Manley sind
hier ebenso begraben wie Marcus
Garvey, ein geistiger Vorvater der
Rasta-Bewegung. An den sieben-
monatigen Jamaika-Aufenthalt des
großen südamerikanischen Frei-
heitshelden Simón Bolivar erinnert
ein Standbild vor dem Erziehungs-
ministerium außerhalb des Parks.
Bis 1953 versammelten sich hier
Tausende wettbegeisterte Zuschauer auf den Tribünen des Kingston
Race Track, bis dieser in den Knutsford Park und später nach Portmore
verlegt wurde. Im Norden des Parks
findet man einige renommierte Aus-
bildungsstätten wie die Wolners
High School, das **Mico College**
(12) und die Bühne des beliebten
Little Theatre (☎ 9 26-61 29).

Uptown Kingston

Uptown Kingston breitet sich groß-
flächig nördlich des National Heroes Park aus. Nur mit einem Auto
kann man die weit auseinanderlie-
genden, durch Wohn- und Gewer-
begebiete getrennten Sehenswürdigkeiten erreichen. Im Norden
führt die Hope Road durch Uptown Kingston, von der turbulenten
Straßenkreuzung Half Way Tree bis
zum Fuße des Dallas Mountain,
von wo man auf der Papine Road
nach Süden zur Universität of the
West Indies und auf der Gordon
Town Road nach Norden in die
Blue Mountains gelangt. An dieser
Durchgangsstraße oder in deren
Nähe liegen die wichtigsten Be-
sichtigungspunkte dieses Stadtteils.

Ein alter Uhrenturm, der zu Beginn des 19. Jh. einen früher dort
wachsenden, mächtigen Baum-
wollbaum als Wahrzeichen von
Half Way Tree (1) ersetzte, markiert
den Mittelpunkt einer belebten, geradezu chaotischen Straßenkreuzung. Einen Straßenblock weiter
westlich fällt die aus rotem Back-
stein erbaute St. Andrews Parish
Church ins Auge, die auf den Trüm-
mern einer durch das große Erdbeben von 1692 zerstörten Kapelle errichtet wurde. An der Kreuzung von
Hope- und Waterloo Road (in der
das Botschaftsgebäude der Bundesrepublik Deutschland einen sehr
gepflegten Eindruck vermittelt) erstreckt sich ein Park mit einem
Springbrunnen, mit Königspalmen
und einer prächtigen Stadtvilla. Besucher des herrschaftlichen, in
georgianischem Stil erbauten **Devon House** (2) finden die Palmen als
Motiv des Wanddekors in der Ein-
gangshalle des 1881 errichteten
Prachtbaus wieder (26 Hope Rd.,
☎ 9 29-66 02, Di-Sa 9.30–17 Uhr,

Eintritt). Hausherr war George Stiebel, einer der ersten dunkelhäutigen Millionäre von Jamaika, der kurz zuvor mit Goldfunden in Venezuela sein Glück gemacht hatte. Nachdem der jamaikanische Staat vor mehr als 30 Jahren das vom Verfall bedrohte Gebäude erworben und hier zunächst die Nationalgalerie des Landes eingerichtet hatte, wurden nach deren Umzug die Räume mit zeitgenössischen Möbeln ausgestattet und in ein Museum umgewandelt.

Die Restaurants des Devon-Hauses und das herrschaftliche Anwesen selbst können für Feierlichkeiten gemietet werden. Vor allem

an Wochenenden trifft man meist mehrere Hochzeitsgesellschaften, die sich vor der eleganten Stadtvilla ablichten lassen. Besucher zieht es in die ehemaligen Dienstbotengebäude und Stallungen im schön angelegten Garten. Hier bieten inzwischen Andenken- und Kunstgewerbeläden, eine Backstube und ein Eiscafé Kunsthandwerk, Bücher und kleine Leckereien an.

Jamaica House (3) heißt der Dienstsitz des jamaikanischen Premierministers, der etwas weiter auf der Hope Road in einem Park liegt und nicht zu besichtigen ist. Das imposante **King's House** (4), seit mehr als 100 Jahren Residenz des Generalgouverneurs *(Gee Gee)* seiner Majestät, liegt im gleichen Park noch weiter von der Hope Road zurückgesetzt (W. King's House Rd., ✆ 9 27-64 24, Mo–Fr 9–17 Uhr, Eintritt frei). Nach einer Grund-

Uptown Kingston
1 Half Way Tree   2 Devon House
3 Jamaica House   4 King's House
5 Bob Marley Museum

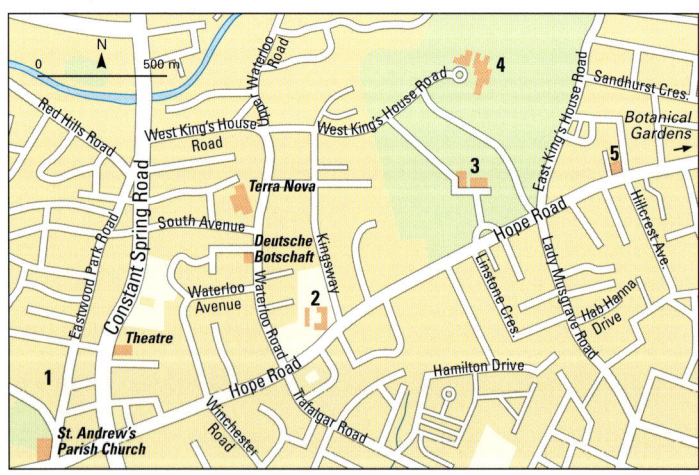

Das Devon House in Kingston

restaurierung erstrahlt es in altem Glanz. Teilnehmer des *Meet the People*-Programms (s. S. 194f.) werden von der Gattin des *Gee Gee* einmal in der Woche zum *Afternoon Tea* gebeten.

Die bekannteste Besucherattraktion von Kingston, das **Bob Marley Museum** (5), liegt nicht allzu weit von den repräsentativen Anwesen des Premierministers und des Generalgouverneurs entfernt. Der Reggae-Superstar, der das einfache Wohnhaus an der Hope Road bis zu seinem Tod 1981 noch zeitweise bewohnte und in den Tuff-Gong-Studios Musikaufnahmen einspielte, hatte Grundstück und Gebäude 1975 von Chris Blackwell, dem Be-

sitzer der Plattenfirma Island Records erworben (56 Hope Rd., ✆ 9 27-91 52, Mo–Sa 9.30–17 Uhr, So 12.30–18 Uhr, Eintritt). Besucher sind zumeist erstaunt von dem schlichten Schlafzimmer des einstigen Multimillionärs, in dem auch eine seiner Gitarren an der Wand lehnt. An einer Hauswand erkennt man noch die Einschußlöcher vom Attentatsversuch auf den Musiker, mit dem im Dezember 1976 ein Auftritt bei einem von der PNP-Partei organisierten, kostenlosen Konzert verhindert werden sollte. In den früheren Studioräumen des Hauses sind heute eine Ausstellung und der Museumsladen mit allerlei Andenken, Platten und Devotionalien untergebracht.

Hope Botanical Gardens am Nordende der Old Hope Road

Bob Marley

Der erste Superstar der Dritten Welt

»Bitte die Schuhe ausziehen, und keine Fotos!« Höflich werden die Besucher des Bob Marley Mausoleum in Nine Miles auf die Regeln hingewiesen, bevor sie zum Allerheiligsten vorgelassen werden, dem Marmorsarkophag, in dem der 1981 gestorbene Reggae-Musiker ruht. Der erste und bisher einzige Superstar der internationalen Pop-Musik, der aus der sogenannten Dritten Welt stammt, wird auf Jamaika wie ein Heiliger verehrt. Nicht nur von den zahlreichen Mitgliedern der Rasta-Gemeinden, der auch Bob Marley seit Ende der 60er Jahre angehörte, der tote Reggae-Star gilt vielen als Vorbild, als einer, der es geschafft hat, mit der Musik aus den Ghettos von Kingston die Welt zu erobern.

Robert Nesta Marley wurde am 6. 2. 1945 in Nine Miles geboren, als Frucht einer kurzen Verbindung seiner 17jährigen Mutter Cedella mit Norval Sinclair Marley, dem 50jährigen Aufseher einer benachbarten Farm und ehemaligen Armeehauptmann seiner Majestät. In Trench Town, einem Ghetto im Westen von Kingston, in das seine Mutter mit dem jungen Bob nach einigen Jahren übersiedelte, gehörte er bald zu den *Rude Boys,* zu den aggressiven Jugendlichen, die sich im Kampf ums Überleben zu Gangs zusammenschlossen.

Eine angefangene Schweißerlehre brachte er nicht zum Abschluß. Lieber traf er sich mit seinen Freunden Neville (Bunny) Livingstone, Junior Braithwaite und Peter (Tosh) MacIntosh, um Musik zu machen. Erste Plattenaufnahmen 1962 mit ihrer Gruppe, den später kurz Wailers genannten Wailing Rude Boys, brachten weder Reichtum noch größeren Ruhm, die Texte der Ska-Songs wie »Judge Not« trafen jedoch den Nerv vieler aufbegehrender Jugendlicher aus dem Ghetto. Nach verschiedenen Platten wie »Simmer Down«, welche die Gruppe in Jamaika bekannter machte, lösten sich die Wailers zunächst auf.

Bob Marley zog 1967 einige Zeit lang zu seiner Mutter, die im US-Bundesstaat Delaware lebte, arbeitete kurzfristig als Schweißer, um dann in seinen Heimatort auf der Antilleninsel zurückzukehren. Hier wurde er von Johnny Nash ein zweites Mal entdeckt. Zusammen mit den Wailers und unter dem Einfluß der Rasta-Bewegung, der sich die Mitglieder der Gruppe inzwischen angeschlossen hatten, entstanden nun Texte und Melodien, die bald als Reggae Spitzenplätze in den internationalen Charts einnehmen sollten. Die ablehnende Haltung gegenüber dem kapitalistischen ›Babylon‹ und seinem vielgestaltigen Unterdrückungs- und Beeinflussungsapparat, die Aufforderung sich gegen Benachteiligung zu wehren, wurde in Rhythmen gekleidet, die geradezu hypnotisch Tanzbewegungen beim Publikum auslösten.

Die Verbindung der Gruppe mit dem Musikpromoter Chris Blackwell brachte 1973 den internationalen Durchbruch. Die Alben »Catch the Fire« und »Burnin« wurden weltweite Verkaufserfolge, ebenso wie »Natty dread« (1975), »Rastaman vibration« (1976), »Exodus« (1977), »Survival« (1979) und ›Uprising« (1980). Bob Marley und die Wailers tourten mit sensationellem Erfolg in Europa und Nordamerika, gaben Konzerte in Afrika, auch nachdem Peter MacIntosh und Bunny Livingston 1975 Solo-Karrieren gestartet hatten. Songs des Reggae-Messias wie »I shot the sheriff«, »No woman, no cry« oder »Redemption« waren in vielen Ländern an der Spitze der Charts zu finden; sie gehören noch heute zu den Hits der Radiostationen von Jamaika.

Es verwundert nicht, daß ein derart populärer Sänger wie Bob Marley, der eigentlich der traditionellen Parteipolitik fernstand, dennoch von dieser vereinnahmt wurde. Unmittelbar vor einem Konzert, das 1976 nach Abschluß einer erfolgreichen Tournee mit organisatorischer Unterstützung der regierenden PNP veranstaltet wurde, entkam Bob Marley nur durch Zufall einem Überfall auf sein Haus in Kingston. Bei dem One Love Konzert 1976 gelang es dem charismatischen Musikstar, die verfeindeten Politiker Edward Seaga (JLP) und Michael Manley (PNP), deren Parteien sich blutige Straßenkämpfe lieferten, zu einem symbolträchtigen Händedruck auf der Bühne zusammenzuführen – leider ohne jede Folgen.

Als Bob Marley 36jährig am 11. 5. 1981 in einem Krankenhaus in Miami an einem Gehirntumor starb, stand er auf dem Höhepunkt seiner Popularität. Der Trauerzug zu seinem Begräbnis in Nine Miles erstreckte sich über 80 km. Eine Statue im Ruhmespark nahe dem Nationalstadion in Kingston zeigt den weltberühmten Rasta und Musiker in der für ihn typischen Pose, die *dread locks* fallen über die Schultern, eine Hand hängt über der Saiten der umgehängten Gitarre.

Bob Marley hinterließ Millionen trauernde Fans weltweit, eine Rasta-Bewegung auf Jamaika, die durch ihn bekannt und gesellschaftsfähig geworden war, ein Vermögen von etwa 30 Mio. US-Dollar, elf Kinder, davon drei mit seiner Frau Rita, und ein musikalisches Vermächtnis, das bis heute nichts von seiner Dynamik und Ausstrahlungskraft eingebüßt hat.

(✆ 9 27-10 85, tägl. 9 Uhr bis zum Sonnenuntergang, Eintritt frei, Zoo tägl. 10–18 Uhr, Eintritt) trägt in Erinnerung an den Besuch von Königin Elizabeth II. im Jahre 1953 den Beinamen Royal Botanic Gardens. Das vor mehr als 100 Jahren gestaltete, 81 ha große Gelände mit einladenden Rasenflächen, Palmenpflanzungen, Bougainvilleen, einem Kaktusgarten und einer Orchideenzucht ist bei Familien aus Kingston als Ziel für ein Sonntagspicknick sehr beliebt. Dann ist auch bei den possierlichen und gefräßigen Coney-Nagetieren, den gelben Schlangen und den anderen nur auf Jamaika vorkommenden Tieren im kleinen angeschlossenen Zoo Hochbetrieb.

Am Ende der Old Hope Road und südlich des Botanischen Gartens erstreckt sich die Universität mit verschiedenen Fakultäten und einer Klinik auf dem Gelände einer ehemaligen Zuckerrohrplantage zwischen Dallas- und Long Mountains. Die Ruinen eines Äquadukts und der alten Zuckermühle bilden einen reizvollen Kontrast zu den modernen Gebäuden der jamaikanischen Filiale der University of the West Indies, U. W. I., die im Jahre 1948 als Ableger der Universität von London gegründet wurde.

An den Ausläufern des Long Mountain im Stadtteil Beverly Hills hat die vermögende Oberschicht von Kingston elegante Villen errichten lassen, ähnlich wie im gleichnamigen Viertel von Los Angeles.

Information: Das Jamaica Tourist Board, JTB, hat seine Zentrale in Kingston, ICWI Building, 2 St. Lucia Ave., ✆ 9 29-92 00, Fax 9 29-93 75; ein weiteres Informationsbüro befindet sich in der Ankunftshalle des Norman Manley International Airport, ✆ 9 24-80 24

Flugverbindungen: Der Norman Manley International Airport (✆ 9 24-80 24) auf der Palisadoes-Halbinsel wird von verschiedenen Linienfluggesellschaften wie z. B. British Airways, Air Jamaica oder American Airlines angeflogen; vom Tinson Pen Aerodrome (✆ 9 23-96 98) am Marcus Garvey Dr. im Westen der Stadt verbindet Air Jamaica Express (✆ 9 22-46 61) Kingston mit Montego Bay, Negril und Port Antonio

Mietwagen: Viele Mietwagenunternehmen haben am Flughafen und in der Innenstadt Büros, *Avis* (Flughafen: ✆ 9 24-82 93; Innenstadt: 3 Oxford Rd., Kingston 5, ✆ 9 26-15 60), *Island Car Rentals* (Flughafen: ✆ 9 24-80 75. Innenstadt: 17 Antique Ave., Kingston ✆ 9 26-88 61), *National Car Rental* (Flughafen: ✆ 9 24-83 44; Innenstadt: 19 Carlton Cres., Kingston 10, ✆ 9 29-91 90)

Busse: Nur wer auf das sehr preiswerte Busnetz angewiesen ist, fährt mit den meist überfüllten, technisch bedenklichen Bussen. Von den Stationen Parade und Half Way Tree werden alle mittelgroßen Orte auf Jamaika angesteuert, Fahrpläne gibt es nicht

Taxis: Lizensierte Taxis haben rote Nummernschilder. Es ist ratsam, den Fahrpreis vor Antritt der Fahrt auszumachen. Taxi: JUTA-Taxi, ✆ 926-15 37, Blue Ribbon Taxi ✆ 9 28-77 39

Fähre: Vom Pier Nr. 2 am Ocean Blvd. in Kingston nach Port Royal, 30 Min. durch die Bay von Kingston Harbour, ab 6 Uhr etwa alle zwei Std.

Unterkunft: *Jonraine Country Inn,* 7 W. Kirkland Heights, Forest Hills, geschmackvoll umgebaute Privatvilla mit zehn Zimmern, herrlicher Blick auf Kingston, ✆ und Fax 9 44-35 13, $$–$$$; *Le Méridien Pegasus,* 81 Knutsford Blvd., Kingston 5, professionell geführtes Business- Hotel mit beliebtem Sonntags-Brunch im Zentrum von New Kingston, ✆ 9 26-36 90, Fax 9 29-40 62, meridienjamaica.com, $$$$; *Terra Nova,* 17 Waterloo Rd., Kingston 10, angenehmes, kleines Hotel mit 35 Zimmern, Pool, Garten und Restaurant in einer umgebauten Privatvilla, ✆ 9 26-93 34, Fax 9 29-49 33, cariboutpost.com/terra_nova, $$–$$$; *Hotel Four Seasons,* 18 Ruthven Rd., nahe der Half Tree Rd., Kingston 10, zentrale Unterkunft unter jamaikanisch-deutscher Leitung, mit beliebtem Lunch-Buffet, ✆ 9 29-76 55, Fax 9 29-59 64, fourseasonsja.com, $$; *Morgan's Harbour Hotel,* Port Royal, gemütliches Haus auf der Spitze der Palisadoes-Halbinsel mit gutem Restaurant, Pool, Marina und Tauchbasis, ✆ 9 76-80 30, Fax 9 67-80 73, $$$

Essen und Trinken: Drei Restaurants befinden sich (neben einem ausgezeichneten Eisladen) im *Devon House,* einer ehemaligen Stadtvilla und deren Nebengebäuden, 26 Hope Rd.: Devonshire Restaurant, jamaikanische Küche in elegantem Ambiente, ✆ 9 29-70 46, $$–$$$; The Grog Shoppe, Gartenrestaurant mit legendären Rum-Drinks, Mittwoch abends wird Jazz gespielt, ✆ 9 29-70 27, $$; *The Coffee Terrace,* Sandwiches und Snacks, ✆ 9 29-70 63, $; *Café Jamaique,* 7 Grosvenor Terr., jamaikanische Kreationen, ✆ 9 24-20 82, $$–$$$; *Raphael's ,* 7 Hillcrest Ave., serviert italienische Küche im Schatten eines Lignum Vitae Baumes, nahe dem Marley Museum, ✆ 9 78-12 79, $$$; *Queen of Sheba,* 56 Hope Rd., gute vegetarische und einige andere Gerichte sowie frisch gepreßte Fruchtsäfte im Restaurant

des Bob Marley Museum, ✆ 9 78-05 10, $; *Chelsea Jerk Centre and Lounge*, 7 Chelsea Ave., lecker gewürztes, geröstetes jamaikanisches Schweinefleisch und Hühnchen-Fast Food, ✆ 9 26-63 22, $; *Forbidden Heights* (s. Unterkunft: *Jonraine Country Inn*), ausgezeichnetes chinesisches Restaurant am nördlichen Stadtrand mit tollem Blick auf Kingston, ✆ 9 44-35 13, $$–$$$; *Sir Henry Morgan's Restaurant*, Port Royal, angenehme Gaststätte des Morgan's Harbour Hotel, mit guter Küche und herrlichem Blick auf Kingston, ✆ 9 67-80 75, $$–$$$; *Gloria's Rendezvous*, 5 Queen St., Port Royal, bekanntes, legeres Restaurant mit frisch zubereitetem Fisch, $$; *Rodney Arms Restaurant and Bar*, Port Henderson, am Hafen, frischer Fisch mit Blick auf die Bay, $–$$

Polizei: Notruf ✆ 1 19, Polizei-Hotline Kingston ✆ 9 27-77 78, Sonderabteilung für Touristen, 79 Duke St., ✆ 9 22-93 21

Gesundheit: Notruf-Ambulanz und Feuerwehr ✆ 1 10; Crisis Center für Frauen (Überfälle, Vergewaltigungen) ✆ 9 29-29 97; Apotheken z. B. Downtown Kent Pharmacy, 55 A Duke St., oder in New Kingston Moodies Pharmacy im Drugstore des New Kingston Shopping Centre, 30 Dominica Dr.; Ärzte und Kliniken s. Gelbe Seiten des Telefonbuches, z. B. Medical Associates Hospital (privat, auch Notfälle), 18 Tangerine Pl., ✆ 9 26-86 24; UWI-Hospital (Universitätsklinik), auf dem Campus der Universität, ✆ 9 27-66 21; Wings Jamaica (Flugambulanz), Tinson Pen Aerodrome, ✆ 9 23-74 15

Einkaufen: Kingston verfügt über mehrere Einkaufszentren, jeweils mit vielen Einzelgeschäften wie etwa das Souvereign Centre, 105 Hope Rd. oder das New Kingston Shopping Centre, 30 Dominica Dr.; *Kunsthandwerk und Kunst* kann man in einem der zehn Geschäfte hinter dem Devon House, insbesondere bei Things Jamaican, er-

werben; Geschnitztes und Geflochtenes erhält man auch auf dem Kingston Crafts Market am westlichen Ende der Harbour St., an den stets gut besuchten Ständen um den Parade-Platz und bei Half Way Tree werden alle möglichen Konsumgüter angeboten; in der Frame Gallery, 10 Tangerine Pl., ✆ 9 26-46 44, findet man zeitgenössische jamaikanische Malerei und Skulpturen, Werke arrivierter und (noch) wenig bekannter Künstler, eine gute Adresse zum Sehen und Kaufen ist die Mutual Life Gallery im Dachgeschoß der gleichnamigen Versicherung, 2 Oxford Rd., ✆ 9 26-90 25. *Musik-CDs* und *Kassetten* lassen sich in Dutzenden von Geschäften erstehen. Eine gute Auswahl findet man bei Record Plaza im Tropical Plaza-Zentrum, 12^1/$_2$ Constant Springs Rd., bei Gee Wheez, 187 Mountain View Ave. und vor allem bei Randy's Record Mart, 17 N. Parade; *Bücher* sowie einige Romane über Jamaika erhält man bei Bookland, 53 Knutsford Blvd., im Kingston Bookshop, 70 B King St., bei Sangster's u. a. im Sovereign Centre, 105 Hope Rd. oder bei The Bookshop in der 28–40 Barbados Ave.

Kultur: *Ward Theatre,* North Parade, ✆ 9 22-04 53, Aufführungsort der Pantomime (Revuetheater) vom 26. 12. *(Boxing Day)* bis in den April, der National Dance Theatre Company und der Jamaica Folk Singers; *Little Theatre,* 4 Tom Redcam Dr., ✆ 9 26-61 29, mit Veranstaltungen und Aufführungen, Spiel- und Übungsstätte der Jamaica School of Drama; *Barn Theatre,* 5 Oxford Rd., ✆ 9 26-64 69, kleineres Haus mit wechselnden Aufführungen wie auch *The Theatre Inside,* Green Gables, 6 Cargill Ave., ✆ 9 26-67 11; *Kinos* mit Hollywood-Filmen (aktuelles Programm in den Tageszeitungen) befinden sich mit Cineplex 1 u. 2 im Souvereign Centre, 106 Hope Rd., im Carib Cinema, Cross Roads, sowie

dem Odeon bei Half Way Tree, im Drive-In Cinema im Dominica Dr. kann man im Auto sitzen bleiben

Nachtleben: Tanzklubs gibt es in der Musikstadt Kingston dutzendweise, darüber hinaus Dancehall-Discos und Live-Konzerte, die an bestimmten Tagen auch im Freien stattfinden, wie etwa Front Line Dienstag nachts auf der Red Hills Rd.; *Cactus,* 13 Portmore Plaza, Portmore, ✆ 9 88-53 75, die heißeste Hi-Tec-Disco; gut sind auch *Godfather's Club,* 69 Knutsford Blvd., ✆ 9 29-54 59 oder *Mingles* im Courtleigh Hotel, 21 Trafalgar Rd., ✆ 9 29-53 20; gute Musik zum Tanzen wird gespielt im *Turntable Club,* 118 Red Hills Rd., ✆ 9 24-01 64 oder im *Asylum,* 69 Knutsford Blvd., ✆ 9 29-43 86

Sport/Strände: *Bucaneer Scuba Club,* Port Royal, auf dem Gelände des Morgans's Harbour Hotel; Mini-Strand, Tauchgänge, Schnorcheltrips, Wasserski, Banana-Boat, Windsurfen, Seekanu, Ausflüge in die Mangrovenwälder der Bay und auf die Inseln Lime-, Maiden- und Gun Cay vor der Küste, auf Lime Cay gibt es eine Beach Bar und Picknicktische, ✆ 9 24-81 48; *Royal Jamaica Yacht Club,* auf der Palisadoes-Halbinsel nahe dem Norman Manley Flughafen, nur für Mitglieder von Partner-Jachtklubs, ✆ 9 24-86 85; in den Hügeln nördlich von Kingston erstreckt sich auf dem Areal einer ehemaligen Zuckerrohrplantage der 18-Loch-Platz des *Constant Spring Golf Club* (Par 70), auch Tennis-, Badminton- und Squash-Plätze sowie ein Pool, ✆ 9 24-16 10; sowie der anspruchsvolle Kurs des *Caymanas Golf Club* (Par 72); auf dem Oval im Caymanas Park in Portmore westl. von Kingston finden Mi, Sa und an öffentlichen Feiertagen *Pferderennen* statt; Sabina Park an der South Camp Rd. ist Schauplatz vieler *Cricket-Turniere,* ✆ 9 76-03 22; **Strände:** Fort Clarence südl. von Port Henderson an Wochen-enden viele Besucher aus Kingston und Spanish Town, mit Duschen und Toilet-ten; in Strandnähe gibt es zahlreiche Stände, an denen gebratener Fisch und Getränke verkauft werden. Hellshire Beach wenig weiter südlich ist ebenfalls beliebt bei Kingstonians und am Wo-chenende gut besucht. Golden Shore und Prospect Beach, 5 km östl. von Mo-rant Bay, am Wochenende besucht von Kingstonians

Die Umgebung von Kingston

Port Henderson, südlich von Kingstons 100 000köpfiger Traban-tenstadt Portmore, wurde vor mehr als 200 Jahren nahe der Mündung des Rio Cobre errichtet. Fort Au-gusta, heute eine Ruine, und Fort Clarence, nun das Hauptquartier der jamaikanischen Streitkräfte, schützten früher die Zufahrt zur Kingston Bay. Die wenig reizvolle Fahrt von Kingston über den Cause-way nach Port Henderson wird durch den Blick auf die in der Abendsonne leuchtende Haupt-stadt jenseits der Bucht belohnt. Am Hafen hat man einige Gebäude aus dem 18. und 19. Jh. wie das Longhouse, ein ehemaliges Gast-haus, und einige Stadtvillen mit Unterstützung des *National Trust* restauriert.

Fort Clarence Beach Park ist recht beliebt als Ausflugsziel der Kingstonians, die sich vor allem an Wochenenden auch an Musikkon-zerten sowie Body Building- und Schönheitswettbewerben erfreuen.

Nach **Port Royal** fährt man von Kingston entweder mit der Fähre vom Pier Nr. 2 beim Crafts Market oder mit dem Auto östlich um die Bucht von Kingston Harbour her-um. Auf halber Strecke passiert man entlang der Windward Road die unübersehbaren Produktions-anlagen der Carib Cement Works, bevor der Norman Manley High-way auf die Palisadoes-Halbinsel abbiegt. Die zunächst schmale Landzunge verbreitert sich bald. Über eine erste Abzweigung er-reicht man die Strände Gunboat und Bucaneer Beach sowie den ex-klusiven Royal Jamaica Yacht Club, den einzigen königlich britischen Jachtklub in der Karibik, über eine zweite gelangt man zum Norman Manley International Airport.

Die Main Road führt weiter nach Westen, vorbei an den Mangroven-dickichten der Bay und am verfal-lenen alten Marinefriedhof, dem Old Naval Cementary, bis an die Spitze nach Port Royal. Die zu Pi-ratenzeiten im 17. Jh. ›lasterhafte-ste Stadt der Erde‹ macht heute ei-nen verschlafenen Eindruck. Von den einst mehreren hundert Schen-ken und Bordellen, in denen sich die von der britischen Krone tole-rierten Freibeuter nach ihren Ka-perfahrten austobten, ist nichts mehr zu sehen.

Nachdem am 7. 6. 1692 ein ge-waltiges Erdbeben fast die Hälfte der Stadt und 2000 ihrer 8000 Ein-wohner ins Meer gerissen hatte, er-holte sie sich nie mehr zu alter Größe. Befestigungsanlagen der

Das im 17. Jh. errichtete Fort Charles
in Port Royal

britischen *Royal Navy* schützten
jedoch noch bis zum Zweiten
Weltkrieg die Küste und die Ein-
fahrt zum Hafen von Kingston.
Sollten die seit vielen Jahren immer
wieder publizierten Pläne einmal
realisiert werden, Teile der vor
300 Jahren versunkenen Stadt zugänglich zu machen, könnte aus

dem trägen Fischerort Port Royal
eine einzigartige Besucherattraktion in der Karibik werden.

Das mächtige, knapp 130 m lange, baufällige Old Naval Hospital,
ein altes Marinekrankenhaus aus
dem Jahre 1819, hat bald 100 Jahre keine Patienten mehr gesehen.
Ein kleines Archaeological and Historical Museum im Parterre
(✆ 9 24-87 06, unregelmäßige Öffnungszeiten, Spende) zeigt einige
der Funde, die Taucher bislang aus
der versunkenen Stadt geborgen

Henry Morgan

Vom Piraten zum Gouverneur der Krone

Am 7. 6. 1692 erschütterte ein mächtiges Erdbeben den Südosten von Jamaika. Port Royal, die mit Forts bewehrte Hafenstadt an der Spitze der Palisadoes-Halbinsel erbebte, Erdspalten öffneten sich, verschlangen Häuser und Menschen. Eine gewaltige Flutwelle tat ein übriges. Fast die Hälfte der Stadt mit 2000 ihrer 8000 Bewohner versank in den Fluten der Karibischen See. Auch der alte Friedhof war vom Erdboden verschwunden, mit ihm das Grab von Henry Morgan, des gefürchtetsten Piraten seiner Zeit, der fast genau vier Jahre zuvor als königlicher Gouverneur von Jamaika verstorben und beerdigt worden war.

Irgendwann im Jahre 1635 wurde Henry als Sohn eines armen Bauern im walisischen Llanrhymney geboren. Als Jugendlicher arbeitete er auf einer Plantage auf Barbados und beteiligte sich später an der Eroberung von Jamaika und am gescheiterten Feldzug gegen Kuba. Sicher ist, daß er sich in den 60er Jahren den Bukaniern anschloß, einer internationalen Gruppe von Abenteurern, desertierten Marinesoldaten und Freibeutern, die auf Tortuga, einer Insel vor der Nordostküste von Hispaniola, ihre Hauptbasis hatten.

Die Bukanier handelten mit passierenden Schiffen. Sie schnitten das Fleisch von verwilderten Schweinen und Kühen, die sie auf der benachbarten Hauptinsel erjagt hatten, in Streifen, salzten und räucherten es auf speziellen Rosten (franz. *boucan*) langsam über dem Feuer, bis es als *viande boucanée,* als Räucherfleisch, haltbar gemacht war und an Schiffsbesatzungen verkauft werden konnte. Zusätzlich wurden spanische Frachtschiffe, die nicht im Konvoi segelten und leichte Beute versprachen, von den Bukaniern aufgebracht und geplündert. Henry Morgan genoß einen besonderen Ruf als erfolgreicher Pirat und guter Kapitän, es galt als Auszeichnung, sich an seinen Beutezügen beteiligen zu dürfen, versprachen sie doch beträchtliche Gewinne.

Edward D'Oyley, der englische Gouverneur der von Spanien eroberten Antilleninsel Jamaika, der befürchtete, daß die spanische Armada versuchen würde, die Engländer schnell wieder zu vertreiben, lud die Bukanier ein, Port Royal an der Südküste zu einem ihrer Stützpunkte zu machen. Deren Beutezüge auf spanische Schiffe und Siedlungen in der Karibik sollten die Spanier so lange beschäftigt halten, bis England in der Lage war, seine neue Kolonie selbst militärisch zu verteidigen. Die von D'Oyley ausgegebenen Freibriefe legten fest, daß England ein Zehntel der Beute auf See gekaperter Schiffe für sich reklamieren durfte, der Rest wurde unter den lizensierten Piraten aufgeteilt.

Port Royal war nicht nur Zuflucht und Heimathafen, sondern gleichfalls Vergnügungszentrum der Bukanier. In der ›lasterhaftesten Hafenstadt der Welt‹ gab es mehr Kneipen und Bordelle als irgendwo sonst an einem vergleichbaren Ort. Unter den Freibeutern von Port Royal galten strenge Regeln. Wer ein englisches Schiff angriff, lief Gefahr sofort hingerichtet zu werden. Es war auch verboten, Sklaven, die von jamaikanischen Plantagen entflohen waren, aufzunehmen. Die Bukanier wählten ihre Kapitäne in freier Abstimmung, die Beute wurde nach Abzug des englischen Anteils und der Ausgaben für Verwundete unter ihnen gleich aufgeteilt. Wer im Kampf einen rechten Arm oder ein rechtes Bein verloren hatte, erhielt zudem 600 Geldstücke oder sechs Sklaven, für einen linken Arm oder linkes Bein gab es 500 Geldstücke oder fünf Sklaven, ein Auge oder ein Finger waren je 100 Geldstücke oder einen Sklaven wert.

Henry Morgan galt bei den Spaniern bald als gefürchteter Gegner. Im Jahre 1668 eroberte er Puerto Principé auf Kuba und stürmte kurz darauf den spanischen Silberhafen Porto Bello am Isthmus von Panama. Im darauffolgenden Jahr plünderte Morgan spanische Ortschaften am Maracaibo-See im heutigen Venezuela. Die waghalsigen Pläne verrieten taktisches Geschick, sie wurden mit letztem Einsatz und mit menschenverachtender Grausamkeit ausgeführt. Morgan war bekannt dafür, kaum Gefangene zu machen, auch Alte, Frauen und Kinder fielen den Schlächtereien seiner Besatzungen zum Opfer. Bewohner überfallener Ortschaften wurden brutal zu Tode gequält, um ihnen die etwaige Kenntnis von Verstecken für Wertsachen zu entlocken.

Ein von einem holländischen Bukanier namens Esquemeling 1678 in Amsterdam veröffentlichter Bericht über das Leben der Piraten enthielt so detaillierte Schilderungen der Grausamkeiten, daß der zu dem Zeitpunkt bereits bürgerlich gewordene Morgan – vergeblich – versuchte, die Übersetzung ins Englische zu verhindern. Als England im Vertrag von Madrid 1670 mit Spanien Frieden geschlossen hatte und Englands Besitz von Jamaika anerkannt war, hatte Henry Morgan seinen bislang verwegensten Plan bereits ausgearbeitet und wollte nicht mehr darauf verzichten, ihn durchzuführen.

Im August 1670 machte sich Morgan mit 36 Schiffen und 2000 kampfgewohnten Freibeutern auf, um die spanische Hafenstadt Panama, wichtigster Umschlagplatz für das Silber von Peru, zu erobern.

Wieder wurden keine Gefangenen gemacht, vier Wochen wüteten die Piraten in der Stadt. Auf der Rückreise nach Port Royal setzte sich Morgan mit seinem Schiff und der Beute vom Rest der Truppe ab. Da er mit dem Angriff gegen die Friedensbedingungen mit Spanien verstoßen hatte, wurde er nach London geschafft, dort aber – zunächst nur inoffiziell – als Held gefeiert.

Im Jahre 1674 kehrte Morgan nach Jamaika zurück, von König Charles II. als Sir Henry geadelt, mit den Titeln eines stellvertretenden Gouverneurs, eines Generalleutnants, eines Vize-Admirals, des Regimentskommandeurs von Port Royal, eines Richters der Admiralität und der Ziviljustiz und mit genug Geld in der Tasche, um eine Zuckerrohrplantage zu kaufen. Die nicht unübliche englische Politik, »einen Dieb als Polizisten einzusetzen, um die restlichen Diebe zu fangen«, sollte sich auch auf Jamaika bewähren.

Die englische Marine hielt sich selbst für stark genug, meinte auf die Bukanier nicht mehr angewiesen zu sein. Piraterie war ab sofort unter Strafe gestellt. Henry Morgan war skrupellos genug, die neuen Regeln auch gegen seine alten Kumpane mit dem Galgen durchzusetzen. Vierzehn Jahre lebte Sir Henry als englischer Landadliger und oberster Beamter der Kolonialverwaltung auf der Antilleninsel, bis die Folgen seines ausschweifenden Lebenswandels am 25. 8. 1688 seinem Dasein ein Ende setzten.

haben. Am südlichen Ende von Port Royal schieben sich drohend Kanonenläufe aus den Schießscharten einer Festung.

Fort Charles (☎ 9 22-06 20, tägl. 9.30–17 Uhr, Eintritt), 1692 als einzige der sechs Bastionen von Port Royal beim großen Erdbeben unzerstört, wurde mehrmals aus- und umgebaut. Zwischen 1777 und 1779 kommandierte der spätere Admiral und ›Held von Trafalgar‹, Horatio Nelson, die seinerzeit auf drei Seiten vom Meer umgebene Batterie einige Monate lang. Im kleinen Maritime Museum (☎ 9 24-87 82) im Hof des Fort illustrieren Fundstücke, Modelle von Schiffen und den Befestigungsanlagen sowie Texttafeln die Geschichte von Port Royal. Ein Erdbeben im Jahre 1907 kippte das Giddy House, ein ehemaliges Lager der Royal Artillery unweit vom Fort, fast um. Das schräg in den Sand gesunkene ›schwindelige‹ Gebäude steht in unmittelbarer Nähe der Überreste der mächtigen Victoria and Albert Battery, die durch denselben Erdstoß außer Gefecht gesetzt wurde.

Das Giddy House in Port Royal

Die Blue Mountains

Wer denkt bei Jamaika schon an eine Bergkette von 2000ern, an meterhohe Farne, an Regenwälder mit Mahagoni, an Afrikanischen Tulpenbaum und Bergkiefern. Und doch erstrecken sich die Ausläufer der Blue Mountains bis in die Vororte von Kingston. Der Kamm dieses Gebirgszuges zieht sich von Stony Hill, etwa 12 km nördlich der jamaikanischen Hauptstadt, mehr als 50 km nach Osten, fast bis an die Karibische See.

Für den bläulichen Dunstschleier über den bewaldeten Tälern und die meist von Wolken eingehüllten Gipfel sind vor allem der intensive Stoffwechsel von Millionen Pflanzen und die feuchtwarmen Passatwinde verantwortlich, die an den Gebirgshängen aufstei-

gen und abkühlen. Im Durchschnitt verzeichnet diese Region alljährlich 5000 mm Niederschlag bei Temperaturen von 15 bis 18° Celsius. Im Winter kann das Thermometer nachts zuweilen auf etwa 4° Celsius fallen, auf dem Gipfel des 2256 m hohen Blue Mountain Peak wurden sogar schon Minustemperaturen gemessen.

Die Kraft mächtiger Vulkane drückte das Gestein vor 25 Mio. Jahren aus dem Meeresgrund in die Höhe. Noch immer heben sich die Blue Mountains innerhalb von 1000 Jahren etwa 30 cm. Von dem in Ost-West-Richtung verlaufenden Gebirgsgrat Grand Ridge, an dem neben dem Blue Mountain Peak mit dem Sir John's Peak (1930 m), dem High Peak (2076 m) und dem Mossman's Peak (2044 m) die höchsten Gipfel von Jamaika auf-

In den Blue Mountains

gereiht sind, ziehen sich niedrigere Bergrücken nach Norden und Süden. Dazwischen streben Bäche und Flüsse den Küsten zu, gut versorgt von den reichhaltigen Niederschlägen.

Mehr als 500 Baumarten, Sträucher und Epiphyten, darunter 65 Orchideenarten, verwandeln die Bergwälder in ein Fest für die Augen. Der Jamaika-Bambus blüht nur alle 33 Jahre. Baumfarne werden unglaubliche 10 m hoch. Dazwischen wachsen wilder Kaffee, Blaubeerbüsche, Roter Ingwer, Mangos und Otaheiti-Apfelbäume. In höheren Regionen geben Bergwiesen den Blick auf Täler und Gipfel frei. Die dichten Wälder sind die Heimat farbenprächtiger Schmetterlinge und vieler Vogelarten, von Waldsängern, Kolibris wie dem Nationalvogel Doctorbird (vgl. S. 22), Schwalben, Todis oder Drosseln.

Weder die Arawak noch die spanischen Kolonisten siedelten in den Blue Mountains. Erst die *Maroons,* von den Spaniern zurückgelassene afrikanische Sklaven, suchten Mitte des 17. Jh. vor den Engländern Zuflucht in dem unzugänglichen Gelände und gründeten einige Dörfer an den Nordhängen der Bergkette. Im Jahre 1728 wurden die ersten Kaffeesetzlinge von der Karibikinsel Martinique nach Jamaika eingeführt. Schnell erwies sich das Klima der Blue Mountains als ideal für den Anbau der schmackhaften Bohnen, die, geröstet und gemahlen, in London bald reißenden Absatz fanden.

Schwarzes Gold

Kaffee aus den Blue Mountains

Im Tal von Mavis Bank, im Schutze von steil aufragenden Gebirgshängen der Blue Mountains, liegt die Mavis Bank Coffee Factory. Die Geschmacksprüfer, die *Master Taster*, schirmen mit ihren Händen die dampfenden Tassen ab, beugen sich tief über den frisch gebrühten Kaffee und lassen das Aroma auf sich wirken. Ein kleiner Schluck wird prüfend durchgekostet, ein Nicken, die Lage hat die Kontrolle erfolgreich bestanden und wird das Qualitätssiegel »100 % Blue Mountain Coffee« erhalten.

Kaffeeplantage
in den Blue Mountains

Unter Gourmets genießt der Blue Mountain-Kaffee von Jamaika einen legendären Ruf. Die teure Rarität ist in Europa und Nordamerika kaum zu erhalten. Viele Japaner hingegen sind bereit, für eine Tasse des aromatischen, dunklen Gebräus mehr als 10 € auszugeben. So gehen inzwischen über 80 % der Exporte in das Land der aufgehenden Sonne, haben sich die Japaner mit langfristigen Krediten und mit dem Kauf eigener Plantagen selbst in der Kaffeewirtschaft von Jamaika engagiert.

Bereits seit 280 Jahren wird auf der Antilleninsel Kaffee angebaut. Der Gouverneur und Pflanzer Sir Nicholas Lawes importierte 1728 die ersten Zöglinge von Martinique und gründete auf seinen Temple Hall Estates nordöstlich von Kingston eine Kaffeeplantage. Andere schlossen sich an, um die Abhängigkeit vom Zuckerrohr zu verringern und weil eine steigende Nachfrage aus Europa gute Profite versprach. Unruhen in Haiti förderten um die Wende zum 19. Jh. die Einwanderung französischer Kaffeefarmer, deren Fachwissen um Anbau und Verarbeitung Qualität und Quantität des Produktes deutlich verbesserten. Im Jahre 1814 wurde mit einer Ernte von 17 000 t eine Rekordmarke gesetzt, die heute nur noch zu einem Zehntel erreicht wird.

Als nach Abschaffung der Sklaverei im Jahre 1838 zahlreiche befreite Sklaven die Zuckerrohrplantagen verließen, versuchten viele, sich auf Jamaika mit dem Anbau von Kaffee einen Lebensunterhalt zu verdienen. Da jedoch die Güteklasse der Ernte mit der Kultivierung schlechterer Anbauflächen und der geringeren Qualifikation der Landwirte zurückging und gleichzeitig die Schutzzölle für Kaffee im britischen Empire aufgehoben wurden, geriet der Jamaika-Kaffee zugunsten der Exporte aus Brasilien und Kolumbien deutlich ins Hintertreffen. Erst Mitte des 20. Jh. begann eine bemerkenswerte Renaissance.

Pflanzer und Behörden gründeten 1948 das *Coffee Industry Board*, das Unterstützung beim Anbau gewährte und Qualitätsstandards festsetzte. Seit Mitte der 60er Jahre fördern die Japaner in steigendem Maße die Verarbeitung der Beeren des Kaffeestrauches. Im Jahre 1973 setzte der damalige Landwirtschaftsminister und Besitzer der Mavis Bank Coffee Factory, Keble Munn, das Gütesiegel ›Blue Mountain Coffee‹ durch. Nur Kaffee, der in den Blue Mountains in einer Höhe von mindestens 600 m geerntet und in den Betrieben von Mavis Bank, Silver Hill, Moy Hall oder Wallenford in festgelegten Schritten weiterverarbeitet wurde, darf sich mit dem prestigereichen Namen schmücken.

Kühler Bergnebel, ausreichende Niederschläge, aber auch gute Entwässerung des Bodens, ein richtiges Verhältnis von Sonne und Schatten sowie das fruchtbare, mineralreiche Erdreich vulkanischen Ursprungs scheinen die richtigen Voraussetzungen für die Kultivierung der Kaffeepflanze zu geben. Je nach Lage der Anbaufläche bringt sie zwischen Januar und Mai auf 2 bis 3 m hohen Sträuchern kleine weiße Blüten hervor. Die reifen, rotglänzenden Beeren *(Cherry Berries)* werden zwischen August und November von Hand geerntet. Die Beeren werden sodann geschält, gewaschen und getrocknet, nach Größe und Form sortiert, daraufhin mindestens sechs Wochen, während der sie ihr Aroma ausbilden, in Säcken gelagert.

Für den Export verwendet man Holzfäßchen, in denen 27,2 kg der bläulichgrünen Kaffeebohnen Platz finden. Ein kleinerer Teil kommt bereits geröstet und vakuumverpackt in die Bestimmungsländer. Der milde, leicht süßliche, volle Geschmack des Blue Mountain-Kaffee hat sicherlich genauso zu seiner Beliebtheit beigetragen, wie ein geschicktes Marketing.

Kenner der 007-Romane von Ian Fleming wissen, daß auch ein James Bond nur Blue Mountain-Kaffee trinkt. Wer sich zu exquisiten, einzigartigen Produkten und ihrem Werbeumfeld hingezogen fühlt, scheint auch bereit zu sein, einzigartige Preise dafür zu bezahlen.

Um Platz für die wachsenden Plantagen zu schaffen, wurden viele der Bergwälder gerodet. Als Mitte des 19. Jh. die Kaffeeproduktion drastisch zurückging, eroberte der Wald langsam sein Terrain zurück. Da die vorherige Abholzung den Boden jedoch meist schutzlos dem Regen ausgeliefert hatte, waren nun große Teile des fruchtbaren Erdreiches weggeschwemmt und kaum wieder aufzuforsten.

Der weltweit wegen seines guten Geschmacks und seiner exorbitanten Preise berühmte Blue Mountain-Kaffee – selbst das britische Königshaus mag morgens nicht darauf verzichten – wächst auf Plantagen in den Bergen nördlich von Kingston. Mehr als 4000 kleine Kaffeefarmer und einige große Unternehmen, häufig in der Hand japanischer Investoren, versorgen die Verarbeitungs- und Verpackungsfirmen mit dem ›schwarzen Gold‹.

Die Bewohner der St. Thomas Parish, durch das der Yallahs River zur Südküste fließt, beschweren sich nicht selten, daß durch die Überdüngung der Felder und die Abwasser der Kaffeeverarbeiter ihr Trinkwasser vergiftet wird. Bemühungen, den tropischen Regenwald der Blue Mountains zu stabilisieren, haben mit der Einrichtung des **Blue- und John Crow Mountains National Park** 1993 einen wichtigen Erfolg errungen. Mit dem nach Westen angrenzenden **Hollywell National Park** ist nun ein bedeutender Abschnitt der Grand Ridge der kommerziellen Nutzung offiziell entzogen. Mit einem geplanten *Conservation Corridor* und einer *Marine Park* genannten Meeresschutzzone bei Port Antonio könnte ein zusammenhängendes Naturreservat vom Gebirge im Inselinnern bis zum Korallenriff vor der Küste entstehen.

Nur wenige Wege führen durch die Wildnis, einige gewundene, abenteuerlich anmutende Straßen, dazu alte Maultier- und Wanderpfade, oft im schnell und dicht wachsenden Dschungel verborgen. Die recht gut ausgebaute Straße A 3 mit einer nur durchschnittlichen Schlaglochintensität klettert von Kingston schnell bergauf und führt über Constant Spring und Stony Hill durch die westlichen Ausläufer der Blue Mountains an die Nordküste.

Der Wag Water River begleitet die Reisenden von der Nord-Süd-Wasserscheide bis zur Annotto Bay. **Castleton Botanical Gardens** (tägl. 7–17 Uhr), beiderseits der Durchgangsstraße gelegen, ist einen Stopp wert. Bereits im Jahre 1859 wurde einer der ersten Botanischen Gärten von Jamaika auf dem Areal der ehemaligen Zuckerplantage von Lord Castleton eröffnet. Auch wenn der Hurrikan Gilbert 1988 vielen Pflanzen übel mitgespielt hatte, lohnt ein Rundgang allemal.

Der Osten von Jamaika ▷

Rastaman mit Dread Locks

Roy Bennett, der Senior unter den Parkführern, kennt jeden Baum und Busch mit Namen und weiß viele originelle Geschichten über die Pflanzen zu erzählen. Mahagoni- und Teakhölzer findet man im tiefer gelegenen Teil des etwa 16 ha großen Geländes, Farne und viele der mehr als 100 unterschiedlichen Palmenarten westlich der A 3. Wer sich den Strychnos-Baum einmal näher ansehen möchte, aus dem das stark wirkende Strychnin-Gift gewonnen wird, muß sich zum höher gelegenen Abschnitt der Gartenanlage bemühen.

Besucher von **Jack's Hill** befinden sich zwar nicht mehr in Kingston, haben die 600 m tiefer liegen-de Metropole aber mit einem faszinierenden Panoramablick vor sich. Das von Kingston über Papine und den Skyline Drive schnell erreichte Dörfchen, das selbst keine Attraktionen aufweist, ist ein idealer Ausgangspunkt für Touren in die Blue Mountains. Verschiedene Führer bieten ihre Dienste für Tageswanderungen an. Auch die Agentur Destinations (über die Maya Lodge, s. u. oder ✆ 9 29-63 68) startet mit ihren Wandergruppen von der schlichten Maya Lodge, die von üppig wachsenden Pflanzen eingerahmt wird, Ausflüge in die Berge, wie etwa auf dem Vinegar Hill Trail. Dieser ehemalige Handels- und heutige Wanderweg führt von Kingston über Jack's Hill und Catherine's Peak Richtung Norden nach Chepstow, im Hinterland zwischen Buff Bay und Orange Bay.

Von Papine im Nordosten von Kingston geht es auf der stark gewundenen Straße B 1, die bis nach Buff Bay an die Nordküste führt, über den Grand Ridge der Blue Mountains. Ein vierradgetriebenes Fahrzeug gäbe bei manchen Passagen, wenn man daran zweifelt, noch auf einer Straße zu sein und nicht in einem ausgetrockneten Bachbett zu fahren, etwas größere Sicherheit. Glück hat, wer tatsächlich einen trockenen Tag erwischt und auf einigen der schmalsten Stellen nicht auch noch einem hupenden Lastwagenfahrer ausweichen muß.

Kurz hinter Irish Town ergibt sich mit dem **Strawberry Hill** ein phantastischer Grund für eine Rast. Das Luxus-Resort mit einem hervorragenden Restaurant, das Chris Blackwell, dem ehemaligen Manager von Bob Marley und Besitzer des Island Records Label gehört, ist selbst schon Legende mit einer prominenten Gästeliste, die von Pop-Größen bis zu internationalen Wirtschaftsmagnaten und Spitzenpolitikern reicht. Von den diversen Terrassen kann man im Süden Kingston und die Karibische See hinter einigen Hügelrücken erkennen, nach Norden blickt man in der Ferne auf die Militärsiedlung von Newcastle.

Wer zur rechten Zeit **Newcastle** erreicht, befindet sich unversehens zwischen Kolonnen marschierender Soldaten. Die Durchgangsstraße nach Buff Bay führt über den Exerzierplatz der Kaserne der *Jamaican Defense Forces*. Die in eine Mauer eingelassenen Insignien der hier einst stationierten Truppenteile dokumentieren die Tradition des Standortes, seitdem britische Militärs 1841 das nur 30 km von Kingston entfernte Newcastle als angenehm temperierten Stützpunkt für die von tropischen Krankheiten geplagten Soldaten entdeckt hatten.

Nur 3 km weiter ist **Hardwar Gap** erreicht , ein 1220 m hoher Sattel im Gebirgskamm der Blue Mountains. Das nette Gap Café lädt zu einer angenehmen Pause ein. Nicht weit entfernt befindet sich der Eingang zum 120 ha großen **Hollywell National Park,** dessen Wanderwege durch ursprüngliche Wälder, in denen der blaue Mahoe-Hibiskusbaum, Mahagoni und Bergkiefer gedeihen, auf Bergkuppen und entlang dem Mammee River verlaufen.

Der kurvenreiche Weg weiter nach Norden führt an kleineren Kaffeepflanzungen vorbei, auch am Old Tavern Estate, von dem Elizabeth II. ihren Frühstückskaffee bezieht. Jede Biegung bietet neue Ausblicke in Flußtäler und auf entfernte Berge, bis die Straße niedrigere Lagen erreicht, die Landschaft lieblicher wird und Hibiskus, Bougainvillea und Azaleen in den Vorgärten der Häuser blühen.

Beim Dorf Section, etwa 3 km nördlich von Hardwar Gap, führt eine schmale, kurvenreiche Schotterstraße nach Osten in die Berge, zunächst nach Silver Hill und dann weiter nach **Clydesdale.**

Das *Forest Department* betreibt auf einer ehemaligen Kaffeeplantage eine Baumschule – ein idealer Platz für Naturliebhaber und Vogelfreunde. Einige Kilometer weiter, die besser mit einem Allradfahrzeug zu bewältigen sind, liegt **Cinchona,** ein Garten in 1500 m Höhe mit herrlichem Panorama, der 1868 als Chinin- und Assamtee-Plantage angelegt wurde. Tee und die aus den südamerikanischen Kordilleren stammende Chinarinde werden dort allerdings längst nicht mehr angebaut, die Konkurrenz aus den asiatischen Kolonien des britischen Empire war zu stark. Statt dessen wachsen hier, sofern die Hänge nicht von Kaffeeplantagen genutzt werden, Eukalyptus, Rhododendron, Azaleen und verschiedene Kiefernarten.

Wer die Blue Mountains nicht queren, sondern die Berglandschaft südlich des Blue Mountains Peak genießen will, biegt von der B 1 bei Cooperage, kurz hinter Papine, nach Osten ab. Durch **Gordon Town** verlief einst die Militärstraße von Kingston nach Newcastle, die zugewachsene Trasse wird heute als Gordon Town Trail von Wanderern genutzt. Ein etwa 20 km langer, vor allem an Wochenenden belebter Bergwanderweg führt von Gordon Town zum mehr als 2000 hohen Sugar Loaf und über Content Gap zum botanischen Garten von Cinchona.

Bei der Straßengabelung in Guava Ridge geht es weiter nach Osten. Kurz vor **Mavis Bank** liegt eine der vier *Jamaica Blue Mountain Coffee-* (JABLUM)-Fabriken (Besichtigung nach Vereinbarung, ☎ 9 24-95 03). Nur Kaffees, die hier verarbeitet und verpackt wurden, dürfen sich mit dem prestigeträchtigen Namen Blue Mountain Coffee schmücken.

Wer auf den Blue Mountain Peak will, muß eine gute Kondition, gutes Schuhwerk, eine Taschenlampe und genügend Wasser haben sowie früh aufstehen. Zwischen 2 und 3 Uhr verlassen die Wanderer die spartanische Unterkunft von Whitfield Hall unweit der Ortschaft **Penlyne Castle,** um nach drei bis vier Stunden und 900 m Höhenunterschied auf dem 2256 m hohen Gipfel des Blue Mountain Peak den Sonnenaufgang zu erleben. Auf den ersten Kilometern bis zur Portland Gap läßt sich noch gut ausschreiten, dann wird der Weg durch den mit Farnen bewachsenen tropischen Bergwald steiler. Lazy Man's Peak nennt sich eine Stufe kurz unterhalb des Gipfels, geeignet für eine kurze Verschnaufpause. Dann ist das letzte Stück auf die felsige Kuppe des Blue Mountain Peak schnell geschafft. Der rechtzeitige Aufbruch wird hier mit einem spektakulären Sonnenaufgang belohnt. Wer Glück mit dem Wetter hat, kann viele Dutzend Kilometer über die Insel und das Meer sehen. Ganz Weitsichtige wollen vom höchsten Punkt auf Jamaika bereits Kuba ausgemacht haben. Wer sich die Wanderung allein nicht zutraut, kann den Gipfelsturm auch mit einem

Wanderführer oder auf dem Rükken eines Maultieres bewältigen.

ℹ️ 🥾 Information/Touren: Es gibt in den Blue Mountains kein Büro des *Jamaica Tourist Board.* Informationen über Berge und Wälder erhält man bei der Forstwirtschaftsbehörde *(Forest Department),* die auch Hütten in Holywell und Clydesdale vermittelt, 173 Constant Spring Rd., Kingston 8, ☎ 9 24-26 67. Der Blue- und John Crow Mountains National Park verfügt über Ranger Stationen in Hollywell und Portland Gap, und auch im Büro von Guava Ridge bei Mavis Bank (☎ 9 77-80 44, Mo–Fr 10–16 Uhr) gibt es Informationen. *Destinations* (s. Maya Lodge oder 9 Cecilio Ave., Kingston, ☎ 9 29-63 68) bietet Wanderungen und mehrtägige Touren in die Blue Mountains an. Auch *Sun Venture Tours* (30 Balmoral Ave., Kingston, ☎ 9 60-66 85) ist ein verläßlicher Anbieter von Bergwanderungen und organisiert auch Touren mit geländegängigen Fahrzeugen. Die *Touring Society of Jamaica* hat ihren Sitz im Strawberry Hill Hotel (s. u.). Sie bietet Wanderungen von einer Stunde bis zu mehreren Tagen und Ausflüge mit dem Jeep an. Geführte Touren mit Mountain Bikes organisiert *Blue Mountain Tours,* P. O. Box 84, Port Antonio, ☎ 9 93-22 42

🛏️ 🍴 Unterkunft/Essen und Trinken: *Maya Lodge and Café,* Jack's Hill, einfache Unterkünfte und Campingplatz sowie Ausgangspunkt für Ausflüge, ☎ 7 02-01 12 u. 7 02-03 14, $; *Ivor,* Jack's Hill, Skyline Dr., Pension mit drei gemütlichen Räumen sowie einer Veranda mit Schaukelstühlen, üppiges Frühstück, ☎ 7 02-05 10, Fax 7 02-03 80, $$$; *Stony Hill Hotel,* Constant Spring, ruhig, originell eingerichtet, mit Terrassen, Pool und Restaurant, ☎ 9 42-23 57, $$; *Strawberry Hill,* Irish Town, phantastischer Blick von den Cottages, 1000 m ü. M., Gourmet-Restaurant, ☎ 9 44-84 00, Fax 9 44-84 08, island outpost.com, $$$$; *Pine Grove Hotel,* Content Gap, einfach, einige Apartments mit Kochecke, ☎ 9 77-80 01, $$; Reservierung unter ☎ 9 22-87 05, Fax 9 22-58 95; *Green Hill Guest House,* Section, einfache Pension mit Gemeinschaftsbad knapp 2 km vom nördl. Ortsrand entfernt, ☎ 9 97-40 87, Fax 9 52-65 91, $; *Whitefield House Hostel,* einfache Bergunterkunft, Ausgangspunkt für Wanderungen auf den Blue Mountain Peak, Kühlschränke und Gemeinschaftsküche vorhanden, Transferservice von Mavis Bank, ☎ 9 27-80 51, $; *Blue Mountain Inn,* Gordon Town Rd., elegantes Restaurant (Jackettpflicht) mit vorzüglicher Küche 20 Min. nördl. von Kingston, im Tal des Mammee River, ☎ 9 27-17 00, $$$–$$$$; *The Gap Café,* an der B 1 nördl. von Newcastle, 35 km von Kingston, gutes Restaurant (Mo geschl.) mit nettem Andenkenladen, ☎ 9 97-30 32, $$

Port Antonio, die John Crow Mountains und die Ostküste

Üppige tropische Vegetation, bewaldete Ausläufer der Inselgebirge, die bis zum Meer reichen, eine teils dramatische Felsenküste mit sichelförmigen, von Sandstränden gesäumten Buchten, klare Bergbäche, die in Kaskaden über steile Felsklippen stürzen und nach kurzem Lauf in die blaugrüne Karibische See münden, vorgelagerte Korallenbänke mit einer farbenprächtigen Unterwasserwelt – **Port Antonio** und Umgebung gehören zu den reizvollsten Landschaften der Karibik.

Kein Wunder, daß der Nordosten von Jamaika mehr als ein Dutzend Mal zum Filmstar wurde und für diverse Szenen die Traumkulissen lieferte. In »Blue Lagoon« schwamm Brooke Shields in der gleichnamigen Lagune, Tom Cruise baute in »Cocktail« eine Strandbar in der Dragon Bay auf und lieferte eine heiße Liebesszene am Fuße der Reach Falls, Mimi Rogers schmachtete in »The Mighty Quinn« Denzel Washington im Trident Hotel an, in dem auch Whoopi Goldberg »Claras Geheimnis«

Straßenzug in Port Antonio

lüftete, der Strand von San San Beach war Schauplatz der Fernsehserie »Treasure Island«, die auch im deutschen Fernsehen lief, Robin Williams und Peter O'Toole eröffneten ihren »Club Paradise« in Winnifred Beach, Eddie Murphy traf sich mit Shabba Ranks und 10 000 Jamaikanern beim Folly Estate, um ein Musikvideo zudrehen. Auch die »Traumschiff«-Gemeinde unter den deutschen Fernsehzuschauern hatte Gelegenheit, Port Antonio näher kennenzulernen, als der beliebte Kreuzfahrer dort dekorativ vor Anker ging.

Die ersten Europäer, die im Zeichen des Kreuzes Jamaika ansteuerten, konnten den landschaftlichen Reizen nur wenig abgewinnen. Für die Spanier zählte nur Gold, der wirtschaftliche Nutzen. Der Fluß, der einige Kilometer weiter westlich der heutigen Stadt ins Meer mündete, wurde leicht übertrieben Rio Grande getauft, die Doppelbucht, die heute schnöde West- und East Harbour heißt, nach den beiden Söhnen des damaligen Gouverneurs Puerto de Francisco und Puerto de Antón benannt.

Port Antonio heißt die 16 000 Einwohner zählende Stadt noch heute, der Rio Grande ist gerade so tief, daß er die Bambusflöße mit Urlaubern ohne Probleme den Unterlauf entlangtragen kann. Außer den Namen blieb von den Spaniern nichts erhalten. Auch den Engländern gelang es nur mühsam, die Region zu besiedeln. Das unebene Terrain und die stetigen Übergriffe der kriegerischen *Windward Maroons,* fortgelaufener Sklaven der Spanier, die in den unzugänglichen Bergen im Hinterland lebten, machten die Gegend trotz umfangreicher staatlicher Starthilfen für die britischen Kolonisten nicht gerade attraktiv.

Erst nachdem 1729 das Fort George mit 3 m dicken Festungsmauern und 22 Kanonen auf der Halbinsel zwischen den beiden Hafenbuchten erbaut worden war und der Friedensschluß von 1739 mit den *Maroons* deren Übergriffe beendete, wuchs die Siedlung, wurden einige Dutzend Plantagen errichtet. Doch das Klima erwies sich als zu feucht für erfolgreichen Zuckerrohranbau, und so träumte der Ort bald wieder vor sich hin.

Die Bananenpflanze, welche die Spanier einst von den Kanarischen Inseln in die Neue Welt exportiert und den Briten als Erbe hinterlassen hatten, brachte der Region neuen Schwung. Der Kapitän Lorenzo Dow Baker aus Boston hatte bei einer seiner Handelsfahrten die Idee, die gelbe Frucht, die auf Jamaika vor allem als Tierfutter Verwendung fand, in seine Heimatstadt zu importieren. Die erste ›Bananenfahrt‹ 1871 brachte ihm enormen Profit, bald war die Boston Fruit Company gegründet, die später mit anderen Gesellschaften in der United Fruit Company aufging und jahrzehntelang den Obsthandel mit Zentralamerika dominierte.

Die harte Arbeit der Hafenarbeiter, die an der Boundbrook Wharf die Stauden auf die Schiffe verluden, inspirierte Harry Belafonte zum »Banana Boat Song«. In den 1930er Jahren radierte die sogenannte Panamakrankheit ganze Plantagen aus, brachte bis zur Zucht widerstandsfähiger, aber nicht so wohlschmeckender Arten den Bananenhandel fast zum Erliegen und beendete gleichzeitig die kurze wirtschaftliche Blüte der Region.

Heute werden zwar wieder Bananen angebaut, es schuften jedoch keine Handlanger mehr die ganze Nacht, verpflegt von einem Schluck Rum, heute wartet auch keiner mehr auf den *Tallyman*, der in Harry Belafontes Song die Bananenstauden zählt. Förderbänder und Kräne haben die Arbeit im Hafen von Port Antonio weitgehend mechanisiert. Dieselben Schiffe, die einst mit Bananen von Jamaika nach Norden fuhren, brachten die ersten Urlauber auf der Flucht vor winterlichem Schnee und Eis auf die Antilleninsel. Sie wohnten im imposanten Titchfield Hotel, das Baker vorsorglich nahe dem Fort George hatte errichten lassen.

Im Jahre 1947 erreichte ein Märchenprinz die Stadt. Errol Flynn, Film- und Frauenheld aus Hollywood, mußte mit seiner Jacht »Zacca« im Hafen von Port Antonio Schutz vor schlechtem Wetter suchen und verliebte sich sofort in die Stadt, die ihm schöner erschien als jede seiner bisherigen Frauen und Freundinnen (wie er zumindest in seiner Autobiographie festhielt). Flynn, der mit bürgerlichem

Namen Errol Leslie Thompson Flynn hieß, erwarb das Titchfield Hotel, die vorgelagerte Navy Island und umfangreiche Ländereien. Die Geschichten von seinen wilden Parties, von Tauchwagnissen und erotischen Abenteuern gehören noch heute zum Standardrepertoire der örtlichen Fremdenführer.

Von Flynn stammte auch die Idee, auf den langen und schmalen Bambusflößen, auf denen die Bananenstauden von den Plantagen auf dem Rio Grande zur Küste befördert wurden, Vergnügungsfahrten für seine illustre Freundesschar zu veranstalten. In der Lover´s Lane, einer kurzen Flußpassage zwischen zwei Felsen, soll der professionelle Herzensbrecher dann die Eroberung jeweils neuer junger Damen ernsthaft eingeleitet haben. Patrice Wymore, die Flynn bei seinem plötzlichen Tod 1959 als junge Witwe hinterließ, lebt noch immer auf dem Comfort Castle Estate. Ihr gehören ausgedehnte Kokosnuß- und Bananenplantagen sowie eine Rinderzucht in der Nähe der Boston Bay.

Große Hotelpaläste und All Inclusive-Resorts wie in den Urlaubszentren im Westen der Insel sucht man in Port Antonio noch vergebens. Der natürliche Hafen ist zudem für die mächtigen Kreuzfahrtliner zu flach. Hier gehen die Uhren etwas langsamer als in Montego Bay oder Ocho Rios. Zwar schaut man neidisch auf die Touristen-Dollars, die dort an den Strand gespült werden, doch möchten vie-

Blick auf Port Antonio und Navy Island

le den ruhigeren, entspannten Lebensstil der Nordostküste nicht missen.

Port Antonio ist überschaubar geblieben. Von der Terrasse des Bonnie View Hotel hat man den besten Blick auf die Doppelbucht und die dazwischen liegende Halbinsel. Auf dem Areal des ehemaligen Fort George lernen schon seit mehr als 100 Jahren die Schüler der Titchfield High School. Einige Ruinen der Festung, die von später aufgestellten Kanonen bewacht werden, sind noch erkennbar. Nach **Navy Island,** der bewaldeten, früheren Privatinsel von Errol Flynn, fährt ein Wassertaxi von einem Anleger im West Harbour. Einige Strände, ein Restaurant und die Crusoe's Bar mit leckeren Frucht- und Rumpunschgetränken lassen einen Ausflug zum Vergnügen werden.

Valley Hikes

Wanderungen im tropischen Regenwald

Andrew beugt sich zum niedrigen Gebüsch am Rande des Wanderweges. »Dies ist eine ›shame ol' lady‹. Wenn ich sie berühre, beugt sie sich sofort nieder, als wenn sie sich geniert.« Gerade noch rechtzeitig macht Andrew einen der Wanderer auf den kleinen Stachel aufmerksam, den die schamhafte Pflanzendame statt dessen aufgerichtet hat, und bewahrt ihn vor einem schmerzhaften, schnell anschwellenden Stich. Bei Zerrungen, Stauchungen oder Rückenproblemen wirken Umschläge mit einem Brei des wundersamen Strauches sehr wohltuend, innere Blutungen oder Entzündungen kann man mit einem Tee aus seinen Blättern lindern. Eine Wanderung durch den tropischen Regenwald in den Seitentälern des Rio Grande im Nordosten von Jamaika steckt voller Überraschungen.

Andrew ist *Hiking Guide,* er führt Gruppen von *Valley Hikes,* einem kleinen Anbieter für Wanderungen, durch die dichten Wälder im Portland Parish, zu den versteckten Ruinen ehemaliger Bananenplantagen, an Fluß- und Bachläufen entlang, zu Wasserfällen und Kalksteinhöhlen. Alle *Hiking Guides* stammen aus der Region des Rio Grande, kennen die Landschaften, Früchte und Pflanzen, die exotischen Vögel und Schmetterlinge. Sie begleiten ›Schnupperwanderungen‹ von zwei oder drei Stunden bis zu mehrtägigen Trecking-Abenteuern oder Touren mit dem Schwerpunkt auf wilden Orchideen oder Heilpflanzen der *bush medicine.* Sowohl fortgelaufene Sklaven, *Maroons,* die nicht weit von hier in den Bergen lebten, wie auch die Mitte des 19. Jh. offiziell in die Freiheit entlassenen Arbeitssklaven der Zuckerrohrplantagen nutzten diese Pflanzen. Ein Aufguß von Blättern des Corcone-Baumes ergibt einen aufmunternden Tee, aus den getrockneten Frucht-

In einem Umkreis von 100 m von der Kreuzung der Harbour- und der West Street in Port Antonio liegen die meisten Geschäfte, Banken, Imbisse, der Markt, das Touristenbüro, das Polizeibüro, das Gerichtsgebäude und die Post. Das neue, in einer skurrilen Mischung aus Gotik, Klassizismus und anderen Stilrichtungen erbaute Einkaufszentrum Fort George am Main Square hinter dem historischen Uhrenturm und der Tankstelle scheint aus der Werkstatt eines floridianischen Vergnügungsparks zu kommen.

schoten wurden früher Masken zur Tarnung oder Verkleidung hergestellt oder Puppen und anderes Spielzeug für Kinder gebastelt. »Der Tee aus *becie beans* etwa schmeckt zwar nicht besonders gut, entgiftet aber das Blut.«

Eichen, die von *Strangler Fig*-Feigenbäumen umschlungen werden, Mahagoni- und afrikanische Tulpenbäume, Bärenbäume und Palmen formen ein dichtes Blätterdach über dem Wanderpfad. Die Stämme eines Bambuswäldchens, das an der Böschung zu einem plätschernden Bach gut gedeiht, streben etwa 20 m in die Höhe. Die feste Frucht des wildwachsenden, rotglänzenden Otaheiti-Apfels schmeckt in einer Wanderpause herrlich erfrischend, etwas nach Birne. Erfrischender ist nur noch der über eine Felsklippe sprudelnde Scatter-Wasserfall, Ziel der nächsten Pause nach einer weiteren Stunde. Am Fuße der Kaskaden wachsen mannshohe Farne, üppige Moospolster überziehen die Felsbrocken.

Ein Swallowtail-Schmetterling mit der enormen Spannweite von etwa 30 cm flattert in angemessener Entfernung vorbei. Er kommt nur in den hügeligen Wäldern im Nordosten von Jamaika vor, in dem sich die Ausläufer der John Crow Mountains bis zum Meer erstrecken. Hoch am Himmel ziehen die John Crow-Vögel ihre Kreise, Truthahngeier, mit einem untrüglichen Gespür für verendete Tiere. Winzige Hütten mit kleinen Gärten am Wegesrand und dem beruhigenden Gegacker einiger Hühner kündigen die Rückkehr der Gruppe in die Zivilisation an. Am Ende einer ungepflasterten Parish Council Road wartet ein Auto mit Fahrer für die Rückfahrt nach Port Antonio.

Eine Wanderung durch den tropischen Regenwald ist voller außergewöhnlicher Entdeckungen, die jenen Urlaubern verschlossen bleiben, die Jamaika nur als großen, oval geformten Strand ansehen. Zum Abschied vor dem Büro von Valley Hikes (P.O. Box 89, 12 West St., 1. Etage, ✆ 9 93-38 81, Fax 9 93-49 62) in Port Antonio ein wohlgemeinter Gruß von Andrew. »Yah mon, blessed. Absolute respect.«

Im Westen ist auf dem Shotover Hill der Sendemast des jamaikanischen Fernsehens zu sehen. Hier wird jedoch nicht geschossen, wie es der Name vermuten ließe. Im Laufe der Jahrzehnte ist aus der französischen Bezeichnung *Château vert*, grünes Schloß, ein englisches Geschoß geworden. Am Ostende der East Harbour-Bucht läßt sich der Leuchtturm Folly Point ausmachen. Nicht weit entfernt gelten die seit mehr als 50 Jahren vor sich hinbröckelnden Ruinen des Folly Estate, einst herrschaftliche Villa des US-Multimil-

lionärs Alfred Mitchell, als Sehenswürdigkeit. Angeblich, so will es
die Legende, hatte man 1905 den
Mörtel für den Bau des Hauses mit
salzhaltigem Seesand angemischt
und so den vorzeitigen Verfall be-
günstigt. Weiter nach Osten liegen
die schönsten Strände von Port Antonio, meist in Buchten versteckt,
oft privat betrieben und gepflegt,
nach Zahlung einer geringen Gebühr jedoch jedem zugänglich.

Die Bucht **Frenchman's Cove**
war früher Privatareal eines gleichnamigen Luxushotels. Die Parklandschaft wird von einem klaren
Bach durchquert, der sich ins Meer
ergießt. In einer Bar kann man kleine Stärkungen zu sich nehmen. Mit
einem Boot, das schnell die Brandung zwischen den felsigen Be-
grenzungen der Bucht überwindet,
läßt sich die Küste von der Meer-
seite erkunden. Der Name der
Bucht deutet ähnlich wie jener des
Shotover Hill darauf hin, daß einst
französische Hugenotten an diese
Küste verschlagen wurden. Sie haben keine weiteren Spuren hinterlassen.

Die weite Bucht von **San San
Beach** wird von mehreren Hotels
als Privatstrand genutzt, steht ge-
gen Eintritt jedoch allen offen. Re-
staurant und Bar servieren tagsüber
Erfrischungen und Snacks. Von der
Tauchstation am Anleger fährt ein
Boot zum Alligator Long Riff vor

Die Blue Lagoon bei Port Antonio

der Küste, das sich in etwa 25 m Tiefe erstreckt. An diesem Korallenriff wachsen viele verschiedenfarbige Schwämme. Taucher sollten hier Grunderfahrungen mitbringen.

Die **Blaue Lagune** oder Blue Hole gehört zu den bekanntesten Sehenswürdigkeiten von Jamaika. Bei Sonnenschein leuchtet die fast runde Ausbuchtung bei Crystal Cove in verschiedenen Blau- und Türkistönen. Wahrscheinlich gibt es Süßwasserquellen auf dem 60 m tiefen Boden, mit ein Grund für die intensiven Farben und unterschiedlichen Temperaturen des Mischwassers. Vom Blue Lagoon Restaurant kann man zu einem Badeponton im Wasser oder durch die Lagune schwimmen. Eine Eintrittsgebühr wird automatisch im Restaurant mit erhoben. Die weißen Prachtvillen am Ufer der Crystal Cove, deren Bild durch Film- und Werbeaufnahmen über Jamaika hinaus bekannt geworden sind, heißen in Port Antonio treffend *Millionaires Row*.

Die Bilderbuchbucht von **Dragon Bay** gehört zum gleichnamigen Hotel, steht jedoch gegen Eintrittsgebühr allen Badewilligen offen. Von einem PADI-Tauchstützpunkt (*Professional Association of Diving Instructors)* läßt sich das Korallenriff vor der Küste ansteuern. Das Dragon Bay Riff, in dem goldgelbe Seelilien gedeihen, wächst in einer Tiefe zwischen 9 und 20 m und kann auch gut von Anfängern erkundet werden.

Winnifred Beach kurz hinter **Fairy Hill** gehört zu den wenigen öffentlichen, ohne Eintrittsgeld zugänglichen Stränden von Port Antonio. Zudem zählt er zu den schönsten. Auf jeden Fall ist es der lebendigste Strand, vor allem an Wochenenden, wenn viele jamaikanische Familien hierher einen Badeausflug unternehmen. Winnifred Beach erreicht man über einen ungepflasterten, schwierig zu navigierenden Zufahrtsweg, der gegenüber vom Jamaica Crest Resort bei einem kleinen Verkaufsladen mit Bastwaren abzweigt.

Von Port Antonio führt außer der Küstenroute auch eine mit Schlaglöchern reich ausgestattete Nebenstraße, die immer wieder schöne Ausblicke aufs Meer bietet, durch die hügelige, bewaldete Landschaft bis nach Fairy Hill. Beim Ort **Nonsuch,** 8 km von Port Antonio entfernt, weist ein Schild den Weg zu den privaten Athenry Gardens mit Palmen und Flamboyantbäumen, in der die **Nonsuch Caves** ihren Eingang haben. Der über 1 Mio. Jahre alte Kalkstein der Höhle entstand einst als Ablagerung auf einem prähistorischen Meeresboden. Führer durch die neun an Stalagmiten und Stalaktiten reichen Höhlenkammern weisen auf Versteinerungen und Abdrücke von Muscheln und anderen Meerestieren hin. Heute leben nur Fledermäuse in den bis zu 15 m hohen Höhlen (✆ 9 93-37 40, tägl. 9–17 Uhr, Eintritt).

Die nächste Station südlich von Fairy Hill ist die kleine öffentliche

Badebucht **Boston Bay,** die bei Wind die richtige Dünung zum Wellenreiten entwickelt. Boston Bay ist auch als ›Geburtsstätte‹ von *Jerk Pork* und *Jerk Chicken* berühmt. Gut gewürzte Rippchen und Hähnchenteile werden an verschiedenen Ständen über frischen Pimentzweigen geröstet und, in Papier eingewickelt, für wenig Geld angeboten. Die Köche der scharfen Köstlichkeiten verkaufen häufig auch ihre nach sorgsam gehüteten Rezepten gemischten und in Flaschen abgefüllten Saucen. Ein originelles Reisemitbringsel, solange sie nicht auslaufen. Am frühen Abend sind die *Jerk Stalls* meist ausverkauft, ein guter Zeitpunkt,

nach Port Antonio zurückzukehren oder weiterzufahren. Little Colombia, der Spitzname von Boston Bay, wurde dem Ort nicht nur wegen des schönen Panoramas verliehen, sondern weil die Bucht als nächtlicher Umschlagplatz für harte Drogen gilt. Bei Boston Bay beginnen die Besitzungen von Patrice Wymore Flynn, viele der Kokosnußpalmen und der weidenden Rinder gehören der Witwe der vor bald 40 Jahren verstorbenen Hollywood-Legende.

Eine Dünung mit hohen Wellen erreicht die Ostküste südlich von Boston Beach. Bei **Long Bay** trifft sie auf einen langen, zuweilen von Palmen gesäumten Sandstrand. Hier finden Wellenreiter und Windsurfer die besten Bedingungen auf Jamaika. Auch ›Nur‹-Schwimmer kommen auf ihre Kosten, sollten je-

Am Strand von Long Bay

Emigrationsland Jamaika

Der Schriftsteller Peter-Paul Zahl

»Die Trommler waren gekommen, und die Sängerinnen und Sänger, die Tänzerinnen waren da, zwei Ziegenböcke waren geschlachtet worden, Rum wurde auf die Trommeln gespritzt, diese wurden daraufhin gestimmt; und Rum wurde auf die Erde geschüttet für die Götter und Göttinnen und Mutter Erde; und ein Kreis war mit Kreide gezogen worden, und die Trommler hatten sich in den Kreis gesetzt, voll des süßen Rums und voll mit Sensimillia, und hatten zu trommeln begonnen, und als der Rhythmus schneller wurde, wußten die Tänzerinnen, daß die guten Geister in den Trommeln angekommen waren«. (Peter-Paul Zahl, Nichts wie weg, Berlin 1994)

Peter-Paul Zahl lebt seit 1985 auf Jamaika, im Portland Parish an der Ostküste, über der weiten Bucht von Long Bay. Vier Kriminalromane, die auf der Antilleninsel spielen, hat er bislang geschrieben. Einer breiten Öffentlichkeit wurde der gelernte Drucker in den bewegten 70er Jahren bekannt, als er nach einem Schußwechsel mit der Polizei bei einer Personenkontrolle festgenommen wurde und insgesamt zehn Jahre im Gefängnis verbrachte. Hinter Gittern entstanden zahlreiche Gedichte und »Die Glücklichen«, ein proletarischer Schelmenroman, der 1980 mit dem bremischen Förderpreis für Literatur ausgezeichnet wurde.

Nach seiner Entlassung und kurzen Zwischenetappen auf Grenada, den Seychellen und in Nikaragua lebt Peter-Paul Zahl auf Jamaika mit seiner karibischen Frau und zwei Stiefkindern. Ein benachbartes Häuschen vermietet er an Urlaubsgäste, die auch die exquisiten Kochkünste seiner Frau genießen dürfen. Auf Jamaika schreibt er Romane und Essays, bereitet sich auf Lesereisen oder Inszenierungen vor, die ihm von deutschen Theatern angeboten werden. Im Jahre 1994 erschienen

doch bei zu hoher Brandung und wegen gefährlicher Unterströmungen vorsichtig sein und am Norden-de der Bucht bleiben. Der ruhige, sich an der Küstenstraße erstreckende Ort hat weder etwas von einem mondänen Seebad noch eine Beach-Party- und Disco-Szene wie Montego Bay und Negril an der gegenüberliegenden Westküste. Zu den einheimischen und ausländischen Künstlern, die in Long Bay den richtigen Ort für einen einfachen, entspannten Lebensstil ge-

kurz nacheinander seine ersten beiden Kriminalromane, in denen der Privatdetektiv Aubrey Fraser, genannt Ruffneck, als cleverer Sonnyboy und Ich-Erzähler die Entwicklung und Lösung seiner Fälle ausbreitet. Ging es im ersten Band »Der schöne Mann« um einen Mord und andere Verbrechen der Polit-Mafia und im zweiten Buch »Nichts wie weg« um Auswüchse des Sextourismus und Obeah-Zauber, handelt »Teufelsdroge Cannabis« (1995) vom Drogenhandel, seinen Hintermännern und Opfern. Doch wer Zahl kennt, weiß, daß der Teufel für ihn hinter anderen Drogen, nicht hinter Marihuana steckt. Im vierten Jamaika-Krimi »Lauf um Dein Leben« (1996) versucht Ruffneck, als Bodyguard einen Aufkäufer junger Sporttalente zu schützen, der im Auftrag von US-Colleges über die Insel reist, um sich aus dem reichen Reservoir zukünftiger Sprint-Rekordhalter zu bedienen.

Zahl läßt die Hauptpersonen, allesamt farbige Jamaikaner, glaubhaft agieren, mischt Spannung, Humor und Erotik, die genaue Schilderung der Schauplätze und detaillierte Hintergrundinformationen zu einem farbigen Bild vom Leben und den Gefühlen der Menschen auf der Karibikinsel. Er spart nicht mit politischen Seitenhieben und schont keinen Verantwortlichen für gesellschaftliche Mißstände. Seine literarischen Vorbilder sind Dashiel Hammett als Krimi-Autor und B. Traven als emigrierter deutscher Schriftsteller, der andere Kulturen nicht als exotisch, sondern als fremd präzise und mit Geduld schildert. Die lebhaft geschriebenen Romane lassen die Sympathie erkennen, die Zahl für Jamaika und seine Menschen empfindet, und für einen ruhigen, *Laid back*-Lebensstil, jenseits europäisch-städtischer Hektik und preußischer Ordnung und Gründlichkeit. Weitere Romane mit dem Privatdetektiv Ruffneck, die im Umfeld der Bauxitindustrie und im Milieu der (illegalen) Hahnenkämpfe von May Pen spielen, sind in Vorbereitung. Zuletzt erschienen von Peter-Paul Zahl die »Geheimnisse der karibischen Küche« und das Kinderbuch »Ananzi ist schuld«, eine Sammlung karibischer Märchen; beides gewürzt mit pointierten Kommentaren zu Geschichte und Kultur.

funden haben, gehört auch der deutsche Schriftsteller Peter-Paul Zahl, der hier Kriminalromane schreibt, die auf Jamaika spielen.

Kurz hinter dem kleinen Fischerort **Manchioneal** führt eine gute (!) Straße zu den **Reach Falls.** Obwohl längst nicht so überlaufen wie die Dunn's River Falls von Ocho Rios, bei denen die Busse der Kreuzfahrttouristen oft dicht an dicht stehen, sind diese Fälle südlich von Port Antonio ähnlich eindrucksvoll. Über eine Länge von mehre-

ren hundert Metern stürzen sich die Wasser des Drivers River in Kaskaden über Schwellen und Buckel, formen gemütliche (Bade-) Pools und gefährlichere Whirlpools. Fluß und Fälle sind umgeben von immergrünem tropischen Regenwald. Am Rande des Wassers sind meistens einige jamaikanische Familien zu finden, die mit ihren Kindern einen Ausflug mit Picknick unternehmen. Auch wenn die Fälle eigentlich öffentlich sind, nimmt Frank Clarke, der selbsternannte Wächter und Hüter der Fälle, der am Zugang eine kleine Bar mit Imbiß betreibt, eine geringe Eintrittsgebühr. Einige Händler bieten Besuchern Geschnitztes und Geflochtenes an.

Die Küstenstraße A 4 führt weiter nach Süden über Hectors River und biegt dann von der Küste und den von der Straße nicht sichtbaren schönen Sandstränden der **Holland Bay** ab. Wer bei Hordley (nicht mehr als eine Straßenkreuzung) nach Westen fährt, hat nach wenigen Meilen auf einer schlaglochübersäten Straße im Tal des Plantain Garden River **Bath** erreicht. Der heute ärmliche Ort, in dem Landarbeiter der Zuckerrohr- und Bananenplantagen leben, galt vor 200 Jahre als mondänes Kurbad, bei dessen Mineralquelle ›The Bath of St. Thomas the Apostle‹ sich der englische Landadel sowie die ele-

gante Gesellschaft aus Kingston und Spanish Town trafen, um Wehwehchen auszukurieren und gepflegt zu tafeln.

Vom einstigen Glanz des Ortes ist nicht mehr viel erhalten, im Bath Spa Hotel kann man nach einer Renovierung wieder wohnen, essen und bei Haut- oder rheumatischen Problemen bei einem Bad im heilenden Wasser Linderung erhoffen. Auch der 1779 gegründete, älteste Botanische Garten von Jamaika hat schon bessere Tage gesehen. Viele der nach Jamaika eingeführten exotischen Pflanzen, wie ein Exemplar der Brotfruchtbäume, die Kapitän Bligh unter schwierigen Bedingungen aus der Südsee importierte, wurden in dem Areal hinter der Kirche gepflanzt.

Nicht weit südöstlich der Mündung des Garden River in die Karibische See markiert der Leuchtturm Morant Point den östlichsten Punkt von Jamaika. Wer auf den rot-weiß gestreiften, gußeisernen Turm klettern will, muß sich zunächst vom Ort Golden Grove fast 12 km über Schotterstraßen bis zum Morant Point quälen, hat dann jedoch aus etwa 30 m Höhe einen weiten Blick bis zu den Blue Mountains und über die von weißen Sandstränden gesäumte Holland Bay im Norden.

Morant Bay ging durch die gleichnamige Rebellion in die jamaikanischen Geschichtsbücher ein. Englische Soldaten unterdrückten 1865 auf Befehl des Gouverneurs Edward Eyre mit großer Bru-

Die Reach Falls

talität einen Aufstand von einigen hundert schwarzen Landarbeitern, die gefordert hatten, eigenen Grund und Boden erwerben zu können. Nach inoffiziellen Berichten wurden nahezu 600 Menschen von den Briten hingerichtet, 1000 ausgepeitscht. An Paul Bogle, einen der erhängten Anführer der Rebellion, erinnert die von Edna Manley geschaffene Statue des heutigen Nationalhelden vor dem Gerichtsgebäude der Bezirkshauptstadt.

Das recht kahle Tal des Yallahs River, der in den Blue Mountains entspringt, wird nach starken Regenfällen in den Bergen regelmäßig überschwemmt. Da in der Vergangenheit viele Wälder in den Bergen und auf den Hügeln zugunsten von Kaffee- und Zuckerrohrplantagen abgeholzt wurden, haben die Bodenerosion und einhergehende Überflutungen in der Küstenebene stark zugenommen. Die nicht sehr attraktiven Fischer- und Strandorte **Bull Bay** und **Cable Hut Beach** sind vor allem an Wochenenden Ziel vieler Ausflügler aus Kingston.

Information: Das Büro des *Jamaica Tourist Board (JTB)* befindet sich im Obergeschoß des City Center Plaza in Port Antonio, P. O. Box 151, Mo–Fr 9–16.30, Sa bis 14 Uhr, ✆ 9 93-30 51, Fax 9 93-21 17; der *Jamaica Information Service* (✆ 9 93-26 30) hat fast vis-à-vis auf der Goebel Plaza seine Filiale mit allgemeinen Informationen zu Jamaika; die Umweltschutzorganisation PEPA, *Portland Environmental Association,* 6 Allen Ave., ✆/Fax 9 93-96 32, betreibt und unterstützt viele Initiativen in der Region, von einer kleinen Orchideenzucht einiger Farmer in Rose Hill bis zum Projekt eines Landschaftsschutzgebietes, des *Conservation Corridor* westlich des Rio Grande Valley, und eines Marine Park vor der Küste zum Schutz der Korallenriffe.

Touren: *Valley Hikes,* P. O. Box 89, in der West St., ✆ 9 93-38 81 (Anmeldung auch über das Hotel Mocking Bird Hill), offeriert Wandertouren, Floßfahrten und Ausritte im Tal des Rio Grande; *Rio Grande Attractions Ltd.,* Rafters' Rest Rte A 4, ✆ 9 93-27 78, Fax 9 93-28 71, Heimathafen der Rio Grande-Flöße, mit Andenkenladen, Restaurant und Bar, hier kann man seinen Mietwagen nach der Floßfahrt wieder in Empfang nehmen; *Blue Mountain Tours,* 2 West Palm Ave., ✆ 9 97-76 36, Fax 9 93-22 42, organisiert Fahrradtouren aus den Blauen Bergen ins Tal; Ausflugstouren bis nach Ocho Rios oder Kingston kann man bei *JUTA* (✆ 9 93-26 84) oder bei *Adventure Tours* (✆ 9 93-33 69) buchen. Größere Ausflüge oder auch Rundreisen lassen sich mit Hilfe von *Stuarts Travel,* 23 Harbour St., ✆ 9 93-26 09 organisieren, das Reisebüro ist auch der örtliche Kontakt von *Jatcha,* der *Jamaica Alternative Tourism, Camping and Hiking Association*

Flugverbindungen: Vom Ken Jones Airport (✆ 9 93-26 73) an der St. Margaret's Bay verbindet Air Jamaica Express (✆ 9 22-46 61) Port Antonio mit Montego Bay und Kingston (Tinson Pen)

Mietwagen: *Don's Car Rental* (Port Antonio, ✆ 9 93-22 41), *Derron's Car Rental* (Trident Hotel, ✆ 9 93-71 11), *Eastern Car Rental* (Drapers, ✆ 9 93-36 24)

Fahrrad- und Mopedverleih: *Portland Motorcycle Rentals,* 17

Boundbrook Wharf, ✆ 9 93-36 53, *Stuarts Travel* (s. o.), *East Coast Rentals,* Huntress Marina, ✆ 9 93-93 30

Busse: Ohne Fahrplan, aber dafür in (fast) alle Himmelsrichtungen geht es mit überfüllten Bussen von der Gideon Ave. hinter dem Postgebäude in Port Antonio, bequemer ist dagegen ein kurzer Trip mit Mini-Bussen zu den Stränden und Hotels östl. der Stadt

Taxis: *JUTA,* 17 Harbour St., ✆ 9 93-26 84; *Sunshine Taxi* ✆ 9 93-2123

Unterkunft: *Hotel Mocking Bird Hill,* Drapers, entzückende kleine Hotelanlage am Berghang abseits der Küstenstraße, 6 km östl. von Port Antonio, mit herrlichem Blick von der Terrasse, Pool, Restaurant, Galerie mit Bildern und Plastiken von Barbara Walker und anderen jamaikanischen Künstlern, Mal- und Bildhauerkurse, deutschsprachig, ✆ 9 93-71 34, Fax 9 93-71 33, hotelmockingbirdhill.com, $$$; *Trident Villas & Hotel,* Rte A 4, elegantes Deluxe-Hotel an der Küste, kleiner Privatstrand, wenige Minuten östl. von Port Antonio; *Trident Castle,* eigenwilliges Imitat eines französischen Château, kann ebenfalls gemietet werden, aber nur komplett, ✆ 9 93-26 02, Fax 9 93-25 90, tridentjamaica.com, $$$$; *Goblin Hill Villas,* San San, 11 E. Ave., legere Anlage mit Ein- und Zweibettbungalows, umgeben von Gärten und Wald, 8 km östl. von Port Antonio, ✆ 9 93-32 86, Fax 9 25-62 48, $$$$; *Jamaica Palace Hotel,* Williamsfield, kühle Eleganz in imitiertem Neoklassizismus, ›ganz in weiß (und schwarz)‹, knapp 2 km östl. von Port Antonio, ✆ 9 93-20 21, Fax 9 93-34 59, jamaicapalace. com, $$$–$$$$; *Crystal Cove Villa,* Crystal Cove, Rte A 4, Luxusvilla mit drei Schlafzimmern und zwei Hausangestellten direkt an der Bucht neben der Blauen Lagune, Reservierung: c/o 11 E.

Ave., Kingston 10, ✆ 9 25-81 08, Fax 9 25-62 48, jamaicatropics.com/villas/crystal.htm, $$$$; *De Montevin Lodge Resort,* 21 Fort George St., altmodisches, freundliches Stadthotel im Ortszentrum, ✆ 9 93-26 04, $–$$; *House Nahe,* Fisherman's Park, Long Bay, Haus mit vier Zimmern, Restaurant und Bar am Strand, Reservierung in Deutschland: Simms, ✆ 0 54 25/93 08 97, $$; *Rose Hill Cottage* heißt das Häuschen in Long Bay, das Peter-Paul Zahl (s. S. 106f.) für 350 US-Dollar pro Woche vermietet, eingeschlossen ist das delikat zubereitete Abendessen, ✆ 9 13-74 52, Fax 9 93-21 43; *Bath Spa Hotel,* am Ortsrand, wurde bereits 1747 gegründet, einfache Zimmer, im Restaurant gibt es jamaikanische Gerichte, am Wochenende meist gut besucht von Ausflüglern aus Kingston, ✆ 9 82-21 32, $; *Whispering Bamboo Cove,* Retreat, östl. von Morant Bay, 105 Crystal Dr., geschmackvolles Hotel im Villenstil mit zehn Zimmern, ein Apartment, gutes Restaurant, Strandnähe, ✆ 9 82-29 12, $–$$

Luxushotel östlich von Port Antonio

✖ **Essen und Trinken:** Die meisten guten Restaurants sind Hotels angegliedert, können jedoch von allen Gästen besucht werden. Daneben gibt es ›scharfe‹ Imbisse, die frisch Gebratenes häufig schlicht in Papiertüten eingewickelt, an Passanten verkaufen. *Mille Fleur,* im Hotel Mocking Bird Hill, innovative, jamaikanische Küche, Gemüse aus eigenem (organischen) Anbau, köstliche Fruchtsaftgetränke, mit und ohne Rum, Menü mit drei Gängen, $$$–$$$$; *Trident Villas Restaurant,* (s. o.), Gourmet-Restaurant mit Jackett- und Krawattenpflicht für Herren, $$$$; *Blue Lagoon Restaurant,* an der Blauen Lagune, ☎ 9 93-84 91, frisch gegrillte Langusten, Lamm oder Rippchen, auf Holztellern und Blättern (ohne Besteck), gehaltvolle Cocktails, eine Eintrittsgebühr von einigen US-Dollar zur Blauen Lagune wird automatisch zur Restaurantrechnung addiert, Mo–Mi 11–17, Do–So bis 22 Uhr, $$$; *Rafter's Restaurant,* St. Margareth's Bay, ☎ 9 93-27 78, an der Anlegestelle der Rio Grande-Flöße, tagsüber gibt's Snacks, abends frischen Fisch, $–$$$; *De Montevin Lodge Restaurant,* (s. o.), kräftige, wohlschmeckende jamaikanische Gerichte, $$–$$$; *Bonnie View Restaurant,* P. O. Box 82, ☎ 9 93-27 52, vom 200 m hohen Hügel über der Stadt, auf dem das Hotelrestaurant liegt, hat man einen herrlichen Rundumblick, auch das Essen ist ausgezeichnet, $$$; *Yachtsman's Wharf,* 16 West St., ☎ 9 93-30 53, bei der Anlegestelle des Wassertaxis nach Navy Island, originelle Bar, beliebt bei Seglern, mit Drinks und Snacks, $; *Daddy Dee,* West St., kleine Garküche mit jamaikanischen Gerichten, $; *Dickie's Sweet Banana Shop,* West Harbour, Meeresfrüchte und kleine Snacks, ohne Hausnummer, zu erkennen an einer Bananenstaude, $$; *Zion Hill Café,* Fairy Hill, ☎ 9 93-83 29, originelles Frühstücks- und Snackcafé, mit angeschlossener Galerie, $; *Boston Jerk Stands,* beiderseits der Rte A 4, scharf gewürzte, über Pimentzweigen gegrillte Hähnchen und Rippchen, $; *Sir Pluggy* am Ortseingang von Long Bay serviert das beste *Jerk Chicken* von Jamaika, köstlich gewürzt, dazu gibt es frisch gepreßte Fruchtsäfte. An Wochenenden wird meist eine Diskothek aufgebaut, Montag abends werden Filme gezeigt, $

Einkaufen: Der *Musgrave Market* am Anfang der West St. bietet eine interessante Mischung von Gemüse, Gewürz-, Gebrauchs- und Geschenkartikelständen; ein neues, in einem abenteuerlichen Stilmix errichtetes Einkaufszentrum, Fort George am Main Square, vereint Buch- und Souvenirladen, Boutique, Restaurant, Schmuck- und Musikgeschäft; leckere Backwaren gibt es in der *Three Star Lion Bakery* (27 West St.), der *Coronation Bakery* (18 West St.) oder der *CC Bakery* (18 West Palm Ave.); handgeschöpftes Papier, das mit Hilfe von Bambus- oder Bananenfaser hergestellt wird, kann man im *Community Center* von Fairy Hill (unweit des Blue Hole), Mo–Do 10–16 Uhr, erwerben; Kassetten und CDs gibt es bei *Record City* (1 Williams St., ☎ 9 93-28 36); gutes Kunsthandwerk offeriert die *Designer's Gallery* im Jamaica Palace Hotel (s. o.)

Kultur: *Galerie Carriacou,* auf dem Gelände des Hotels Mocking Bird Hill (s. o.), mit Werken der Künstlerin Barbara Walker sowie Sonderausstellungen, Lesungen und Konzerten; die *Zion Hill Gallery* in Fairy Hill (✆ 9 95-30 05) stellt überwiegend naive Malerei einheimischer Künstler aus

 Nachtleben: *Roof Club,* 11 West Palm Ave., ✆ 9 93-21 27, tägl. 20–6 Uhr, *hot and steamy,* ultimative Diskothek (ohne Notausgänge), in der auch schon Tom Cruise und Linda Evans gesichtet wurden; *Taurus,* Summers Town Rd, (✆ 9 93-26 61, mit guter Tanzmusik und einer Jazz Night am Sonntag; *Shadows,* 40 W. Palm Ave., ✆ 9 93-38 23, Tanzbar mit Live-Musik und Oldie Night am Sonntag; im *Delmar Cinema,* Main Sq., ✆ 9 93-33 04, werden mehr oder weniger aktuelle Hollywood-Filme vorgeführt

! Sport: Der Admirality Club auf Navy Island (P. O. Box 188, ✆ 9 93-26 67) bietet eine gut ausgestattete Marina für *Sportboote; Huntress Charter and Marine Service,* West St., ✆ 9 93-32 09, verchartert Schiffe zum Hochsee-Angeln und organisiert Touren. Die »*Bonita II*«, Main Marina, Ecke West Palm Ave., bietet halb- und ganztägige Angeltrips in der Karibischen See; *Sporttaucher-Ausrüstung* und Kurse werden von Janet Lee am San San Beach angeboten (✆ 9 93-33 18), Lady G'Diver (PADI) unterhält ihre Tauchstation an der Dragon Bay (✆ 9 93-34 26); *Reitausflüge* organisiert das Bonnie View Restaurant (s. o.)

Im Tal des Rio Grande

Der Rio Grande entspringt in etwa 1000 m Höhe in den Blue Mountains und strömt über mehr als 60 km kurvenreich nach Norden der Karibischen See zu. Etliche, von üppigen tropischen Regen-

Das Tal des Rio Grande

schauern gespeiste Zuflüsse, die wie der Guava- und der Dry River in den Blue Mountains oder wie der White River in den John Crow Mountains entspringen, versorgen den ›großen Fluß‹ ausreichend mit Wasser. So erhalten die zahlreichen Bananenplantagen im Tal, deren Ernte nach wie vor über Port Antonio verschifft wird, das notwendige Naß, und es bleibt noch genügend übrig, damit die Touristen auf den Spuren von Errol Flynn den Rio Grande auf Flößen durch die tropische Urwaldlandschaft heruntergleiten können.

Die holprige Straße, die den Fluß von Port Antonio bis in die Berge begleitet, führt in das Gebiet der *Windward Maroons*. Sie leisteten den Engländern jahrzehntelang kämpferischen Widerstand bis zum Friedensschluß 1739, der ihnen weitgehende innere Autonomie sicherte. Champong Nanny, die legendäre Anführerin der *Maroons* zu Beginn des 18. Jh., hatte ihr Hauptquartier mit mehr als 100 Häusern weiter westlich in den Bergen. ›Nanny Town‹ wurde, längst vom Urwald überwuchert, erst vor etwa 20 Jahren vom *Institute of Jamaica* wieder entdeckt und zum Teil freigelegt.

In **Moore Town,** dem heutigen Hauptort der *Maroons,* liegt Bump Grave, die Grabstätte der Nationalheldin. Hier ›regiert‹ der Colonel, der alle fünf Jahre gewählt wird, mit seinem Rat von Adjutanten. Äußerlich unterscheidet sich die Siedlung nicht von anderen jamaikanischen Dörfern. Für eine Führung durch den Ort und die Umgebung oder zu einem der zahlreichen Wasserfälle sollte man sich über das JTB-Büro in Port Antonio beim Colonel anmelden lassen.

Von Port Antonio nach Ocho Rios

Westlich von Port Antonio überquert eine 150 m lange, 1891 eröffnete Brücke den Rio Grande. Die Eisenbahntrasse hat schon seit 1980 nur noch Erinnerungswert. Nachdem der Hurrikan Allen Teile der Strecke stark beschädigt hatte, wurde in Port Antonio kein Zug mehr gesichtet. Kurz hinter dem Ken Jones Airport, dessen Landebahn zwischen Straße und Meer verläuft, führt eine Abzweigung nach links zu den **Somerset Falls.** Hier sprudelt der Daniels River in Kaskaden durch eine farbenprächtige Gartenlandschaft dem Meer zu. Naturpools laden zum erfrischenden Bad ein (tägl. 9–17 Uhr, Eintritt).

Kurz vor Buff Bay zeigt ein Hinweisschild den Weg nach **Crystal Springs,** etwa 1 km abseits der Küstenstraße. Der mit Palmen und tropischen Blumen bewachsene Rastplatz, durch den ein Flüßchen fließt, ist auch bei Kolibris und anderen Vögeln sehr beliebt. In Teichen werden Fische gezüchtet, Spazierwege führen durch kleine

Bei Buff Bay

Wälder und Obstgärten (tägl. 9–18 Uhr, Eintritt).

Wer bei Buff Bay, das schon bessere Tage gesehen hat, nach Süden Richtung Blue Mountains abbiegt, erreicht nach wenigen Kilometern **Rose Hill.** Nicht die Rosen, die dem winzigen Örtchen seinen Namen gaben, sondern wilde Orchideen, die Bewohner im dichten Regenwald sammelten, werden in einem Garten unter schattigen Bäumen am Ufer des dahinplätschernden Buff Bay River gezüchtet. Wer einen etwas mehr als halbstündigen Fußmarsch mit einem Führer (bei der Orchideenzucht oder der Bar auf der anderen Straßenseite nachfragen) auf einem ordentlichen Pfad durch den dichten Wald auf einen Hügel nicht scheut, wird mit einer besonderen Entdeckung belohnt. Im Dschungel verborgen und von Lianen teilweise überwuchert, lassen sich die geheimnisvollen Ruinen einer ehemaligen Zuckerrohrplantage aus dem frühen 19. Jh. erkunden.

Der einst geschäftige Bananenhafen von **Annotto Bay** an der Mündung des Wag Water River ist heute eher als wichtige Straßenkreuzung bekannt, an der die von Montego Bay kommende Küstenstraße A 3 auf die A 4 von Port Antonio trifft und Richtung Süden nach Kingston abbiegt. Eine Nebenstraße führt nach Robins Bay, einem nicht überlaufenen Küstenabschnitt, in dem sich Felsen mit schönen Sandstränden abwechseln.

Strawberry Fields, eine ehemalige Erdbeerfarm, war gegen Ende der 1960er Jahre eine beliebte Enklave von ›Blumenkindern‹. Die Beatles sollen hier zu ihrem Song »Strawberry Fields« inspiriert worden sein. Heute gibt es dort einen ordentlich geführten Campingplatz, auf dem auch gemütliche Häuschen vermietet werden.

Port Maria, der Verwaltungssitz des kleinen St. Mary Parish, war unter dem Namen Puerta Santa Maria einer der wichtigsten Häfen der Spanier an der Nordküste von Jamaika. Stadt und Strand an der schönen Bucht sind noch nicht touristisch entwickelt, den naturbelassenen Meeressaum zieren noch keine Hotels oder Bars. An Alexander Bustamante, den ersten Premierminister des unabhängigen Jamaika, der sich hier in den 1930er Jahren wegen der ›Rädelsführerschaft‹ bei Unruhen rechtfertigen mußte, erinnert eine Plakette am Gerichtsgebäude neben der ausgebrannten alten Polizeistation.

Das Tacky Monument nahe der St. Mary Parish Church ehrt den Anführer eines der ersten großen Sklavenaufstände, der Ostern 1760 auf dem Frontier Estate in der englischen Kolonie Jamaica ausbrach. Tacky, ein Coromantee aus dem Ashanti-Volk von der westafrikanischen Goldküste, und 1000 andere versklavte Afrikaner liefen von den Plantagen fort und überfielen Siedlungen und Häuser der weißen Unterdrücker. Mit Hilfe von *Maroons* (s. S. 140f.), die den Briten als Gegenleistung für ihre eigene Unabhängigkeit Hilfsdienste beim Einfangen entflohener Sklaven leisteten, wurde die Rebellion nach sechs Monaten niedergeschlagen. 60 Weiße waren tot, 600 afrikanische Sklaven wie Tacky im Kampf gefallen oder hingerichtet. Es fällt auf, daß dieser Aufrührer gegen die Kolonialmacht nicht wie andere als Nationalheld geehrt wird, vielleicht weil er den schwarzen Zauber afrikanischer Obeah-Männer gegen die Weißen zu nutzen suchte, Magier, die auch heute noch im Parish von St. Mary ihre geheimen und verbotenen Praktiken anwenden.

Auf dem **Brimmer Hall Estate,** etwa 10 km südwestlich von Port Maria, werden auf 280 ha Kokosnüsse, Bananen und Zitrusfrüchte sowie verschiedene Gewürze angebaut. Besucher erhalten während der einstündigen Führung durch das Gelände und das *Great House* einen Eindruck von der Arbeit auf einer Plantage (Restaurant, Bar, Touren um 11, 13.30, 15.30 Uhr, Gebühr, ☎ 9 94-23 09).

Galina liegt auf einem 300 m hohen Plateau zwischen Port Maria und Oracabessa. Noël Coward, englischer Autor, Komponist, Maler und Lebenskünstler mit Esprit, lebte hier von 1948 bis zu seinem Tod am 26. 3. 1973 in **Firefly** (Glühwürmchen). Einst gehörte das Grundstück zum Llanrumney Estate von Sir Henry Morgan, dem aus Wales stammenden ehemaligen Piratenkapitän und späteren königlichen Vizegouverneur von Jamaika (s. S. 82ff.). Cowards Gäste, zu denen Marlene Dietrich, Winston Churchill, Errol Flynn, Laurence Olivier, Sean Connery und Katherine Hepburn zählten, bot sich vom Grundstück ein spektakulärer Blick auf Port Maria und bei gutem Wetter bis Port Antonio.

Chris Blackwell, ehemaliger Impresario von Bob Marley, hat das Anwesen, nachdem es zu verfallen drohte, vom Staat aufgekauft und so wiederherstellen lassen, wie es am 28. 2. 1965 bei der Visite der Königin-Mutter aussah. Besucher können heute durch die Zimmer des Künstlers schlendern und das Panoramafenster bewundern, das (was nicht stimmt) Coward zu seinem Lied »A room with a view« angeregt haben soll. Auf Firefly schrieb Coward unter anderem den Roman »Pomp and Circumstance«, die Komödie »South Sea Bubble« und das Musical »Ace of Clubs«. Noël Coward liegt auf seinem Grundstück unter einer schlichten Marmorplatte begraben (tägl. 8.30–17.30 Uhr, ☏ 9 97-72 01, Eintritt).

Von Port Antonio nach Ocho Rios

Goldeneye, der Winterwohnsitz von Ian Fleming von 1946 bis zu seinem Tod 1964, liegt an der Küste nicht weit von Firefly entfernt. Der Ex-Geheimdienstmitarbeiter und Autor der »James Bond«-Krimis verfaßte dort die meisten seiner 14 »007«-Romane. Fünf davon haben zumindest in Teilen Jamaika als Schauplatz. Gefragt, wie er auf den einprägsamen Namen seines Titelhelden gekommen sei, verwies Fleming auf den Autoren eines seiner Lieblingsbücher, »The Birds of the West Indies« mit Namen Bond, James Bond. Goldeneye, inzwischen ebenfalls von Chris Blackwell aufgekauft und renoviert, ist

als luxuriöse Villenanlage zu mieten.

An den Kais der Marina von **Oracabessa,** einstmals Bananenhafen und Fischerort, werden noch immer Netze geflickt. Fasziniert vom goldenen Leuchten der hinter dem Meeresufer in der untergehenden Sonne liegenden Hügel, nannten die Spanier die Region *Or abeza,* goldenes Haupt. Einige Hotels wurden an den schönen Stränden in der Umgebung des schläfrigen Ortes bereits errichtet. Oracabessa wird in naher Zukunft sein Gesicht weiter verändern, hat doch die Island Trading Company und die Oracabessa Foundation von Chris

Blackwell renovierungsbedürftige Gebäude erworben und bereits einen James Bond Beach eingerichtet.

Zwischen Oracabessa und Rio Nuevo findet man in kleinen Buchten mit grauen Sand- und Kieselstränden versteckte Bademöglichkeiten. Eine große Ferienanlage nimmt den Strand von **Boscobel Beach** ein.

Die Anhöhe westlich der Flußmündung bei **Rio Nuevo** sah 1658 die letzten Kämpfe zwischen den Einheiten des spanischen Befehlshabers Cristobal Ysassi und englischen Truppen, die von Port Royal um Jamaika herumgesegelt waren. Die Spanier wurden vernichtend geschlagen und mußten mehr als 500 Gefallene beklagen, 50 Tote waren der Preis der Engländer für die endgültige Eroberung der Antilleninsel. Auf dem einstigen Schlachtfeld (tägl. 9–16 Uhr) erläutert eine Tafel die historischen Ereignisse, ansonsten ist die Phantasie des Besuchers gefordert.

Harmony Hall mit umlaufenden, schattenspendenden Veranden war das Herrenhaus einer Piment-Plantage aus der Zeit um 1900. Heute ist die Villa der bildenden Kunst gewidmet, mit einer Galerie, einem Zentrum für Kunsthandwerk und Kunsthandwerksausstellungen zu Ostern sowie zum Unabhängigkeitstag am 6. 8. Ein Spitzen-Restaurant und ein Café bieten Erfrischungen an (an der A 3, 6 km östl. der Stadt, ✆ 9 75-42 22).

Auf der **Prospect Plantation** werden noch immer Piment und Limonen auf großen Feldern für den Export angebaut. Kassava, Otaheiti-Äpfel, Ananas, Zuckerrohr, Kaffee, Kakao und Bananen gedeihen auf kleineren Anbauflächen, dienen jedoch mehr zur Anschauung für die vielen Besucher, die sich in Panoramawaggons über die Plantage bewegen. Das Haupthaus, ehedem Landsitz des britischen Großindustriellen und Politikers Sir Harold Mitchell, wird nach wie vor von dessen Familie bewohnt (nahe der A 3, ✆ 9 74-20 58, 90minütige Rundfahrten Mo–Sa 10.30, 14, 15.30, So 11, 13.30, 15 Uhr, Eintritt).

Im Garten der interkonfessionellen Prospect-Kapelle kann man für 50 US-Dollar einen Setzling pflanzen und befindet sich damit in Gesellschaft von Charlie Chaplin, Prinz Philip, Winston Churchill, Pierre Trudeau oder Henry Kissinger, deren Bäume bereits stattliche Größen erreicht haben. Wander- und Reitwege führen zur 150 m tiefen Schlucht des White River.

Information: Oracabessa Foundation, Am Markt, ✆ 9 75-33 93

Unterkunft: *Sonrise Beach Retreat*, Robins Bay P. O., sechs Cottages in schönem Palmengarten am Meer, auf dem Gelände einer ehemaligen Erdbeerfarm (die Beatles sollen hier zu »Strawberry Fields« inspiriert worden sein), ✆ 9 99-71 69, $$; *River Lodge*, 300 m westl. von Sonrise, kleine, gemütliche B & B Unterkunft in Strandnähe,

Kirche in Port Maria

✆/Fax 9 95-30 03, $; *Boscobel Beach Resort,* an der A 3, westl. von Oracabessa, All Inclusive-Resort mit Kinderprogramm im ehemaligen Playboy Hotel, ✆ 9 75-33 31, Fax 9 75-32 70, superclubs. com, $$$–$$$$; *Golden Seas Beach Resort,* am Westrand von Oracabessa, renoviertes Hotel in Strandnähe, schöne Zimmer, Pool, ✆ 9 75-32 51, Fax 9 75-32 43, $$$; *Caribbean Pearl,* Port Maria, am Südende von Little Bay, leger und elegant (man spricht auch Deutsch), ✆ 9 94-26 72, Fax 9 94-20 43, $$; *La Mer Dive and Beach Resort,* Jamaica Beach, westl. von Rio Nuevo, Apartmenthotel für Taucher mit PADI-Basis in üppiger Gartenanlage, ✆ 9 75-50 02, Fax 9 75-23 59, $$$; *Goldeneye,* Oracabessa, ehemaliges Wohnhaus des Schriftstellers Ian Fleming als luxuriöses All Inclusive-Resort, ✆ 9 74-33 54, Fax 9 75-36 79, islandoutpost.com, $$$$

Essen und Trinken: *Skip's Place,* westlich von Boscobel Beach, ✆ 9 75-70 10, frischer Fisch bei guter Aussicht aufs Meer, $$; *Toscanini,* Harmony Hall, westlich von Oracabessa, ✆ 9 75-47 85, norditalienische Küche, ein Stern am kulinarischen Himmel der Karibikinsel, $$$$

Der Norden und das Hinterland

Ocho Rios und Umgebung

**Von Ocho Rios
nach Montego Bay**

**Montego Bay
und Umgebung**

Kreuzfahrtschiff vor Ocho Rios

Der Norden und das Hinterland

In der Bucht von Ocho Rios gehen die meisten Kreuzfahrer vor Anker. Montego Bay ist die touristische Metropole von Jamaika. Dazwischen liegen herrliche Strände, hier kann man ehemalige Plantagenvillen besichtigen und Wasserfälle erklimmen. In Nine Miles, im Hinterland, wurde Bob Marley, der Reggae-Superstar und Rastafari, geboren.

Ocho Rios und Umgebung

In die Bucht von **Ocho Rios** münden nicht acht, wie der spanische Name nahelegt, sondern nur drei nennenswerte Flüsse ins Meer. Wahrscheinlich hat das spanische Wort für Wasserfälle, *los chorreos,* bei der Bezeichnung der Siedlung Pate gestanden. Nicht viel mehr als 8000 ständige Einwohner leben in Ochi, wie der Ort von den meisten Jamaikanern und Urlaubern kurz und bündig genannt wird.

Im 17. und 18. Jh. machten Freibeuter wie der berüchtigte Pirat John ›Davis‹ Searles die Bucht zu ihrem Stützpunkt. Er hatte 1668 St. Augustine, die Hauptstadt der spanischen Kolonie Florida, erobert, geplündert und 60 der Bewohner getötet. Den englischen Plantagenbesitzern der Region waren die Kaperfahrten auf spanische und französische Schiffe und Besitzungen nicht unangenehm, erhielten sie doch von der Beute einen prozentualen Anteil.

Lange galt Ocho Rios als verschlafenes Fischerdorf. In den 1940er Jahren errichtete Reynold's Bauxit erste Hafenanlagen, um die begehrte Bauxiterde, Grundstoff der Aluminiumherstellung, umzuschlagen. Seit den 80er Jahren werden die Anlagen im Westteil der Bucht nicht mehr genutzt, doch legen Kreuzfahrtschiffe an der ehemaligen Pier der Bauxitfrachter an. Glücklicherweise restaurierte die Reynold's Company das winzige Fort Ocho Rios in den 70er Jahren. Sonst würde es vielleicht noch immer als Schlachthof genutzt. Die vier historischen Kanonen im Schatten der alten Bauxitanlagen an der

Der Strand von Ocho Rios

A 3 im Westen der Bucht ›bewachen‹ nun wie früher die Stadt.

Erst zu Beginn der 70er Jahre begann die staatliche Entwicklungsbehörde *Urban Development Corporation*, den Ausbau des an einer halbkreisförmigen Bucht gelegenen Dorfes zu einem internationalen Urlaubsort in die Praxis umzusetzen. Ein geradezu explosives Wachstum war die Folge, mit vielen großen Strandhotels und Apartmentkomplexen, die meist direkt am Wasser liegen, mit Einkaufszentren, mit Verkehrsstaus auf der quirligen Hauptstraße, die sich erst etwas gebessert haben, nachdem die Ortsumgebung für den Fernverkehr fertiggestellt wurde. Die Palette der Restaurants reicht von amerikanischen Fast Food-Läden bis zum eleganten Feinschmeckerlokal mit Wasserfall im Garten.

Die wenigen öffentlichen Strände an der Bay sind inzwischen von Hotelanlagen umschlossen. Am Fisherman's Beach wurden lange keine Fischer mehr gesehen, am Turtle Beach (Eintritt) auch keine Seeschildkröten, dafür kann man Wasserski fahren, mit dem Gleitfallschirm durch die Luft segeln sowie allerlei andere mehr oder weniger lautstarke Wassersportangebote wahrnehmen.

Taucher können in Ocho Rios unter zwei Gebieten wählen, westlich oder östlich der Bucht. Fast alle Tauchreviere liegen in Küstennähe, so daß die Bootsfahrten angenehm kurz bleiben. Das Korallenriff ist nicht allzu breit, der Abbruch zu tieferen Regionen nicht weit von der Küste entfernt. So sind Tauchtrips auch am Wall leicht möglich, an dem Tiefseekorallen und verschiedene Schwämme gedeihen. Die Korallenbänke in den seichteren Gewässern zeigen sich besonders östlich der Bucht recht abwechslungsreich, mit Kavernen und Sandzungen zwischen den Riffen. Baby-Haie lassen sich in den tieferen Gewässern ausmachen.

Jack's Hall und Top of the Mountain, beide östlich der Bucht, sind für Anfänger und Taucher mit Vorkenntnissen geeignet. Devils Reef bei der White River Bay, ein Gebiet mit großer Korallenvielfalt in 20 bis 28 m Tiefe, ist fortgeschrittenen Tauchern vorbehalten, während auch Schnorchler das versunkene Wrack der »Kathryn«, eines ehemaligen Minensuchers, am Ostrand derselben Bucht erkunden können.

An vier Tagen in der Woche machen Luxusliner und *Funcruiser* an den Piers von Ocho Rios fest, an denen Calypso- und Soca-Bands die Passagiere erwarten. Fast 400 000 ›touristische Eintagsfliegen‹ im Jahr schwirren in der Stadt umher, geballte Kaufkraft auf der Suche nach ›typischen‹ Souvenirs, bereit zu kurzen Besichtigungstrips mit Buskarawanen zu Plantagenhäusern und Wasserfällen wie den Dunn's River Falls.

Coyaba hieß in der Sprache der Arawak soviel wie Paradies, Land der Freude und des ewigen Gesangs. Der botanische **Coyaba Ri-**

ver **Garden** mit Mineralwasser-
pools, tropischen Pflanzen, einem
Wasserfall und kleinem Arawak-
Museum ist eine Oase der Ruhe
(tägl. 8.30–17 Uhr, ☏ 9 74-62 35,
Eintritt, etwa 1 km westl. der Abzweigung von der Millard Road bei
der Bücherei und der anglikani-
schen Kirche). In einer Galerie sind
Werke bekannter jamaikanischer
Künstler ausgestellt, an einer Bar
werden Kaffee und Erfrischungsge-
tränke angeboten.

Die **Shaw Park Botanical Gardens** (in der Nähe der Coyaba Gardens, ☏ 9 74-25 52, tägl. 9–17
Uhr, Eintritt), die mit vielen jamaikanischen Pflanzen und einem
Wasserfall reizvoll an einem Hang
oberhalb von Ocho Rios angelegt
sind, bieten einen schönen Blick
auf den Ort. Die Bar serviert
Snacks und Getränke.

Fern Gully mit meterhohen Farnen steht inzwischen als *National
Park* unter besonderem Schutz. Die
imposanten Gewächse, vor mehr
als 100 Jahren in die Senke eines
umgeleiteten Wasserlaufs gepflanzt,
waren von Hurrikanen und Auto-
Abgasen geschädigt, so daß der
Verkehr von Ocho Rios nach
Kingston zeitweise um die ›Farn-
schlucht‹ umgeleitet wurde, bevor
er weiter südlich eine hügelige
Landschaft von Viehweiden und
Wäldchen durchquerte. Fern Gully
ist inzwischen wieder allgemein
zugänglich.

Im Gänsemarsch durch die
Dunn's River Falls

Alljährlich besichtigen mehr als 1 Mio. Besucher die **Dunn's River Falls,** eine der bekanntesten und meist fotografierten Naturattraktionen von Jamaika. Der Fluß tanzt in schäumenden Kaskaden aus einer Höhe von mehr als 200 m über mächtige Kalksteinblöcke und -stufen durch eine von tropischen Pflanzen und Farnen bewachsene Landschaft bis hinab zum Strand und in die Karibische See. Hinter den Wasservorhängen, die sich in kleine Pools ergießen, verbergen sich Hohlräume, in denen auch Menschen Platz finden können.

Besucher in Badebekleidung bewegen sich an der Hand eines Führers, der zudem ihre Kameras um den Hals trägt, die Fälle hinauf. Ein Bild wie bei einem Schulausflug. Wer sich trotz Hilfestellung den Weg durch die sprudelnden Wassermassen nicht zutraut, kann auf eine Treppe mit Geländer ausweichen. Es lohnt sich, die Fälle dann zu besuchen, wenn keine Kreuzfahrtschiffe in der Bucht ankern (✆ 9 74-28 57, westl. des Ortes an der A 3, tägl. 9–18 Uhr, Eintritt, Umkleidekabinen, Schließfächer sowie Trinkgeld an den Führer extra).

Etwas mehr als 1 km weiter westlich, bei den kleineren Laughing Waters-Fällen, werden Bond-Fans die Kulisse aus dem Film »Dr. No« wiedererkennen, vor der sich Sean Connery und Ursula Andress entscheidend näherkamen.

ⓘ Information: Jamaica Tourist Board, Obergeschoß des Ocean Village Shopping Centre, ✆ 9 74-25 82, Fax 9 74-25 59, Mo–Fr 9–16.30, Sa 9–14 Uhr

! Touren: *Calypso Rafting,* eine entspannte, 45minütige Bootstour auf dem White River, 5 km östl. der Stadt, tägl. 9–17 Uhr, von Fackeln beleuchtete Nachtfahrt, mit Folklore und Snacks, Di und Sa abends, ✆ 9 74-25 27; *Blue Mountain Tours,* 152 Main St., ✆/Fax 9 74-70 75, Handy ✆ 9 97-76 36, die Kunden werden mit einem Minibus in die Blue Mountains gefahren und radeln mit dem Fahrrad wieder herunter; *Heli-Tours,* 120 Main St., ✆ 9 74-22 65, 15minütige *Fun Hops* und andere Hubschrauberrundflüge

✈ Flugverbindungen: Nächstgelegener Flughafen ist die Landebahn des Boscobel Aerodrome bei Oracabessa

🚗 🚲 Mietwagen und Fahrradverleih: *Islands Car Rentals,* Carib Arcade, Main St., ✆ 9 74-23 34; *Carribean Car Rentals,* ✆ 9 74-56 17; Fahrräder und Mountain Bikes erhält man bei *Vacation Wheels,* Carib Arcade, ✆ 9 74-50 21, *Motorräder und -roller* vermietet Abe's ✆ 9 74-10 08

🚌 Busse: Die zentrale Haltestelle für die diversen Überland- und Minibusse befindet sich am Kreisverkehr des Da Costa Dr.

🚕 Taxis: *JUTA* ✆ 9 74-22 92; *Ocho Cab Operation* ✆ 9 74-59 29

🏨 Unterkunft: *Ciboney,* Main St., an der A 3, weitläufiges All Inclusive-Resort mit Suiten und Apartments in gut ausgestatteten Reihenhäusern mit Pool, gute Restaurants, privater Strand, ✆ 9 74-10 27-36, Fax 9 74-58 38, ciboney.com, $$$–$$$$; *Jamaica Inn,* Main St., A 3 an der Sandy Beach Bay, luxuriöses Resort, in dem bereits Winston Churchill weilte, herrliche Gartenanlage, elegantes Restaurant mit Jackett- und Krawattenpflicht für Herren, ✆ 9 74-25 14, Fax 9 74-24 49,

jamaicainn.com, $$$$; *Sandals Dunn's River,* an der A 3 westl. des Ortes, luxuriöses All Inclusive-Resort für Paare, Restaurants, Pool-Landschaft, Sportangebote, ✆ 9 72-16 10, Fax 9 72-16 11, $$$–$$$$; *Sans Souci Lido Hotel Club and Spa,* an der A 3 östl. des Ortes, elegantes All Inclusive-Resort an der Felsküste, diverse Sportangebote, Sandstrand, Mineralbad, ✆ 9 74-23 53, Fax 9 74-25 44, superclubs.com, $$$–$$$$; *Hibiscus Lodge,* 87 Main St., am Ostende der Mallards Bay, Urlaubshotel mit Pool über den Klippen, gutes Restaurant, ✆ 9 74-26 76, Fax 9 74-18 74, $$; *Pentus Guest Villa,* 3 Shaw Park Rd., freundliche, einfache Pension mit Gemüsegarten, ✆ 9 74-23 13, $

🍴 Essen und Trinken: Wer nicht auf amerikanisches Fast Food verzichten kann, muß in Ocho Rios nicht verhungern, von Burger King bis Kentucky Fried Chicken ist alles vertreten. Glücklicherweise gibt es noch mehr, wie etwa *Plantation Inn Restaurant,* im Plantation Inn, Main St., ✆ 9 74-56 01, Südstaaten-Ambiente mit Kerzenlicht und Tanzmusik, $$$$; *Almond Tree Restaurant,* in der Hibiscus Lodge, ✆ 9 74-28 13, gute Fisch- und Hummerspezialitäten mit Blick auf die Karibische See, $$–$$$; *Evita's Italian Restaurant,* Eden Bower Rd., nahe dem Enchanted Garden Resort, ✆ 9 74-23 33, gute italienische Küche, mit diversen Pasta-Gerichten und Fischspezialitäten, herrlicher Panoramablick auf die Stadt und das Meer, $$–$$$; *Parkway Restaurant,* 60 DaCosta Dr., ✆ 9 74-26 67, beim Postamt, gut zubereitete, jamaikanische Gerichte, sehr beliebt, $–$$; *Fresh Café,* 60 Main St., erster Stock, ohne Telefon, Frühstück und Lunch, lecker und günstig, $–$$

🌴 Einkaufen: Es besteht kein Mangel an Geschäften, allein sieben Einkaufszentren versorgen Hotelgäste und Kreuzfahrttouristen wie etwa das

Die ehemalige Plantagenvilla Harmony Hall beherbergt heute eine Galerie

Ocean Village Shopping Centre im Zentrum mit mehr als 50 Läden, darunter den Everbody's Bookshop (✆ 9 74-29 32) für Zeitungen und Bücher sowie Vibes Music Shack (✆ 9 75-51 45) mit guter Musikauswahl; neben dem Einkaufszentrum mehrere Dutzend Stände des Ocho Rios Craft Park mit Kunsthandwerk und Kitsch. Wer Souvenirs sucht, kann auch im Fern Gully Craft Centre am südlichen Ortsrand fündig werden; bei Lloyd's Ceramics kann man Töpfern zusehen und deren Arbeiten erwerben, Tower Isle, etwa 8 km östl. von Ocho Rios, in der Nähe des Couples Resort, ✆ 9 74-44 16, Mo–Fr 10–16, Sa bis 13 Uhr

Galerien: *Harmony Hall,* an der A 3, etwa 6 km östl. von Ocho Rios, Bilder- und Schmuckgalerie in einem alten Plantagenhaus, kunstvoll zubereitetes Essen gibt es im Restaurant, ✆ 9 74-42 22; *Frame Centre Gallery,* Island Plaza, kleine, feine Bildergalerie, ✆ 9 74-23 74

Nachtleben: *The Acropolis* (spich: Acro-Palace), 70 Main St., ✆ 9 74-26 33, in der obersten Etage des Mutual Security Centre, Mi–Mo ab 22 Uhr, stets volle Diskothek mit Themenabenden; *Jamaic'N Me Crazy,* im Jamaica Grande Hotel, ✆ 9 74-22 01, bestes Sound System der Nordküste, der Eintritt von US$ 30 schließt alle Getränke ein

Sport/Strände: *Fantasea Divers* (PADI), am Sans Souci Hotel, ✆ 9 74-53 44; *Garfield Dive Station,* Ocho Rios Bay Beach, ✆ 9 74-57 49; *Princess of the Sea,* UDC-Beach, ✆ 9 74-14 80, jeweils mit Verleih von Tauch- bzw. Wassersportausrüstungen und Kursen; Hochseeangeltrips bieten *King Fisher* (✆ 9 74-22 60) oder Triple B (✆ 9 75-32 73); neben vielen anderen Wassersportangeboten bietet *Water Fever* (✆ 9 74-25 87) auch Fallschirmsegeln am Strand von Turtle Beach an; der *Sandals Golf Club* (☎ 9 75-01 19, Fax 9 75-01 80) in den Hügeln südl. von Ocho Rios und der *SuperClubs Golf Club* (☎ 9 73-25 61) an der Küste im Westen des Ortes gehören zu den besten 18-Loch-Anlagen von Jamaika und können gegen Gebühr von allen Golfspielern genutzt werden

Von Ocho Rios nach Montego Bay

Nachdem Arawak-Indianer den Spaniern von goldreichen Ländern erzählt hatten, traf Kolumbus bei seiner zweiten Erkundungsfahrt in die Neue Welt am 5. 5. 1494 auf Jamaika ein. Die Bucht mit den im fernen Hintergrund aufragenden Blue Mountains erschien ihm so schön und verheißungsvoll, daß er sie Bahía de Santa Gloria taufte. Der klangvolle Name hat die Zeit nicht überdauert, heute heißen Bucht und Hauptstadt des Verwaltungsbezirks nach Anna, der heiliggesprochenen Großmutter von Jesus Christus. **St. Ann's Bay** steht im Schatten des geschäftigen Ocho Rios. Der früher bedeutende Zuckerhafen hat nach dem Niedergang der Zuckerrohrplantagen nie wieder seine einstige Bedeutung erlangen können.

Vor der Bücherei beim Negro River erinnert eine Statue an Marcus Garvey, einen der geistigen Väter des schwarzen Nationalismus von Jamaika. Garveys *Universal Negro Improvement Association* (UNIA) stritt mit wechselndem Erfolg auf der Antilleninsel und in den USA für die wirtschaftliche Unabhängigkeit sowie die Rückkehr der Afro-Amerikaner auf ihren Kontinent. Er starb 1940 enttäuscht und verarmt in London. Seine Arbeit wurde erst lange nach seinem Tod gebührend honoriert. Seit 1964 sind Garveys Überreste im National Heroes Park von Kingston bestattet.

Auch Christoph Kolumbus wird mit einem Standbild in Sichtweite der katholischen Kirche Our Lady of Perpetual Help geehrt. Vom britischen St. Ann's Bay Fort aus dem Jahre 1750 sind kaum nennenswerte Ruinen erhalten.

Nur einige Kilometer westlich von St. Ann ließ Diego Kolumbus 1509 nahe der Stelle, an der sein Vater Christoph sechs Jahre zuvor gestrandet war, **Sevilla la Nueva,** die erste Hauptstadt der spanischen Kolonie Jamaika gründen. Doch war der Platz an der sumpfigen Küste schlecht gewählt. Dürftige Spuren der Kirche, eines Gouverneursgebäudes und einer Zuckerrohrverarbeitung wurden zur 500-Jahr-Feier der Entdeckung von Amerika durch Kolumbus archäologisch aufbereitet. Die Suchaktionen nach seinen beiden 1503 vor der Küste leckgeschlagenen Karavellen, der »Capitana« und der »Santiago de Palos«, waren bislang nicht erfolgreich (s. S. 135f.). Nur 25 Jahre nach seiner Gründung wurde Sevilla la Nueva zugunsten von St. Jago de la Vega, dem späteren Spanish Town im Süden der Insel, wieder aufgegeben. Einen Einblick in die Geschichte vermittelt das Museum im Seville Great House (Di–So 9–17 Uhr, ✆ 9 72-06 65).

Zwischen St. Ann's Bay und der Runaway Bay liegt mit **Chukka Cove** eines der bedeutenden Reitzentren von Jamaika, in dem man von einfachen Ausritten in die Berge oder entlang der Küste bis zum Springreiten oder dem Erlernen des

Polo-Spiels jegliche Art von Pferdesport betreiben kann. Chukka Cove veranstaltet im Jahr mehrere internationale Polo-Turniere auch mit prominenter Beteiligung, darunter die sogenannten Fossil Open, bei dem jede Mannschaft zusammen mindestens ein Alter von 200 Jahren erreichen muß.

Die **Runaway Bay** erhielt ihren Namen, weil von dort Menschen von Jamaika geflüchtet sind. Historiker sind sich jedoch noch nicht einig, ob sich aus dieser Bucht im Jahre 1660 die letzten Kontingente der spanischen Kolonialtruppen nach Kuba abgesetzt hatten oder

Von Ocho Rios nach Montego Bay

ob der Name von fortgelaufenen Sklaven herrührt, die mit Booten denselben Weg genommen hatten. Runaway Bay ist eigentlich keine Stadt, eher eine Ansammlung von Hotels und All Inclusive-Resorts, die sich zwischen Straße und Meer entlang der Küste und Sandstränden auf dem ausgedehnten Areal der ehemaligen Rinder- und Kokosnußfarm Cardiff Hall Plantation erstrecken.

Die Tauchreviere vor der Küste von Runaway Bay sind ausgezeichnet. Zwar gibt es keine Hoffnung auf gesunkene, mit Dublonen gefüllte spanische Schatzschiffe, da-

für aber einige neuere Wracks, vielfältige Korallenriffe und spektakuläre Abbruchkanten. Pocket's Reef und Rick's Reef erlauben Fortgeschrittenen spektakuläre Taucherlebnisse an Korallenriffen, die an Wänden bis auf 40 und 70 m abbrechen. Das Riff The Canyon, die »Reggae Queen«, das Wrack eines ehemaligen Disco-Schiffes, oder das nur 9 m tiefe, vielgestaltige Silver Spray-Korallenriff sind auch für Anfänger geeignet.

Das Höhlensystem der Runaway Caves westlich des Ortes beginnt ebenerdig. Die Kavernen, Säle und Gänge im ausgewaschenen Kalk-

stein ziehen sich noch mehr als ein Dutzend Kilometer weiter unter der Insel entlang. Während einer 30minütigen Tour steigt man auch auf einer schmalen Treppe in die von Fledermäusen bewohnte Green Grotto Cave hinunter. Ein kleiner unterirdischer See, der über Felsspalten mit dem Meer verbunden ist, kann mit einem Boot befahren werden (tägl. 9–17 Uhr, Eintritt).

Möglicherweise ist Kolumbus 1494 in der **Discovery Bay** erstmals in Jamaika an Land gegangen. Er nannte die Bucht, da kein Trinkwasser zu finden war, Puerto Seco, trockener Hafen, um dann weiter nach Westen zu segeln. Puerto Seco Beach an der östlichen Flanke

der Bucht, ein allgemein zugänglicher, weißer Sandstrand, erinnert an den ursprünglich spanischen Namen der Bay. Die Anlagen der Kaiser Jamaica Bauxite Company, ihre Pier, an der die Erzfrachter mit Bauxiterde beladen werden, und ein mächtiges kuppelförmiges Vorratsgebäude im Westen der Discovery Bay, sind nicht zu übersehen.

Am westlichen Ende der Bucht hat die Kaiser Company 1968 den Columbus Park eingerichtet. Die Exponate eines kleinen Freilichtmuseums – ein altes Wasserrad, Fragmente eines Aquäduktes, Schiffsglocken, ein Einbaum, einen Kupferkessel, um Rohrzuckersaft einzukochen – sollen die Geschichte der Region illustrieren. Unweit des Columbus Park untersuchen Forscher und Studenten aus vielen Ländern in den Marine Laboratories,

Am Strand der Discovery Bay

Die glücklose vierte Fahrt

Kolumbus und die Begegnung mit Xaymaca

Christoph Kolumbus sah sich von Ungemach verfolgt. Im April 1502 war er zu seiner vierten Reise in die Neue Welt aufgebrochen. Seine spanischen Auftraggeber und Finanziers erwarteten nach seinen Erkundungsfahrten nun endlich Gold oder die Entdeckung einer Seepassage nach Asien. Die Verwaltung der Kolonie Hispaniola war ihm schon aus den Händen genommen worden. Dort regierte nun Gouverneur Ovando, ein erklärter Gegner des Seefahrers.

Obwohl Kolumbus vom spanischen Königshaus wieder als Admiral und mit seinem Titel ›Vizekönig von Westindien‹ eingesetzt worden war, hing sein Schicksal doch vom Erfolg der Reise ab. Eines seiner vier Schiffe hatte er bereits vor Hispaniola, ein zweites vor Panama verloren. Er war vom späteren Nicaragua bis Panama an der Küste von Mittelamerika, das er für einen Vorposten des asiatischen Festlands hielt, entlanggesegelt, ohne die Passage nach China, Indien und den anderen sagenhaften Ländern Ostasiens zu finden. Kleinere Goldfunde in Panama hatten eher den Charakter von Reise-Andenken, als daß sie Hoffnung auf Reichtum versprachen. Seine Mannschaft weigerte sich nun, die glücklose Fahrt weiter fortzusetzen.

Kolumbus sah sich gezwungen umzukehren. Die beiden ihm verbliebenen Schiffe, die »Capitana« und die »Santiago de Palos«, bereits übel mitgenommen und die Rümpfe von Würmern angefressen, machten die Reise durch die ›Spanische See‹, die später Karibik genannt wurde, nicht mehr mit. An der Nordküste von Jamaika mußten die Karavellen auf den Strand gesetzt werden. Kolumbus watete mit 120 seiner Gefolgsleute an Land. Die Schiffe waren endgültig verloren. Die Insel, die Kolumbus während seiner zweiten Reise am 5. 5. 1494 in glücklicheren Zeiten entdeckt und Santiago getauft hatte, war ihm von Königin Isabella wegen seiner Verdienste als persönliches Eigentum geschenkt worden.

Kolumbus vermerkte im Logbuch, daß er auf die anmutigste Insel gestoßen sei, die je ein Auge erblickt hätte, bei der die Berge den Himmel zu berühren schienen. Kurz darauf ging er beim heutigen Dry Harbour an Land – die Bucht heißt jetzt passend Discovery Bay – und lieferte sich ein Scharmützel mit einheimischen Arawak. Die Inselbewohner bekamen erstmals die überlegene Bewaffnung der Spanier zu spüren, an deren Rüstungen ihre Speere und Pfeile wirkungslos abprallten. Die spanischen Armbrustschützen hingegen töteten mehr als ein Dutzend Angreifer, die anderen wurden von Bluthunden in die Küstenwälder gejagt.

Kolumbus fuhr zunächst bis zur Montego Bay, die er Golfo de Buen Tiempo, Bucht des angenehmen Wetters, taufte, um nach Kuba weiterzusegeln. Im gleichen Jahr kehrte der Entdecker zurück, um die unbekannte Südküste von Jamaika zu erkunden.

Die etwa 120 Schiffbrüchigen des Jahres 1503, darunter auch Kolumbus' Sohn Ferdinand und sein Bruder Bartholomäus, waren nun seit neun Jahren die ersten Spanier auf der Antilleninsel, die von den etwa 100 000 Arawak-Indianern, die hier noch unbehelligt von den Segnungen der europäischen Zivilisation lebten, Xaymaca genannt wurde. Ohne die Nahrungsmittellieferungen der Inselbewohner hätten die Spanier ihren fast einjährigen Zwangsaufenthalt kaum überstanden. Hilfe aus Hispaniola war zunächst nicht zu erwarten, wußte doch niemand, daß die Expedition in Jamaika gescheitert war. Auch nachdem es Diego Méndez und Bartholomé Freschi, zwei Mitgliedern der Besatzung von Kolumbus, mit einem selbstgebauten Kanu gelungen war, das 160 km entfernte Hispaniola zu erreichen und vom Schiffbruch zu berichten, schickte dessen Gouverneur Ovando nur ein Erkundungsschiff, um den Wahrheitsgehalt der Information zu überprüfen, ohne die Havaristen zu retten.

Erst nachdem Méndez selbst ein Schiff gechartert und ausgerüstet hatte, konnte er seinem Kapitän und der Besatzung zu Hilfe eilen und am 29. 5. 1504 in Sicherheit bringen. Weitere sechs Jahre später begann Spanien mit der Besiedlung der Antilleninsel. Diese spielte jedoch wegen mangelnder Bodenschätze bis zur Besetzung durch englische Truppen 150 Jahre später stets nur eine Statistenrolle im spanischen Kolonialreich.

Christoph Kolumbus starb zwei Jahre nach dem Ende seines Jamaika-Abenteuers am 20. 5. 1506 55jährig in Spanien, verbittert, ob der Mißachtung seiner Verdienste, bis zu seinem Ende im Streit um Entschädigungen und die Wiederherstellung alter Rechte.

einer Abteilung der University of the West Indies, die Lebensbedingungen in Korallenriffen (Besichtigung nur nach Absprache, ☎ 9 73-22 41). Hier befindet sich die einzige Dekompressionskammer auf Jamaika, die auch bei privaten Tauchunfällen genutzt werden kann.

Wer den Film »Cool Runnings« über das Bob-Team von Jamaika

gesehen hat (s. S. 40f.), kennt das Push Cart Derby des Kaiser Sports Clubs im August jeden Jahres, bei dem 10- bis18jährige mit frisierten Schiebkarren rasant schnell auf gut geteerter Straße einen Hügel herunterjagen. Auf dem Spielplatz des Sportvereins erinnert das Klettergerüst in Form einer großen Spinne an den gewitzten afrikanischen Spinnengott Anancy, der mit den Sklaven den Atlantik überquerte.

Nur 5 km westlich von Discovery Bay ging Kolumbus auf der Suche nach Frischwasser möglicherweise ein zweites Mal an Land. Anscheinend mit Erfolg, denn der Fluß und die Bucht, in die er mündet, heißen seitdem Rio Bueno – guter Fluß. Ältere Kirchen, schlichte Wohnhäuser, einige Lagergebäude sowie die Ruinen des britischen Fort Dundas aus dem Jahre 1778 lassen kaum den Eindruck einer dynamischen Touristenmetropole aufkommen. Seitdem Queen Elizabeth II. die Straße von der Bengal-Brücke über den Rio Bueno nach Discovery Bay bei ihrem Besuch 1953 dem Verkehr übergeben hat, heißt dieser Abschnitt der Küstenstraße A 1 ihr zu Ehren Queen's Highway.

Wer nicht an der Küste, sondern auf einem Bogen durch das Landesinnere von St. Ann's Bay zur Discovery Bay fahren will, sollte zunächst auf der gut ausgebauten Landstraße A 1 bleiben, die über **Lime Hall** nach Claremont führt. Auf dem Landgut High Hope Estate an einem Hügel über Lime Hall

kann man die umfangreichste Züchtung von Hibiskusarten im karibischen Raum finden oder sich in einem medizinischen Kräutergarten umsehen. Westlich von Claremont führt die Straße durch sanft hügeliges Weideland mit prächtigen Landhäusern auf den Anhöhen. Hier zweigt eine Landstraße Richtung Südwesten nach Bonneville ab.

Die Ruinen des nahe gelegenen **Edinburgh Castle** erinnern an den früheren Gutsbesitzer Lewis Hutchinson. Seine Angewohnheit, Reisende zum Abendessen einzuladen, um sie zu ermorden anstatt sie zu bewirten, wurde Mitte des 18. Jh. aufgedeckt. Zwar fand man nach intensiver Suche 43 Uhren, aber keine Leichen. Der Massenmörder wurde nach einem aufsehenerregenden Prozeß in Spanish Town erhängt.

Die saftigen Wiesen bei **Alderton,** auf denen heute Jamaica Red-Rinder grasen, gehörten früher zum Tagebau der Alcan-Bauxitgesellschaft, welche die abgeschürften, offenen Gruben in Weideland umwandeln ließ. Die Landstraße windet sich bald durch eine rauhe, felsige Hügellandschaft und schattige, von Farn bewachsene Senken bis nach **Nine Miles.** Auf den kargen Feldern können die Farmer keine großen Erträge erwirtschaften. In dem Ort, in dem Bob Marley am 6. 2. 1945 das Licht der Welt erblickte, wurde der Reggae-Superstar und Rastafari 1981 auch begraben. Auf dem steinigen Hügel neben der Hütte, in der Bob seine Kindheit verbrachte, errichtete seine Familie ein kleines Mausoleum, eine Kapelle mit Buntglasfenstern, dem Bild des früheren äthiopischen Kaisers Haile Selassie und einem Marmorsarg, in dem der Musiker mit seiner Gitarre beigesetzt ist.

Auf dem Grundstück wachsen Marihuana-Pflanzen, für Rasta ein heiliges Kraut, dessen getrocknete Blätter nicht nur zu rituellen Anlässen geraucht werden. Am 6. 2. jeden Jahres wird in Nine Miles ein großes Geburtstagskonzert zu Ehren von Bob Marley veranstaltet, bei dem seine Witwe Rita und viele seiner Kinder gemeinsam mit anderen Reggae-Stars auftreten. Ein Teil der Eintrittsgelder zum Museum wird für soziale Projekte in Nine Miles verwandt (Tour mit Führer über das Grundstück, Museum, Andenkenladen, vegetarischer Imbiß, Information ✆ 9 99-70 03, Eintritt).

Bei Alexandria trifft die Straße von Nine Miles auf die kurvige

Nord-Süd-Verbindungsstraße B 3. **Browns Town,** etwas weiter im Norden, ist der wichtigste und sehr lebhafte Marktplatz für Hunderte kleiner Farmer, die in den Dry Harbour Mountains leben und dort Gemüse, Früchte und – wie man hört – Ganja von bester Qualität anbauen. Der Name des Ortes stammt von Hamilton Brown, einem 1843 verstorbenen irischen Großgrundbesitzer, der schwarze Jamaikaner nur so lange nicht haßte, wie sie als Sklaven für ihn arbeiteten, und sogar deren Baptistenkirche niederbrennen ließ.

ℹ️ **Information:** *Friends of the Sea,* P.O. Box 327, St. Ann's Bay, ist eine Umweltorganisation, die das Bewußtsein für die Schönheit der Küstenlandschaft schärfen will

🚲 **Fahrrad- und Mopedverleih:** *Condor Bike Rentals,* Runaway Bay, ✆ 9 52-55 38; *Jake's Motorcycle Rentals,* nahe Salem Plaza, Runaway Bay, ✆ 9 73-53 65

🛏️ **Unterkunft:** *Chukka Cove Farm and Resort,* 6 km östl. von Runaway Bay, Strandvilla, vor allem für passionierte Reiter, die nicht weit von ihren Pferden schlafen wollen, ✆ 9 74-22 39, $$$–$$$$; *FDR* (Franklyn D. Resort), an der A 1, Runaway Bay, All Inclusive-Resort mit umfangreichem Kinderprogramm und kleinem Hotelstrand, ✆ 9 73-30 67, Fax 9 73-30 71, $$$–$$$$; *Runaway Bay H.E.A.R.T.* Country Club, an der A 1, Runaway Bay, gegenüber dem öffentlichen Strand, Ausbildungszentrum für Hotelpersonal mit ausgezeichnetem Service, kostenlose Benutzung des Golfplatzes, Shuttle zum Strand, gutes Restaurant, ✆ 9 73-26 71, Fax 9 73-26 93, $$–$$$; *Club Ambian-*

ce, an der A 1 am Westende der Strandzone, Runaway Bay, eher einfaches Inclusive-Resort, Sportangebot extra, ☎ 9 73-46 06, Fax 9 73-20 67, $$; *Salem Guest House,* Runaway Bay, gegenüber von Salem Beach, einfache Zimmer mit Bad, Pool und Bar, kleines Restaurant, ☎ 9 73-42 56, $–$$; *Braco Village Resort,* 3 km westl. von Rio Bueno, elegantes All Inclusive-Hoteldorf mit Restaurants und Geschäften sowie großem Sportangebot, ☎ 9 54-00 19, Fax 9 54-00 20, $$$–$$$$

❌ **Essen und Trinken:** Das *Cardiff Hall Restaurant* (s. Unterkunft H.E.A.R.T.), ☎ 9 73-26 71, serviert phantasievolle jamaikanische Gerichte in eleganter Umgebung, $$–$$$; beim *Seafood Giant,* Runaway Bay, an der A 1, ☎ 9 73-48 01, gibt es schmackhaft zubereitete, große Fischportionen, $

🍸 **Nachtleben:** *Banana Night Club,* im Silver Spray Resort, nördl. der Main Rd., Runaway Bay, ☎ 9 73-34 13; *Stinger Disco,* im Tamarind Tree Hotel, südl. der Main Rd., beste Diskothek der Gegend, ☎ 9 73-26 78

❗ **Sport:** *SunDivers* (☎ 9 73-23 46) betreiben eine Tauch- und Wassersportstation im Club Ambiance, Runaway Bay; *Reef Divers* (☎ 9 73-34 13) operieren vom Silver Spray Resort, Runaway Bay, aus

Falmouth und das Cockpit Country

Vor 200 Jahren war **Falmouth** eine wohlhabende Stadt, einer der wichtigsten Häfen von Jamaika für Zucker, Rum und afrikanische Sklaven. Im Hinterland wurde auf riesigen Plantagen Zuckerrohr angebaut, dessen Erträge der Antilleninsel den Ruf der reichsten Kolonie im britischen Empire eintrugen. Mittlerweile scheinen die schönen georgianischen Häuser in der Market Street und am Water Square dem Verfall preisgegeben. Die im ausgehenden 18. Jh. erbaute Altstadt wäre es sicher wert, restauriert zu werden. Um den Erhalt der wenigen verbliebenen Zeugen der jamaikanischen Kolonialgeschichte bemühen sich die *National Trust Commission* und die *Georgian Society.* Einige Gebäude sind ganz aus Stein erbaut, bei anderen wird das Obergeschoß von massiven Holzbalken getragen, die zur Straße hin eine Arkade bilden.

Der Verfall der Zuckerpreise, die Abschaffung der Sklavenarbeit und zum Ende des 19. Jh. vor allem der Bau von maschinengetriebenen Frachtschiffen, deren Tiefgang für die Bucht von Falmouth zu groß war, bedeuteten den Niedergang der einst blühenden Hafenmetropole. Heute lebt Falmouth im ruhigen Rhythmus eines jamaikanischen Provinzstädtchens mit etwa 4000 Einwohnern. Mehrere Szenen des Films »Papillon« mit Steve McQueen und Dustin Hoffman wurden in der Market Street von Falmouth gedreht.

Am Water Square, an dem einst eine mächtige Zisterne die Einwohner mit Trinkwasser versorgte, liegt der zu einem Einkaufszentrum und Kunstgewerbemarkt umgestaltete viktorianische Albert and George Market. In dem von mächtigen do-

Zucker wird mit Blut gemacht

Sklaven und *Maroons*

Die Schätzungen gehen recht weit auseinander. Wahrscheinlich sind in der Zeit der systematischen Sklavenjagden vom Beginn des 16. Jh. bis zur Mitte des 19. Jh. etwa 30 Mio. Menschen vor allem aus Westafrika entweder getötet oder über den Atlantik verschleppt worden. Viele Tausende starben noch in ihren afrikanischen Heimatdörfern, die bei den Überfällen der Menschenjäger meist in Flammen aufgingen, auf den strapaziösen Fußmärschen in Ketten und Fesseln zur Küste, bei Ausbruchsversuchen oder auf den Schiffen, welche die eng zusammengepferchte menschliche Ladung in wochenlangen Fahrten über den Atlantik beförderten.

Auf den Sklavenmärkten Mittel- und Südamerikas waren dann oft nur noch die kräftigsten und zähesten übriggeblieben. Wer zur Feldarbeit oder zur Arbeit in den Minen ersteigert wurde, hatte nicht lange zu leben. Pflanzer und Bergwerksbesitzer kalkulierten, alle sechs bis neun Jahre neue Sklaven zu kaufen, da sich die alten dann zu Tode gearbeitet hatten. Die durchschnittliche Lebenserwartung der ›zweiten Generation‹ der in Amerika Geborenen betrug 26 Jahre. Sklaven mußten täglich zwischen 16 und 18 Stunden schuften, Kinder wurden vom vierten Lebensjahr an zur Arbeit herangezogen. Nur so wird verständlich, daß im Jahre 1775 auf Jamaika 200 000 afrikanische Sklaven gezählt wurden, obwohl in den 70 Jahren zuvor 360 000 importiert worden waren. Die Sklavenhandelsunternehmen der beteiligten Länder – Jamaika wurde von der britischen *Royal African Company* beliefert – machten riesige Gewinne. An die Aktionäre, unter denen sich auch Mitglieder der Königsfamilie befanden, wurden Dividenden bis zu 300 % ausgeschüttet.

Nachdem die Engländer Mitte des 17. Jh. Jamaika erobert hatten und im Jahre 1660 die letzten Spanier über die Runaway Bay nach Kuba geflüchtet waren, sahen sich deren Sklaven plötzlich und ohne eigenes Zutun befreit. Sie zogen sich in die unzugänglichen Bergregionen im Innern der Insel zurück und führten dort als *Windward Maroons* (von *cimarrón* – span. für wild oder verwildert) in den Blue- und den John Crow Mountains im Osten und als *Trelawny Maroons* im Cockpit Country im Westen ein freies Leben. Nach jahrzehntelangen vergeblichen Versuchen der Engländer, diese Gebiete und ihre durchaus kriegerischen Bewohner unter Kontrolle zu bringen, erhielten die *Maroons* im Jahre 1739 in einem Friedensvertrag weitgehende innere Autonomie. Allerdings mußten sie versprechen, fortan Sklaven, die von den englischen Plantagen fortgelaufen waren, wieder an deren Besitzer auszuliefern.

Jamaika war neben Barbados die Zuckerinsel im britischen Kolonialreich. Für die harte Arbeit auf den Zuckerrohrfeldern wurden afrikanische Sklaven eingesetzt. Die wirtschaftlich mächtige jamaikanische Pflanzeraristokratie verfügte auch im Londoner Parlament über großen politischen Einfluß. Lange konnte sie sich darauf verlassen, daß dort nur ihr genehme Gesetze verabschiedet wurden. Erst als zu Beginn des 19. Jh. im Kampf gegen Napoleon die britische Kontinentalsperre und damit auch die Blockade von Rohrzuckerlieferungen Anbau und Verarbeitung von Zuckerrüben auf dem europäischen Festland rentabel machten und kurz darauf die Industrielle Revolution in England Sklavenarbeit unwirtschaftlich werden ließ, wurde im britischen Empire zunächst der Sklavenhandel, dann die Sklavenarbeit 1834 per Gesetz aufgehoben.

Besonders in den letzten Jahrzehnten der Sklaverei häuften sich auf Jamaika Rebellionen und Aufstände. Tacky, ein Sklave von einer Plantage in der Nähe von Port Maria, führte 1760 eine Erhebung an, bei der 60 Weiße und als Vergeltung über 600 Farbige getötet wurden. Der ›Weihnachtsrebellion‹ von 1831 wenige Jahre vor Aufhebung der Sklaverei schlossen sich mehr als 20 000 Sklaven aus der Region von Montego Bay an. Über 1000 davon wurden zur Strafe und zur Abschreckung anderer hingerichtet, den Anführer ›Daddy‹ Sam Sharpe knüpften die Engländer an einem Galgen auf dem Montego Bay Square auf. Der Platz trägt heute seinen Namen.

Auch in den folgenden Jahrzehnten, in denen die Farbigen offiziell frei waren, blieben die alten Herrschafts- und Unterdrückungsstrukturen erhalten. Nach einer Erhebung von Kleinbauern, denen man verweigert hatte, Land zu erwerben, verhängte die Kolonialregierung 1865 das Kriegsrecht. Bald 600 farbige Bewohner der Region wurden von Standgerichten zum Tode verurteilt und exekutiert, doppelt so viele ausgepeitscht. Politiker und Schriftsteller im englischen Mutterland, darunter Charles Dickens, forderten die Wiedereinführung der Sklaverei. Auch wenn sich diese Absichten nicht durchsetzen konnten, dauerte es noch etwa 100 weitere Jahre, bis Jamaika aus der politischen Abhängigkeit von Großbritannien befreit war und auch seine farbigen Bewohner volle Bürgerrechte genießen konnten.

rischen Säulen, Rundbögen und doppelten Treppenaufgängen geschmückten neoklassischen Gerichtsgebäude tagt heute der Stadtrat. Die St. Peter's Church in der Duke Street wurde bereits 1796 nach dem Vorbild der Kirche im cornischen Falmouth errichtet und später ausgebaut. Marmortafeln an den Wänden preisen die Wohltaten der vormaligen Stadthonoratioren.

Eine Marmorplatte an der Knibb Memorial Church Ecke George und King Street zeigt die Profile der englischen Sklavereigegner, Granville Sharp, William Wilberforce, Joseph Sturge und William Knibb. Der Baptistenpfarrer Knibb war bei den Plantagenbesitzern der Region einer der bestgehaßten Männer, seine Kapelle fiel 1832 einem Brandanschlag der weißen Bürgerwehr zum Opfer. Als das Parlament in London 1834 die stufenweise Abschaffung der Sklaverei verkündete, feierte Knibb in der wiedererrichteten Kirche eine Mitternachtsmesse, in der die Insignien der Unterdrückung – Peitsche, Kette und metallene Halskrause – symbolisch beigesetzt wurden. Die Szene ist auf einer Reliefplatte in der Kapelle festgehalten.

Die ›Lagune des leuchtenden Wassers‹ **(Phosphorescent Lagoon)** östlich von Falmouth erholt sich nur sehr langsam von dem Frevel, den ihr die Behörde für Landwirtschaftsentwicklung Ende der 1970er Jahre angetan hatte, als sie für ein Projekt zum Reisanbau fast 250 ha Sumpf trockenlegte und einen Großteil der Mangroven an der Oyster Bay rodete. Seit einiger Zeit kann man vor allem in mondlosen Nächten wieder erleben, daß das Wasser der Lagune phosphoreszierend aufleuchtet, wenn man es mit der Hand oder einem Ruderblatt aufwirbelt. Mikro-Organismen im Wasser sind für dieses Phänomen verantwortlich.

Von Falmouth sind es nur wenige Kilometer nach Süden bis zum **Martha Brae Rafting Village.** Nach dem Vorbild von Port Antonio im Nordosten der Insel kann man auch den Martha Brae River die letzten 5 km bis zur Mündung in der Oyster Bay auf schmalen, langen, von einem *Rafting Capt'n* gelenkten Flößen heruntergleiten. Der Sage nach soll ein indianisches Mädchen dem Fluß zu seinem Namen verholfen haben. Es lockte goldhungrige Spanier, die von ihr einen Lagerort für das Edelmetall abpressen wollten, in ein Tal. Mit Hilfe der Götter änderte sie den Lauf des aus dem Landesinneren kommenden Flusses und ertrank gemeinsam mit den gierigen Räubern in den über sie hereinbrechenden Fluten.

Die **Good Hope Plantation** liegt etwas weiter flußaufwärts. Das Haupthaus und einige der Nebengebäude wurden zu einem eleganten Resort-Hotel nebst Gourmet-Restaurant umgestaltet. Der frühere Besitzer der Plantage, John Tharp, herrschte Ende des 18. Jh. über mehr als 40 km^2 Grund, den er von 3000 Sklaven bearbeiten ließ.

Rafting auf dem Martha Brae River

Der Martha Brae River entspringt weiter südlich, in den dicht bewaldeten Kalksteinhügeln bei den **Windsor Caves.** Teile des ausgedehnten Höhlensystems kann man mit einem örtlichen Führer erkunden, in dessen Fackellicht die Besucher Stalaktiten und Stalagmiten sowie Fledermäuse erkennen. In der Tiefe rauscht das Wasser des Martha Brae River, der hier ans Tageslicht tritt.

Südlich der Windsor Caves enden die Straßen im Nichts. Dort heißen Wälder und Gebiete *District of Look Behind, Quick Step* oder *Me no sen you no come.* Keine einzige Straße durchquert die Karstlandschaft des **Cockpit Coun-try.** Das 1300 km² große Hochplateau ist in vielen zehntausend Jahren erodiert, hat bizarre Felsnadeln und bis zu 100 m hohe konische Hügel geschaffen, dazwischen tiefe, vom Wasser ausgewaschene Bekken, die einer Hahnenkampfarena, einem *Cockpit,* ähneln.

Flüsse, die eben noch in einem Flußbett dahinsprudelten, verschwinden zuweilen für mehrere Kilometer unter der Erdoberfläche, um dann plötzlich wieder zu erscheinen. In diese unzugängliche Landschaft flüchteten sich die von den Spaniern zurückgelassenen Sklaven bei der Eroberung der Insel durch die Engländer und lieferten als *Maroons* (s. S. 140f.) mit messerscharfen Macheten einer der mächtigsten Militärmächte einen 80 Jahre währenden, erfolgreichen Guerillakampf.

Eine sehr schlechte Straße führt nach **Accompong** am südlichen Rand des Cockpit Country. Das einfache Dorf ist nach dem Bruder von Cudjoe, einem der bekanntesten *Maroon*-Führer des 18. Jh., benannt und wird von einem alle fünf Jahre gewählten Rat mit einem Colonel an der Spitze regiert. Am 6. 1. jeden Jahres, dem Geburtstag von Cudjoe, versammeln sich die meisten der 2000 *Maroons* der Region im Morgengrauen und pilgern unter dem weit tragenden Klang der Abeng-Hörner und der rhythmischen Trommeln zu den Gräbern von Accompong und Cudjoe sowie zu dem Baum, unter dem 1739 das Friedens- und Autonomie-Abkommen mit den Engländern unterzeichnet wurde. Der Tag klingt mit einer großen Tanzparty aus, zu der auch Gäste willkommen sind.

Unterkunft: *Falmouth Resort,* 22 Newton St., einfache Herberge in der Stadt, ☎ 9 54-33 91, $; *Trelawny Beach Hotel,* an der A 1, östl. von Falmouth, mehrstöckiges Resort-Hotel mit Strand und Sportangebot, ☎ 9 54-24 50-8, Fax 9 54-21 49, $$–$$$; *Silver Sands Beach Club,* Duncans, an der A 1, vermietet Villen unterschiedlicher Größe in Strandnähe, ☎ 9 54-20 01, Fax 9 54-20 01, $$–$$$$; *Bodmint Resort,* an der A 1, östl. von Falmouth, einfache Hotelanlage, ☎ 9 54-35 51, $–$$; *Good Hope Plantation,* 10 km südl. von Falmouth, edle Herberge in historischem Gemäuer, exzellentes Restaurant, Pool, Reitstall, ☎ 9 54-32 89, Fax 9 54-32 89, fourseasonsvillas.com/Jamaica/goodhope.htm, $$$$

Essen und Trinken: *Fisherman's Dive Inn Resort and Restaurant,* Oyster Bay, ☎ 9 54-34 27, serviert scharf gewürzten und gebackenen Esvoveitch-Fisch und andere Meerestiere, $$; *Glistening Waters Restaurant,* Oyster Bay, ☎ 9 54-32 29, frisch zubereiteter Fisch an (abends) leuchtender Meeresbucht, $$; *Good Hope Plantation* (s. Unterkunft), Spitzenrestaurant mit *Jamaica Cuisine,* $$$–$$$$; *Time n' Place,* beim Trelawny Beach Hotel, ☎ 9 54-43 71, mit Sandfußboden, guten Getränken und Snacks, $; *Aeroplane Jerk Pit,* an der A 1, östl. von Falmouth, Snack-Bar in einem ausgedienten Flugzeug, mit welchem einst Marihuana geschmuggelt wurde, $

Einkaufen: Im *Albert George Shopping and Historical Centre,* Water Sq., sind knapp 30 Geschäfte zu finden; *Book Place,* 2–4 Duke St., führt eine passable Auswahl englischsprachiger Bücher

Sport: *Seaworld* (☎ 9 53-21 80) beim Trelawny Beach Hotel offeriert Tauchgänge am MoBay-Riff

Zwischen Falmouth und Montego Bay

Westlich von Falmouth herrschten noch vor etwas mehr als 150 Jahren Zuckerbarone über riesige Anwesen und Zehntausende afrikanischer Arbeitssklaven. Die Plantagenbesitzer wohnten standesgemäß in herrschaftlichen Villen, *Great Houses* genannt. Viele der repräsentativen Wohnsitze stehen noch, einige sind nach wie vor Mittelpunkt eines Gutsbetriebes, andere wurden restauriert und sind als Museum der Öffentlichkeit zugänglich.

Rose Hall Great House

Auch das **Greenwood Great House** bietet ein herrliches Panorama (an der A 1, zwischen Falmouth und MoBay, ☎ 9 53-10 77, tägl. 9–18 Uhr, Eintritt). Greenwood gehört zu den wenigen Plantagenvillen im Nordosten, die während der *Christmas Rebellion* im Dezember 1831 nicht niederbrannten. So blieb die Originaleinrich-

tung erhalten, darunter eine wunderschöne Bibliothek, hängen noch die Porträts der Barrett-Familie an den Wänden, ist eine Sammlung von Musikinstrumenten vom 17. und 18. Jh. ausgestellt.

Das **Rose Hall Great House** (Rose Hall Hwy nahe der A 1, ☎ 9 53-23 23, tägl. 9–17.15 Uhr, Eintritt) zählt zu den prächtigsten Landsitzen der Region. Von der Anhöhe, auf welcher der englische Pflanzer John Palmer den repräsentativen Bau vor mehr als 200 Jah-

Annee Palmer

Die ›weiße Hexe‹ von Rose Hall

Der leblose Körper lag quer über dem Bett, die gebrochenen Augen weit aufgerissen, blutunterlaufene Male am Hals über den geöffneten Knöpfen des Nachtgewandes. Annee Palmer, die Herrin von Rose Hall, war tot, ermordet im Alter von 30 Jahren. Die Haussklaven traten am Morgen, einer nach dem anderen, in das Schlafzimmer im ersten Stock der Plantagenvilla, barfuß, leise und vorsichtig, wie aus Furcht, die Tote aufzuwecken. Endlich trafen die benachbarten weißen Pflanzer ein. Gestärkt durch einen guten Schluck kräftigen Rums stellten auch sie das Ableben von Annee Palmer fest.

An Untersuchungen über die Todesursache oder gar an einer Fahndung nach dem Täter war keinem gelegen. Annee Palmer war nicht mehr, und das war gut so. Sogleich wurde ein Steinmetz damit beauftragt, vor dem Ostflügel des Herrenhauses ein Grab mit besonders dikken Wänden zu errichten. Ein aufgemaltes, weißes Kreuz an einer der Längsseiten sollte der Seele der Verstorbenen ungehinderten Ein- und Ausgang zum Sarg verschaffen. Alle fürchteten, ihr Geist könne sonst, abgeschnitten vom Körper, umherirren, ohne Ruhe zu finden.

Die 17jährige Annee Mary Paterson hatte am 28. 3. 1820 John Palmer geheiratet und war von ihm nicht lange nach der Hochzeit in flagranti mit einem der Haussklaven ertappt worden. Noch bevor ihr Fehltritt ruchbar werden konnte, war der gehörnte, kerngesunde Gatte tot. Einen Tag darauf mußte der junge Liebhaber dran glauben, zu Tode gepeitscht auf Befehl der Gutsherrenwitwe. Ihre Liebhaber unter den Sklaven lebten gefährlich, den meisten war nur ein kurzes Vergnügen beschieden, wer in Ungnade fiel, konnte mit seinem Leben abschließen.

Grausamkeit und drakonische Strafen sowie das Gerücht, Annee Palmer würde auf Haiti erlernte Voodoo-Praktiken anwenden, hielten die Sklaven in Furcht und die weißen Nachbarn auf Distanz. Ein Gift-

ren errichten ließ, blickt man weit auf die Karibische See hinaus. Damals standen hier einige Kanonen, mit denen man bei einer Attacke von Freibeutern die Küste sichern konnte. Die Seitenflügel sind Feuer, Stürmen und der Zeit zum Opfer gefallen. Das Haupthaus wurde jedoch in weiten Teilen originalgetreu wiederhergerichtet und mit zeitgenössischen Möbeln und Tapeten ausstaffiert; ein besonderes

anschlag auf ihr Leben scheiterte, die Anstifter mußten mit dem Leben bezahlen. Bald dehnte sich der sexuelle Appetit der jungen Witwe auch auf ihre weißen Plantagenverwalter aus, nicht immer mit entsprechendem Erfolg. Nun war Annee Palmer tot und der Spuk vorbei.

Die Geschichte der ›Weißen Hexe von Rose Hall‹ hört man in der Region um Montego Bay in verschiedenen Versionen. Im Rose Hall Great House, der inzwischen restaurierten Plantagenvilla, kann man während einer Führung schaudernd vor dem Bett der unmoralischen einstigen Gutsherrin stehen. In den drei Schlafzimmern des Obergeschosses, die man über ein aus Mahagoni gearbeitetes Treppenhaus erreicht, wird die Version von ihren drei unglückseligen Ehemännern erzählt, die allesamt eines unnatürlichen Todes starben, vergiftet, erstochen, erwürgt. Das vierte Schlafzimmer hat keine Legende, der Ehemann konnte rechtzeitig fliehen.

Im Keller der Villa, in dem früher gefangene Sklaven schmachteten, werden heute Cocktails gereicht. Im Garten fällt das Grab von Annee Palmer ins Auge, mit immer frisch getünchtem weißen Kreuz. Briefen von Besuchern sind Fotos von einem Spiegel in Annees Zimmer beigelegt, in dem sich ein geheimnisvolles Gesicht zeigt. Johnny Cash, der Country-Star aus den USA, bewohnt seit vielen Jahren die Nachbarplantage Cinnamon Hill House. Sein Song über Annee Palmer gehört zu den Klassikern im Souvenirladen des Herrenhauses.

Die erste Geschichte über Annee Palmer wurde 1886 in der »Falmouth Post« gedruckt. Im Jahre 1929 erschien der Liebes- und Horrorroman des Autors DeLisser »The White Whitch of Rose Hall«. Auch die vielen folgenden Versionen haben mit den ersten beiden gemein, daß sie historisch nicht zu belegen sind. Zwar hat die Familie Palmer mehrere Generationen in Rose Hall gelebt, hatte eine Mrs. Palmer tatsächlich vier Ehemänner, sie starb jedoch 1846 friedlich im Alter von 72 Jahren. Der Popularität der Legende hat die fehlende Glaubwürdigkeit nicht geschadet. Das bekannteste Haus der Insel zählt alljährlich über 100 000 sich wohlig gruselnde Besucher (Rose Hall Hwy., 9 Meilen östlich von MoBay nahe der A 1, ✆ 953-23 23, tägl. 9–17.15 Uhr).

Schmuckstück ist das aus Mahagoni gearbeitete Treppenhaus.

Die Gruselgeschichte über Annee Palmer, deren Geheimnis sich mit dem Anwesen verbindet, ist sicherlich ein Grund dafür, daß Rose Hall trotz eines stattlichen Eintrittspreises zu den meistbesuchten Plantagenvillen von Jamaika gehört.

Die Kerr-Jarrett-Familie lebt bereits in der elften Generation auf Jamaika. Nicolas Jarret diente schon in der englischen Expeditionsarmee unter Venables und Penn, die 1655 Jamaika aus dem spanischen Kolonialimperium herausbrach. Zu den Ländereien der Familie gehörten einst Montego Bay und große Teile der Nordwestküste. Die **Barnett Estates** sind noch heute in ihrem Besitz (Barnett St., nahe dem Montego River, etwa 4 km östlich der Stadt, ✆ 9 52-23 82, tägl. 9.30–17 Uhr, Eintritt). Auf der Farm werden Zuckerrohr, Mangofrüchte und Kokosnüsse angebaut. Eine Tour mit einem offenen Ausflugsbus führt durch die Felder, bevor das detailgetreu restaurierte Bellfield Great House aus dem Jahre 1735 besichtigt wird.

Montego Bay und Umgebung

Montego Bay, die touristische Hauptstadt von Jamaika, wird von den Einwohnern knapp MoBay genannt. Wer in der Metropole an der Bay geboren ist, gilt als *Bawn a bays.* Der weitaus größte Teil der Jamaika-Urlauber aus Nordamerika und Europa landet auf dem Sangster International Airport im Norden der *Second City,* der mit einem Einzugsbereich von 200 000 Einwohnern nach Kingston zweitgrößten Stadt der Antilleninsel.

Christoph Kolumbus näherte sich am 9. 5. 1494 auf seiner zweiten Reise in die Neue Welt der Insel von der Seeseite, er nannte die Bucht *golfo de buen tiempo,* Bucht des schönen Wetters. Da dieses jedoch bald umschlug, sahen sich die spanischen Expeditionsschiffe genötigt, zunächst nach Kuba zurückzukehren, um dann später im selben Jahr die Südküste von Jamaika zu erkunden.

Archäologische Funde belegen, daß das Gebiet des heutigen Montego Bay einst von den Arawak besiedelt war. Hinweis auf eine spanische Niederlassung gibt der spätere Name der Bucht Bahia Manteca, der sich von dem spanischen Wort für Fett ableitet. *Manteca de cerdo,* Schweineschmalz, war der erste Exportartikel der Region. Spanische Siedler, die im bewaldeten Hinterland Wildschweine jagten und deren Fett den passierenden spanischen Schiffen verkauften, verdienten sich so einige Dublonen extra.

Zunächst träumte der Ort unter englischer Herrschaft vor sich hin. Übergriffe von den *Maroons* aus dem nahen Cockpit Country (s. S. 143) und die durch vagabundierende Piraten, spanische und französische Schiffe unsichere Lage an der Küste wollten keine dynamische Entwicklung aufkommen lassen. Erst König Zucker brachte die Wende. Ende des 18. Jh. gehörte Montego Bay zu den wichtigsten Zuckerhäfen der Nordküste, jeden zweiten Tag warf ein Frachtsegler Anker, um mit Melasse, Rum und Zucker beladen zu werden.

Downtown Montego Bay

Auf den großen Zuckerrohrplantagen arbeiteten sich Zehntausende Sklaven bei schwerer Feldarbeit zu Tode. Mit dem Verfall der Zuckerpreise ging es auch mit Montego Bay wirtschaftlich bergab, um die Jahrhundertwende brachte der Bananenanbau und -export ein kurzes Zwischenhoch. Zur gleichen Zeit begannen weitsichtige Bürger bereits, die Region in Anzeigen als Sonnenziel für frostgeschädigte New Yorker anzupreisen.

Alexander McCatty, ein ortsansässiger Arzt, schenkte der Gemeinde 1906 ein besonders schönes Stückchen Küste nördlich des Zentrums. Um den Doctor's Cave Beach entwickelte sich in den 20er Jahren ein kleines Hotelviertel, das nach dem Zweiten Weltkrieg und der Einrichtung einer Landebahn für kleinere Flugzeuge zusätzliche Impulse erhielt. Aus der Landebahn wurde der moderne Sir Donald Sangster International Airport, der dem Flughafen in Kingston hinsichtlich der Passagierzahl bereits den Rang abgelaufen hat.

Den wenigen reichen und berühmten Wintertouristen der Jahrhundertwende und der Nachkriegszeit folgten Hunderttausende Urlauber aus Nordamerika und Europa, die an den Stränden Sonne und Erholung suchten. In den 60er Jahren wurden einige Mangroveninseln südlich des Zentrums zu einem Freihafen und einem Gewerbegebiet mit Steuervorteilen umgestaltet, der Kreuzfahrer-Terminal mit Einkaufszentrum wurde modernisiert.

Montego Bay hat für ganz unterschiedliche Urlaubsinteressen etwas zu bieten: einsame und lebhafte Strände, Wasserski und Parasailing vor der Küste und unzerstörte Korallenriffe unter der Meeresoberfläche, luxuriöse All Inclusive-Resorts und einfache Herbergen im Stadtzentrum, exklusive Boutiquen, Duty free-Läden und bunte, lebendige Straßenmärkte, jamaikanische Gourmet-Restaurants und urige *Jerk-Food* Imbißstände am Wegesrand, Spuren der kolonialen Geschichte und das quirlige Treiben auf den Straßen im Zentrum.

Im Hinterland, häufig nur wenige Kilometer von der Stadt entfernt, finden Ausflügler ursprüngliche Landschaften mit bewaldeten Hügeln, Flüssen und Wasserfällen, einfache Dörfer und prächtige, alte Plantagenvillen.

MoBay erstreckt sich zwischen dem Flughafen im Norden und dem Freihafen im Süden. Die Stadt liegt wie in einem Amphitheater, das im Osten von Hügeln begrenzt wird. An deren bewaldeten Hängen haben bessergestellte Montegonians ihre Villen errichtet. Nicht weit entfernt in den Wellblechhütten entlang der Upper King Street müssen Zehntausende mit einem Jahresverdienst auskommen, das dem wöchentlichen Reisebudget vieler Strandurlauber entspricht.

In der Ebene östlich der Stadt, Richtung Falmouth, wird nach wie vor überwiegend Zuckerrohr angebaut, entlang der Küste finden sich einige der exklusivsten Resorts von Jamaika. Westlich von MoBay, auf der Strecke nach Lucea, gedeihen neben Zuckerrohr auch Bananenstauden und Kokospalmen, im Südosten hinter den Hügeln wachsen Bananen und Zitrusfrüchte auf Terrassen und in Flußtälern.

Die Hauptstraße von Falmouth nach Negril, die A 1, zieht sich

durch den ganzen Ort. Sie führt als The Queen's Drive am Flughafen vorbei und in sanftem, der Küste folgenden Bogen auf das Zentrum zu. Bei einem Kreisverkehr kurz hinter der Zufahrt zum Flughafen zweigt die Sunset Avenue, die kurz darauf in die Gloucester Avenue übergeht, von der ›Straße der Königin‹ ab, um parallel dazu an den Stränden entlangzuführen. An der Gloucester Avenue reihen sich Hotels und Restaurants aneinander, manchmal gelingt es, dazwischen einen Blick auf das Treiben am Meer zu erhaschen. Der Autoverkehr, teilweise in Einbahnstraßen getrennt, quält sich hupend und im Schrittempo durch die engen Straßen der Stadt.

Auf dem **Sam Sharpe Square** (1) im Zentrum und in den umliegenden Seitenstraßen bieten Händler ihre Waren an, ertönen unüberhörbar Reggae-Rhythmen aus Lautsprechertürmen. An einer Ecke des Platzes sind die Ruinen des 1968 ausgebrannten alten Gerichtshauses zu sehen. Der *Cage,* ein 1806 aus Klinker und Feldsteinen errichtetes, kleines Verlies für »Landstreicher, Betrunkene, geflüchtete und nach der Sperrstunde aufgegriffene Sklaven«, steht auf der gegenüberliegenden Straßenseite. Nicht weit entfernt zeigt ein Figurenensemble des Bildhauers Kay Sullivan Sam Sharpe und Paul Bogle (vgl. S. 141).

Ähnlich wie in Kingston früher als Parade bezeichnet, erhielt der Platz Mitte der 70er Jahre seinen heutigen Namen. Sam Sharpe,

---

Montego Bay

1 Sam Sharpe Square   2 St. James Parish Church   3 Town House 4 Creek Dome   5 Markt   6 Bob Marley Centre

Haussklave bei einem Justitiar aus Montego Bay, des Lesens und Schreibens kundig, Anhänger der Baptistengemeinde und als Respektsperson von seinen Glaubensgefährten ›Daddy‹ Sharpe genannt, verfolgte die Diskussion um die Abschaffung der Sklaverei in England, nahm Ideen der Französischen Revolution sowie der amerikanischen Unabhängigkeitserklärung auf. Die Festschreibung der Grundrechte in der Verfassung der USA über die Gleichheit der Menschen und über ihr Recht, nach irdischem Glück zu streben, wirkten wie eine Aufforderung zum Handeln. Als Verfechter gewaltlosen Widerstandes rief er die Sklaven am freien Zweiten Weihnachtstag, dem *Boxing Day*

The Cage, eine ehemalige Arrestzelle

miert, geriet schnell außer Kontrolle, als der Kensington Estate in der Nähe von Montego Bay in Flammen aufging. Andere Plantagenhäuser ereilte dasselbe Schicksal, mehr als zehn Engländer wurden niedergemacht.

Die Vergeltung der britischen Kolonialmacht war furchtbar. Nachdem der Aufstand von Militäreinheiten zerschlagen war, verhängten Standgerichte zahlreiche Todesurteile. Sam Sharpe und etwa 1000 seiner Schicksalsgefährten wurden auf der Flucht erschossen oder gehenkt, auf dem Platz, der heute den Namen des jamaikanischen Nationalhelden trägt.

In den Nebenstraßen des Sam Sharpe Square sowie in der Church- und der Union Street blieben einige ältere Gebäude aus dem 18. und 19. Jh. erhalten. Mit dem Bau der **St. James Parish Church** (2) wurde 1778 begonnen. Ein Hurrikan 1951 und ein Erdbeben 1957 hatten die Kirche stark in Mitleidenschaft gezogen, so daß sie gründlich restauriert werden mußte. Im Innern fallen die farbenprächtigen Glasfenster hinter dem Altar und das aus Mahagoni geschnitzte Gestühl auf.

John Bacon, der berühmteste englische Bildhauer (1740–99) seiner Zeit, der auch für das Rodney Monument in Spanish Town verantwortlich ist, schuf einige der

des Jahres 1831, auf, bei ihren Besitzern die Arbeit nur gegen Bezahlung wieder aufzunehmen.

Sharpe war der Meinung, das Londoner Parlament hätte die Freilassung der Sklaven inzwischen beschlossen. Die *Christmas Rebellion* im Nordwesten von Jamaika, unter weißen Plantagenbesitzern auch als ›Baptistenkrieg‹ diffa-

marmornen Erinnerungstafeln und Skulpturen, darunter jene von Rosa Palmer, die trotz hartnäckiger Gerüchte nicht mit der legendären ›weißen Hexe von Rose Hall‹ (vgl. S. 146f.) identisch ist.

Das **Town House** (3) schräg gegenüber in der Church Street, einst Wohnsitz eines reichen Kaufmanns, stammt gar aus dem Jahre 1765. An der Ecke, an der die Dome Street auf die Creek Street stößt, fällt ein achteckiges Gebäude ins Auge. Der **Creek Dome** (4) wurde über einer Quelle errichtet, die bis zur Versorgung der Stadt mit Leitungswasser zum Schöpfen von Frischwasser diente. Eine romantische Legende noch aus spanischen Zeiten berichtet von einer Kolonistentochter, welche die Quelle mit ihrem Spielgefährten, einem afrikanischen Sklavenkind, bei der Suche nach Flußkrebsen im nahen Bach durch Zufall entdeckte. Die Quelle erhielt den Namen El Rio Camarones, Krabbenfluß, dem Knaben wurde die Freiheit geschenkt.

Wer einen Eindruck vom Leben der meisten Montegonians erhalten will, muß nur ein Stück die Barnett Street mit Läden, Bars, kleinen Handwerksbetrieben und Straßenverkäufern entlangspazieren. Südlich der Barnett Street, nicht weit vom ehemaligen Bahnhof, erstreckt sich nahe der alten Eisenbahntrasse der zentrale **Markt** (5) von MoBay. Hunderte von Ständen bieten Waren des täglichen Gebrauchs, Kleidung und Schuhe, Sportgeräte und Elektroartikel an.

Dazwischen ein unbeschreibliches Menschengetümmel, laute Gespräche, Lachen, die Musik aus unzähligen Kassettenrekordern. Marktfrauen breiten Kassava, Kokosnüsse, Callahou-Gemüse und Maniok vor sich aus, der Duft von frisch zubereitetem Gebäck, von *Bammies* und *Patties,* liegt in der Luft.

Noch vor einigen Jahren fand das wichtigste Kulturereignis von Montego Bay, das Sunsplash Reggae-Festival im Jarrett Park an der Cottage Road statt. Dann wurde der Ansturm mit mehr als 30 000 Zuschauern für die Grünanlage zu gewaltig, und man richtete eine große Freifläche am Howard Cooke Boulevard als **Bob Marley Centre** (6) für Open-air-Konzerte her. Seit 1993 findet das Sunsplash zum Bedauern der Montegonians an jeweils anderen Orten auf Jamaika statt. Statt dessen gibt es nun im Sommer an gleicher Stelle das Reggae-Sumfest, ein fünftägiges Musikfestival mit Standparties, vielen kleineren und einigen großen Konzerten mit jamaikanischen und internationalen Star-Musikern.

Die Strände haben MoBay bekannt gemacht. Beim **Doctor's Cave Beach** fing es mit dem Fremdenverkehr kurz nach der Wende zum 20. Jh. an. Die Höhle, nach welcher der Sandstreifen benannt ist, wurde 1951 von einem Hurrikan zerstört. Seit bald 100 Jahren wird der bei Einheimischen und Urlaubern gleichermaßen populäre Küstenabschnitt wie eine öffentliche Badeanstalt geführt, mit Um-

Lässig und mit Übersicht – Rettungs-
schwimmer in Montego Bay

kleidekabinen, Snack-Bar und kleiner Eintrittsgebühr. In den letzten
Jahren wurde der Strand zunehmend von Hotelbauten eingerahmt. Nördlich schließt sich der
breite **Cornwall Beach** an, ebenfalls abgezäunt und gebühren-
pflichtig, mit einigen Geschäften,
einer Snack-Bar, einer Bühne für
abendliche Tanzparties sowie verschiedenen Sportmöglichkeiten.

Noch weiter im Norden, am
Ende der Kent Avenue, vergnügen
sich meist Montegonians an den
kleinen, aber kostenlosen Stränden
von **Sunset Lodge** und **Dead End
Beach.** Der öffentlich zugängliche,
aber mit recht hoher Eintrittsgebühr
bewehrte Rose Hall Beach Club

liegt östlich des Flughafens. In der
baumbestandenen Anlage läßt sich
herrlich in Hängematten und am
Strand faulenzen oder (nicht moto-
risierter) Wassersport treiben.

Der **Walter Fletcher Beach** südlich von Doctor's Cave entstand an
einem aufgeschütteten Küstenabschnitt in Sichtweite der Überreste
des 1752 errichteten Fort, von dem
nur noch drei Kanonen erhalten
sind. An den mit Umkleidekabinen
und Snack-Bar versehenen Sandstränden, die man nach kurzem
Spaziergang durch einen schmuck-
losen Park und Zahlung einer kleinen Eintrittsgebühr erreichen kann,
sind überwiegend jamaikanische
Familien zu finden.

Der **Old Steamer Beach** südlich
der Freihafenzone liegt kurz hinter
Reading. Von der netten Bar kann
man mit Mühe einige Überreste

des alten Dampfers erkennen, der dem Strand seinen Namen gab. Viele der besten Küstenlagen sind in fester Hand. Tagesbesucher können die Privatstrände großer Hotels meist nur nach Erwerb eines teuren Passes betreten, der dann jedoch auch die Nutzung der Angebote von Küche und Keller einschließt.

Vor der Küste der Bay, vom Airport bis zur Doctors Cave und vom Freihafen bis zur Mündung des Great River, erstrecken sich Korallenriffe. Seit 1992 sind sie geschützt und werden von Rangern kontrolliert. Der **Montego Bay Marine Park** verbietet Raubbau an den Korallen, schränkt das Fischen drastisch ein und überwacht die Einleitungen von Abwässern in die Bucht. Acht Tauchgebiete, von Reading im Westen bis Rose Hall

Kreuzfahrtschiff im Hafen von
Montego Bay

im Osten, verdienen es, hervorgehoben zu werden.

The Arena, ganz im Westen, erstreckt sich bis in 15 m Tiefe, mit Schlünden, Kanälen und Unterwassertunnel. Eine der Attraktionen des Gebietes, ein alter spanischer Anker, kann auch von Schnorchlern erkundet werden. Im nahe gelegenen Garden of Eels, der sich zwischen 7 und 25 m hin-

zieht, überrascht die Vielfalt tropischer Fische. Für die Widowmaker Cave nahe dem Flughafen nimmt man am besten eine Unterwasserlampe mit, um nach Durchtauchen der etwa 12 m tiefen Passage nicht im Dunkeln weiterschwimmen zu müssen.

Das benachbarte Basket Reef mit riesigen Korbschwämmen ist auch für Anfänger geeignet, während das vielfältige Chatham Reef mit See-Anemonen, Schwämmen, Seepeitschen und Fächerkorallen gewisse Vorkenntnisse verlangt. The Point geht bis in 33 m Tiefe, eine Abbruchkante, die Tauchen an der Wand erlaubt, führt erfahrene Taucher auf 90 m. Das klare, aber planktonreiche Wasser zieht viele tropische Fische an. Am Chub Reef, vor der Küste bei Rose Hall im Nordosten von MoBay, findet man verschiedene Brassenarten, wie die Großaugenbrasse, ab und an sogar Tintenfische. Am Rose Hall Reef entwickelten sich große Korallenkolonien zwischen sandigen Passagen und Felshöhlen. Viele Strandhotels verfügen über eigene Tauchbasen, aber auch Tauchschulen bieten ihre Dienste an (s. u.).

ⓘ Information: *Jamaica Tourist Board*, Gloucester Ave., neben dem Eingang zum Cornwall Beach, ☎ 9 52-44 25, Fax 9 52-35 87; zusätzlich gibt es Informationsstände im Sangster Airport, ☎ 9 52-24 62, gegenüber der St. James Parish-Bücherei, beim Crafts Market und am Kreuzfahrtpier; Wetterinformation: ☎ 9 52-07 60

Touren: *Caribic Vacations,* 1310 Providence Dr., White Sands Beach, nahe der A 1, nördl. von MoBay, ☎ 9 53-98 78-9, Fax 9 53-98 97, bietet Tages- und Mehrtagesausflüge in die nähere Umgebung und bis nach Kuba an, auch von anderen Urlaubszentren und fast immer auch deutschsprachig, die Agentur betreut viele deutsche Reiseveranstalter und die LTU-Flüge; Stadt-

büro: 69 Gloucester Ave.; *JUTA,* Claude Clarke Ave., ☎ 9 52-08 13, Fax 9 52-53 55, offeriert ein breitgefächertes Angebot (englischsprachiger) Ausflüge, Transfer- und Taxidienste; Segeltrips mit oder ohne Schnorcheln sowie Party Cruises bei *Calico Sailing Cruises,* Pier One, ☎ 9 52-58 60 oder 9 79-68 63; Essen oder Borddiskothek gibt es zu verschiedenen Tages- und Abendzeiten auf der »Jamaica Queen IV«, ☎ 9 53-39 92; *Mountain Valley Rafting,* zwei Std. mit dem Floß auf dem Great River, Start in Lehte, Büro, 3 Strand St. (MoBay), ☎ 9 52-05 27, Fax 9 52-82 31; *MoBay Undersea Tours,* Pier 1, ☎ 9 97-28 93,

hier wird zwar nicht getaucht, aber die Illusion durch Panoramafenster unterhalb der Wasseroberfläche erreicht; *Helitours,* Freeport, ✆ 9 79-82 90 fliegt mit dem Hubschrauber zum Kurztrip über MoBay, länger bis Falmouth oder über das Cockpit Country; *Maroon Attraction Tours,* 32 Church St., ✆ 9 52-45 46, Fax 9 52-62 03, hat sich auf Ausflüge ins *Maroon*-Gebiet spezialisiert

Flugverbindungen: Auf dem Sangster International Airport im Norden von Montego Bay landen Condor, LTU sowie verschiedene andere Charter- und Liniengesellschaften; Air Jamaica Express (✆ 9 52-54 01) fliegt von hier nach Kingston (Tinson Pen), Negril und Port Antonio

Mietwagen und **Fahrradverleih:** *Island Car Rentals,* ✆ 9 52-57 71, am Flughafen; *Avis,* ✆ 9 52-45 43 am Airport und ✆ 9 52-14 81 beim Iron Shore Industrial Estate; *Libra Car Rental,* ✆ 9 53-20 93, nahe dem Wyndham Hotel; *Montego Bike Rentals* vermietet Motor- und Fahrräder, gegenüber dem Walter Fletcher Beach, ✆ 9 52-49 84, Hewitt, 2 Queen's Dr., ✆ 9 79-03 93 vermietet Motorräder und -roller

Busse: Der neue Busbahnhof befindet sich am Westende der Barnett St., mit täglichen Verbindungen nach Negril, Ocho Rios, Port Antonio und Kingston

Taxis: *Doctor's Cave Taxis Stand,* ✆ 9 52-05 21, *Wexford Taxi Stand,* ✆ 9 52-38 20

Unterkunft: *Breezes,* Gloucester Ave., modernes All Inclusive-Resort mit Pool-Anlage, am Doctor's Cave Beach, ✆ 9 40-11 50-7, Fax 9 40-11 60, superclubs.com, $$$; *Coyaba,* Little River, an der A 1, nordöstl. von MoBay, gemütliches Strandhotel in tropischer Gartenanlage, sehr gutes Restaurant, ✆ 9 53-91 50, Fax 9 53-22 44, coyabajamaica.com, $$$; *Half Moon Golf,* Tennis and Beach Club, an der A 1, nordöstl. von MoBay, Villen, Suiten und Zimmer in einem luxuriösen Resort am Meer, elegantes Restaurant, Läden, diverse Sportmöglichkeiten wie Tennis, Reiten und Golf, ✆ 953-22 11, Fax 9 53-27 31, halfmoon.com.jm, $$$$; *Round Hill Hotel and Villas,* an der A 1 westl. von MoBay, Luxus-Resort in einer geschützten Bucht mit prominenter Gästeliste, ✆ 9 56-70 50, Fax 9 56-75 05, roundhilljamaica.com, $$$$; *Tryall Golf, Tennis and Beach Club,* an der A 1 westl. von MoBay, Luxusanlage auf einem riesigen Areal, eigener Golfplatz, ✆ 9 56-56 60, Fax 9 56-56 73, tryallclub.com, $$$$; *Sandals Royal Jamaican,* Mahoe Bay, östl. vom Zentrum, All Inclusive-Resort für Paare, großes Sportangebot, Privatstrand und private Insel, ✆ 9 53-22 31, Fax 9 53-27 88, sandals.com, $$$–$$$$; *Doctor's Cave Beach Hotel,* Gloucester Ave., Mittelklassehotel, mit gut besuchter Bar, kleiner Pool, Strandnähe, ✆ 9 52-43 55, Fax 9 52-52 04, doctorscave.com, $$$; *Coral Cliff,* 165 Gloucester Ave., ordentliches Hotel in Strandnähe, kleiner Pool, ✆ 9 52-41 30, Fax 9 52-65 32, $–$$; *Caribic House,* 69 Gloucester Ave., kleines Stadthotel, gegenüber vom Doctor's Beach, ✆ 9 52-50 13, Fax 9 52-09 81, $; *Linkage Guest House,* 39 Church St., im Zentrum, einfache, ordentliche Zimmer, nette Atmosphäre, ✆ 9 52-45 26 oder 9 79-03 08, $; *Lehte Estate,* in Lehte, südwestl. von MoBay, wunderschön auf einer Anhöhe über dem Great River gelegen, ✆ 9 12-00 20, Fax 9 56-49 27, $$$–$$$$; *Orange River Ranch,* Johns Hall, südöstl. von MoBay, schöne Lage inmitten bewaldeter Hügel, am Orange River, ✆ 9 79-32 94, Fax 9 53-96 19, whittergroup.com/orangeriver/orange02.htm, $$$–$$$$

159

❌ **Essen und Trinken:** *Norma at the Wharf House,* Reading Rd., an der A 1 westl. der Stadt, exquisite jamaikanische Gerichte in einem umgebauten Lagerhaus am Wasser aus dem Jahre 1780, ✆ 9 79-27 45, $$$$; *Sugar Mill Restaurant,* im Half Moon Club (s. o.), Schweizer-jamaikanische Gourmet-Küche in stilvoller Umgebung, ✆ 9 53-23 14, $$$–$$$$; *The Native,* 29 Gloucester Ave., leckere Fischgerichte mit Blick auf Montego Bay, ✆ 9 79-27 69, $$; *Pork Pit,* 27 Gloucester Ave., Höhe Fletcher Beach, legeres Snack-Restaurant mit gutem *Jerk Pork* und *Chicken,* ✆ 9 52-10 46, $; *Native Jerk,* 56 Market St., würziges *Jerk Food* und gegrillter Fisch, ✆ 9 79-50 63, $; *Dead End Bar & Grill,* am Ende der Kent Ave., hat Tag und Nacht geöffnet, mit jamaikanischen und amerikanischen Snacks und Drinks, $; *Walter's* (genannt Wally's), 39 Gloucester Ave., beliebter Treffpunkt und Snack-Bar, ✆ 9 52-93 91, $; *Margueritaville Sports Bar,* lauter Szene-Treffpunkt an der Gloucester Ave., an der lebhaften Bar erhält man allerlei Sportinformationen, nettes Restaurant Marguerite's mit Blick aufs Meer, ✆ 9 52-47 77, $–$$

🚓 **Polizei:** ✆ 9 52-23 33 oder 9 52-37 81, Montego Bay; ✆ 9 56-22 22, Lucea; Touristenpolizei: Tourism Liason Unit, Sunset Blvd., ✆ 9 52-15 40 oder 9 52-29 27. Tagsüber ist Montego Bay weitgehend ungefährlich. Mehr als in anderen Städten von Jamaika bemühen sich jedoch selbsternannte Stadtführer und Helfer, mit allerlei Tricks ihre Dienste gegen Geld anzubieten. Entlang der Hauptverkehrsachse Gloucester Ave. und anderer Straßen patrouilliert nach Einbruch der Dunkelheit die *MoBay Resort Patrol,* ein Sicherheitsdienst

🌴 **Einkaufen:** Der *Old Fort Craft Park* (Gloucester Ave./Howard Cooke Blvd.) ist mit 180 Verkaufsstän-

den ein gutes Revier, um nach einem Reisemitbringsel zu stöbern; *Things Jamaican Ltd.,* 44 Fort St., ✆ 9 52-56 05, bietet eine ausgezeichnete Auswahl von jamaikanischem Kunsthandwerk; gute Beratung und eine große Auswahl an CDs und Kassetten gibt es bei *Top Ranking Records* im Westgate Shopping Centre, ✆ 9 52-12 16; ein gut sortierter Buchladen befindet sich in der neuen Life of Jamaica Mall, gegenüber vom Crafts Market; oder mit *Sangster's Bookshop* in der 2 St. James St.

❗ **Kultur:** *Neville Buhdai Art Gallery,* Reading Main Rd., östl. von MoBay, Werke des bekannten jamaikanischen Künstlers zum Anschauen und Kaufen, ✆ 9 79-25 68, tägl. 8.30 Uhr bis zum frühen Abend; *Ambiente Art Gallery,* 9 Fort St., Bilder bekannter und unbekannter jamaikanischer Künstler, dazu ein nettes Snack-Café, ✆ 9 52-79 19, Mo–Fr 9–18, Sa 10–15 Uhr; *Gallery of West Indian Art,* 1 Orange Lane, hochwertiges jamaikanisches Kunsthandwerk und Bilder karibischer Künstler, ✆ 9 52-45 47; *Images Art Gallery* im Half Moon Bay Club (s. Unterkunft), verkauft Bilder und Objekte jamaikanischer Künstler, ✆ 9 53-90 43

🍸 **Nachtleben:** *Pier 1,* Howard Cooke Blvd., ✆ 9 52-24 52, lockerer Hang-out, Freitag abends Diskothek (22–5 Uhr), Eintritt; *Walter's,* 39 Gloucester Ave., Szene-Diskothek mit langen Nächten, tägl. 20–3 Uhr, siehe auch Essen und Trinken; *Boonoonoonoos* heißt soviel wie ausgelassene Strandparty, meist mit Reggae-Gruppen und Diskothek: Donnerstag abends wird am Nordende der Kent Ave. meist eine Open-air Diskothek *Dead End Jam* veranstaltet, Montag abends ist *Carnival* auf der Gloucester Ave., Freitag abends trifft man sich zur Beach Party am Walter Fletcher Beach; *Hurricane,* populäre Hi-Tec-Diskothek im Breezes (s. Unterkunft); *Cricket Club and Sports Bar,*

15 km östl. vom Flughafen, im Wyndham Rose Hall, ☎ 9 53-26 50, Sport- und Brettspiele, Karaoke, tägl. 19–1 Uhr

Sport/Strände: In der Umgebung von Montego Bay kommen Golf-Enthusiasten auf vier Anlagen mit jeweils 18 Löchern auf ihre Kosten: *Half Moon Golf Club* (☎ 9 53-27 31), auf dem Gelände des Half Moon Resort, entworfen von Robert Trent Jones; *Ironshore Golf and Country Club* (☎ 9 53-28 00) in einer Villenanlage; *Tryall Golf, Tennis & Beach Resort* (☎ 9 56-56 60-3, Fax 956-56 73) mit weltbekannten Profiturnieren; *Wyndham Rose Hall* (☎ 9 53-26 50, Fax 9 53-26 17) mit einem legendären achten Loch direkt am Meer; die *Rocky Point Riding Stables* (☎ 9 53-22 86) des Half Moon Club stehen auch Nicht-Hotelgästen offen; *Tennisplätze* bieten viele der teureren Hotels, auch Nicht-Gästen gegen Gebühr, der MoBay Racket Club, Sewell Ave., ☎ 9 52-02 00, verfügt über sieben beleuchtete Plätze; *Hochsee-Angeln* kann man bei Jupiter Sportfishing, Pier 1, ☎ 9 52-93 91 oder bei Rapsody Charters, ☎ 9 79-01 04; *Tauchen* am Korallenriff des Marine Parks bieten Poseidon Divers (PADI), Margueritaville Sports Bar, Gloucester Ave., ☎ 9 52-36 24; Reading Reef Club, ☎ 9 52-30 79; Reef Keeper Divers, 42 Fort St., Walter Fletcher Beach, ☎ 9 79-01 02; **Strände:** Walter Fletcher Beach (☎ 9 52-20 44), im Herzen von MoBay, beliebt bei Familien mit Kindern, tägl. 9–17 Uhr, Eintritt; Doctor's Cave Beach (☎ 9 52-25 66) an der Gloucester Ave., beim Breezes Hotel, tägl. 8.30–17 Uhr, Eintritt; Cornwall Beach (☎ 9 52-34 63), langer, weicher Strand mit Bar, Cafeteria und großem Wassersportangebot nördl. vom Doctor's Cave Beach, tägl. 9–17 Uhr, Eintritt; Rose Hall Beach Club (☎ 9 53-23 23), langer Strand nördlich von MoBay, Bars, Restaurants, Wassersport, tägl. 10–18 Uhr, Eintritt

Der Westen und der Südwesten

Die Y's Falls

Der Westen und der Südwesten

Die endlosen Sandstrände und die Reggae-Bars von Negril gelten als Inbegriff eines Karibik-Urlaubs. All Inclusive-Anlagen versprechen Urlaub total. Foto-Safaris führen zu Krokodilen und Meereskühen. In Mandeville legt man auf britische Traditionen großen Wert.

Von Montego Bay nach Negril

Nur wenige Kilometer südlich von MoBay erwartet Besucher ein Paradies der besonderen Art. Lisa Salmon (s. S. 22), Ornithologin und Künstlerin, hat in den vergangenen 40 Jahren mit der **Rocklands Bird Sanctuary and Feeding Station** ein Refugium für frei lebende tropische Vögel geschaffen (Anchovy, südwestl. von MoBay, über Reading u. Long Hill, ✆ 952-20 09, tägl. 14.40 bis 17 Uhr, Eintritt). Zur nachmittäglichen Fütterungszeit schwirren Dutzende von Zwergtauben, Gelbfinken, Blauammern und Kolibris um die Terrasse. Wer hektische Bewegungen vermeidet und den Anweisungen von Fritz, dem Assistenten von Miss Lisa, folgt, kann nahezu sicher sein, Bekanntschaft mit einem *Doctorbird* – Kolibri – zu schließen, der sich auf dem ausgestreckten Zeigefinger niederläßt.

Nur wenig weiter fließt der Great River seiner Mündung am südwestlichen Rand der Montego Bay zu. Beim Örtchen **Lehte** kann man wie auf dem Rio Grande von Port Antonio oder dem Martha Brae River bei Falmouth Bambusflöße besteigen, um sich gemächlich zwei Stunden lang den Great River heruntertreiben zu lassen.

Vom *Great House* des **Belvedere Estate** etwas weiter flußaufwärts sind nur Ruinen übriggeblieben. In einem rekonstruierten Dorf, das über das ländliche Leben kurz nach der Sklavenbefreiung informiert, kann man Webern, Töpfern, einem Schmied oder einem Apotheker für Naturkräuter über die Schulter gucken (✆ 9 52-6 00 11, tägl. 10.00–16 Uhr, Eintritt). Auf der Plantage werden Zitrusfrüchte und Bananen angebaut.

Der **Croydon Estate** bei Catadupa südlich von Cambridge liegt in hügeligem Gebiet mit herrlichem Panorama (✆ 9 52-41 37, Führungen Mo–Sa zwischen 10.30–15 Uhr, Eintritt). Während einer informativen Tour an Kaffee- und Kakaoterrassen entlang sowie durch

Ananas- und Zitruspflanzungen erfährt man alles über die Arbeit auf einer Plantage.

Zurück auf der Küstenstraße kann man die Wassermühle der **Tryall Plantage** gut erkennen, die sich seit mehr als 50 Jahren, vom Wasser des Flint River angetrieben, ächzend um ihre Achse dreht. Um das Herrenhaus auf dem Hügel gruppiert sich heute eine der exklusivsten Hotelanlagen von Jamaika.

Die A 1 folgt dem buchtenreichen Meeresufer nach Westen und führt durch winzige, touristisch kaum entwickelte Orte wie Savoy Bay, Mosquito Cove oder Paradise bis zur weiten Bucht von Lucea Harbour. Die sanft geschwungenen Hügel sind von üppigem Gestrüpp bewachsen, zwischen dem auf kleinen Feldern Gemüse angebaut wird. Um Lucea erstrecken sich ausgedehnte Zuckerrohrfelder.

Sonnabends ist die schläfrige Atmosphäre, die **Lucea** sonst einzuhüllen scheint, wie weggeblasen. Auf dem turbulenten Markt im Zentrum verkaufen Farmer aus dem Umland ihre Produkte. Die *Lucea Yam*, eine wohlschmeckende, weiße und mehlige Jamwurzel, ist überall auf Jamaika beliebt. Das Städtchen von knapp 6000 Einwohnern, das jeder nur Lucy nennt, liegt in einer halbrunden Bucht, einem Naturhafen, den schon die Spanier als Ankerplatz nutzten und Santa Lucia tauften.

Die Ruinen des 1761 erbauten Fort Charlotte im Westen der Bucht zeugen von der Bedeutung, die Stadt und Hafen besaßen, als noch der Zucker auf Jamaika den Ton angab. Die 2 m mächtigen Mauern der nach der Gemahlin des englischen Königs George III. Charlotte von Mecklenburg benannten Fe-

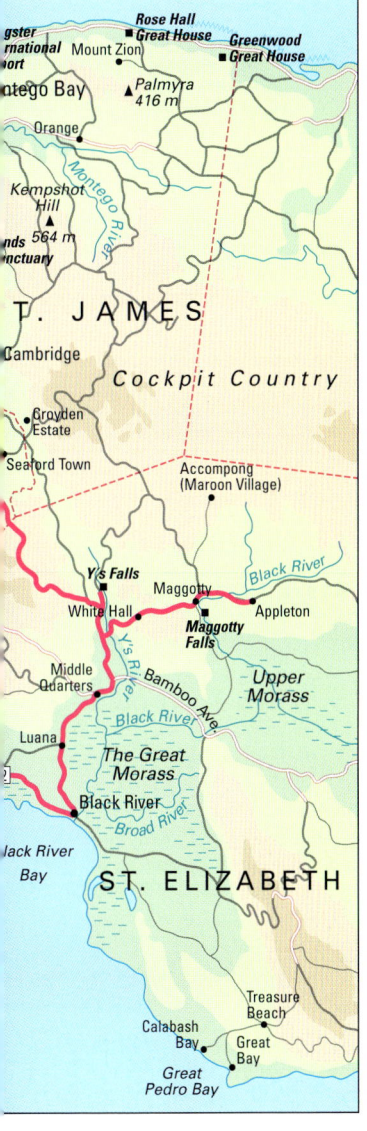

Der Westen und Südwesten
von Jamaika

stung sind längst abgebröckelt und von Pflanzen überwuchert. Aus den einst 23 Kanonen, die den Zuckerhafen gegen Spanier und Piraten schützen sollten, wurde nie ein Schuß abgefeuert, drei stehen noch auf ihren von Rost zerfressenen Lafetten. Die Kasematten dienten als Verlies für aufsässige Sklaven.

Hätte Kapitän Bligh, der in Lucea auf Verwandtenbesuch war, nicht im Fort Charlotte den jungen, ehrgeizigen Schiffsoffizier Fletcher Christian kennengelernt und ihn später angeheuert, wäre die Nachwelt um einen Roman und mehrere Verfilmungen der Meuterei auf der »Bounty« ärmer geblieben. In einer früheren Kaserne des Fort ist heute die Rusea's High School untergebracht, in der mehrere jamaikanische Sprintstars die Schulbank drückten. Auch Merlene Ottey, die viele Jahre die internationalen Spurtstrecken dominierte, lief als Jugendliche zunächst von dort in ihr Heimatdorf Pondside in den nahe gelegenen Hügeln.

Im Herzen des Ortes fällt das respektable Gerichtsgebäude ins Auge, mit steinernem Fundament und einem Erdgeschoß mit Arkaden, auf dem die erste, aus Holz erbaute Etage ruht. Diese wird von einem Uhrenturm gekrönt, dessen Umriß nicht nur deutsche Besucher an eine preußische Pickelhaube erinnert. Ein Plantagenbesitzer deutscher Herkunft spendete den Uhrenturm, behielt sich allerdings bestimmenden Einfluß auf dessen Gestaltung vor. Das markante Ergebnis sieht man noch heute. Die Uhr, so wird erzählt, war eigentlich für die Karibikinsel St. Lucia bestimmt, landete jedoch im Jahre 1817 fälschlich im ähnlich klingenden Hafen der großen Antilleninsel. Hier hatte man ein weniger kostspieliges Exemplar bestellt. Da der teurere Uhrenturm jedoch allgemein gefiel, wollte man ihn nicht wieder hergeben, eine Sammlung erbrachte die notwendige Summe.

Im winzigen Hanover Museum, das in der alten Polizeistation Platz gefunden hat (Mo–Sa 9–17 Uhr, Eintritt), ist die Geschichte von Lucea dokumentiert. Es beschreibt in Texten und Nachbildungen das Leben der Arawak-Indianer, die Zeit der Zuckerrohrplantagen und der Sklaverei, zeigt Briefe von Henry Morgan und Käpt'n Bligh und verweist auf den verfallenen, kleinen jüdischen Friedhof im Ort, der daran erinnert, daß es in der Glanzzeit von Lucea auch eine jüdische Gemeinde von Kaufleuten und Handwerkern gab.

Im Hinterland des knapp 550 m hohen Hügels von Dolphin Head südlich von Lucea sind die Mayfield Falls verborgen. Die Wasserkaskaden, die zwei Dutzend natürliche ›Whirlpools‹ mit sprudelndem Wasser versorgen, liegen malerisch im üppig bewachsenen Flußtal des Lucea East River.

Orange Bay und **Green Island Harbour,** die beiden Buchten nördlich von Negril, sind vom Fremdenverkehr noch wenig berührt. In der Küstenebene dominieren noch immer Zuckerrohrfelder. Vor Green Island Harbour werden Austern gezüchtet, nur wenige Urlauber liegen am schmalen Strand. Bei Orange Bay lockt ein prächtiges Korallenriff auch Taucher aus Negril an. Im Ort wohnen nicht wenige der in den Hotels und Restaurants von Negril beschäftigten Jamaikaner. In Rhodes Mineral Spring zwischen den beiden Buchten sprudeln mineralhaltige Quellen nahe dem kleinen Strand an die Oberfläche.

Negril und Umgebung

Der längste Strand der Antilleninsel, begrenzt von Palmen und zahlreichen legeren Badehotels inmitten tropischer Gartenanlagen, ein farbenprächtiges Korallenriff vor der Küste, steile Klippen mit romantischen Buchten, spektakuläre Sonnenuntergänge, Restaurants für jeden Geschmack und Geldbeutel sowie abendliche Strandparties und Reggae-Konzerte haben Negril zu einem Image verholfen, das den kleinen Ort an der Westspitze von Jamaika innerhalb weniger Jahre

Der Strand bei Negril

zu einem der beliebtesten Urlaubs-
ziele der Karibik werden ließ.

Noch in den 60er Jahren war
Negril ein verschlafenes Dorf ohne
Elektrizität und Telefonanschluß.
Erst 1965 erreichten von Green Island Harbour die ersten Fahrzeuge
den Ort auf einer Straße, deren Bau
die Regierung unter Norman Manley 1959 beschlossen hatte. In den
Folgejahren entdeckten amerikanische ›Blumenkinder‹ hier ihr Paradies, einen fast menschenleeren
Strand, freundliche Jamaikaner, die
für wenig Geld ein Zimmer oder
eine Hütte vermieteten, und etwas
Ganja zum Träumen.

Die Eröffnung von Resort-Hotels
in den 70er Jahren markierte das
Ende der Hippie-Ära. Einige der
früheren Langzeit-Touristen führen
jetzt Bars und Hotels im West End.
Heute reihen sich mehrere Dutzend Hotels, All Inclusive-Anlagen, Bars und Restaurants am
11 km langen, weißgoldenen Strand
von Long Bay aneinander. Eine
weise verfügte Bauvorschrift, nach
der die Hotels die Palmen am
Strand nicht überragen dürfen, verhinderte jedoch bisher Bausünden
anderer Urlaubszentren.

Punta Negrilla nannten die Spanier nach dem hier gefangenen
schwarzen Meeraal einst den Küstenabschnitt zwischen North Negril Point oberhalb der Bloody Bay
und South Negril Point, der west-

Warten auf den Sonnenuntergang

lichsten Klippe der Karibikinsel. The Great Morass, ein 25 km^2 großes Sumpf- und Feuchtgebiet, Brutplatz für Legionen von Moskitos und Nistplatz vieler Vogelarten, erstreckt sich im Hinterland der Bloody- und der Long Bay.

Das ehemalige Fischerdorf Negril mit etwa 2000 ständigen Bewohnern konzentriert sich um die Negrils- und die King's Plaza an der Mündung des Negril River im Süden des Moorgeländes und des langen Strandes. Weiter südlich ragt Negrils felsiges West End, auch The Rock genannt, halbrund in die Karibische See.

Spätestens um 17 Uhr wird in den Bars und Restaurants am West End das Ritual des Sonnenuntergangs zelebriert. Die Stühle auf der Terrasse von Rick's Café sind nach Westen ausgerichtet, die von Sonnenbrillen beschützten Augen richten sich andachtsvoll auf die untergehende Sonne. Red Stripe-Bier und Rum-Cocktails überbrücken die Wartezeit. Mutige springen, von anfeuernden oder schadenfrohen Zurufen der Menge begleitet, von den hier gut 10 m hohen Klippen in die türkisfarbene Karibische See. Vor der Küste warten *Sunset Cruiser,* Segelklipper, Power-Boote, Katamarane und Kajaks auf den großen Moment. Wenn der feuerrote Ball zum Klicken der Kameras im Meer versinkt, gibt die Natur das Startsignal für das ausgiebige Nachtleben von Negril.

Gegen US-Dollars bieten *Rent-a-dread,* Rasta-Imitate, an öffentlichen Stränden oder in Bars liebesbedürftigen Damen ihre Dienste an. »You want smoke?« »Need some dope?« werden nicht nur hier nordamerikanische und europäische Touristen von halbwüchsigen Dealern gefragt. Doch wenn Polizei und Drogenfahndung, unter denen auch verdeckte Ermittler der US-Behörde DEA operieren, bei Marihuana rauchenden Einheimischen auch häufig in die andere Richtung sehen, kann es für ausländische Urlauber unangenehmer werden.

Nach dem *Dangerous Drugs Act* können jamaikanische Gerichte eine Geldstrafe von 1000 US-Dollar oder ein bis drei Jahre Gefängnis bei Besitz von Rauschgift verhängen. Da es auf dem illegalen Markt neben einheimischem Marihuana oder Ganja auch zunehmend Crack und Heroin aus Lateinamerika gibt und sich entsprechende Organisationen im Hintergrund etabliert haben, sollte jeder, der nicht längere Zeit *Holidays in Hell* verbringen will, mit einem freundlichen »No, thank you« auf eindeutige Angebote reagieren.

Verlockungen ganz anderer Art gibt es unter Wasser. Sieben ausgewiesene Tauchgebiete in 12 bis 40 m Tiefe vom West End bis zur Orange Bay bieten neben der abwechslungsreichen Klippenregion Schnorchlern, Anfängern und erfahrenen Tauchern phantastische Ausblicke in die Zaubergärten der Korallenriffe. Das Sands Club Reef vor dem südlichen Abschnitt der Long Bay beginnt in 12 m Tiefe.

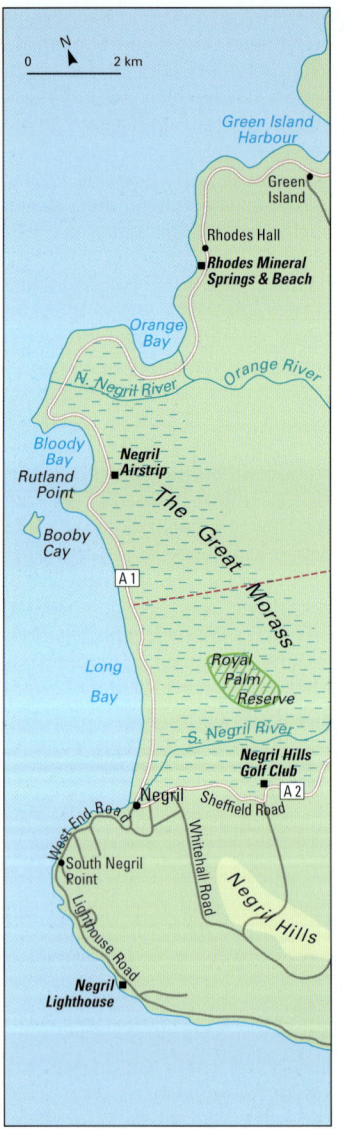

Purpurne Fächerkorallen, See-Anemonen, gelbe und braune Schwämme werden von roten Kardinal-
fischen und Schulen von blauen
Bogitas umschwärmt.

Ein versunkenes kleines Flugzeug
im Arches Reef ist längst Tummelplatz von Riffbarschen geworden,
die mit Trompeten- und Lippfi-
schen an schwarzen und Fächerkorallen entlanggleiten oder mit
Tauchern durch einen mächtigen
Korallenbogen schwimmen. Im Bar-
racuda Reef der Orange Bay findet
man gelbrote, wie Taue geformte
Schwämme und Hornkorallen. Bar-
rakudas, nach denen das Riff benannt ist, liegen fast regungslos im
Wasser, um blitzschnell davonzu-
flitzen, wenn sich ein Taucher nä-
hert. Schmetterlingsfische fallen mit
ihrer markanten Zeichnung auf,
während sich die bis zu 1,50 m
großen, flachen Stachelrochen oft
gut getarnt auf dem sandigen Meeresgrund verbergen.

Der Highway A 1, der von Montego Bay über Lucea und Green Island die Long Bay von Negril erreicht, folgt dem Verlauf der Küste
und heißt südlich der Bloody Bay
Norman Manley Boulevard. Wenige Dutzend Meter jenseits der Straße beginnt der Great Morass. Der
südliche Abschnitt der Hauptver-
kehrsader ist am lebhaftesten, hier
gibt es viele kleinere Hotels, Bars,
Motorrad- und Surfbrettverleiher.

Negril

Reggae

Rhythmus aus den Ghettos von Jamaika

Als ›Toots‹ Hibbert und die Maytals 1968 einen ihrer Songs »Do the Reggae« nannten, hatten sie den Namen einer neuen Musikrichtung erfunden. Die elektrische Baßgitarre bestimmt volltönend die Melodieführung, unterstützt von Schlagzeug, Trommeln, Keyboard, Rhythmus- und Lead-Gitarre, die mit kurzen Läufen und Taktwechseln Spannung aufbauen. Der neue Musikstil, der auch in den *Dance Halls* auf Jamaika Erfolge feierte, lebte gleichzeitig von seinen Texten.

Bob Marley (vgl. S. 74f.), der gemeinsam mit Bunny ›Wailer‹ Livingston, Peter Tosh und Junior Braithwaite in seiner Band The Wailers bis zu seinem Tod 1981 die Entwicklung des Reggae prägte, gehörte seit Ende der 60er zu den Rastafari (s. S.52f.). Der Reggae beförderte deren Botschaft von ungerechten Lebensbedingungen, vom Widerstand gegen Unterdrückung, von der Sehnsucht nach einer besseren Welt und der Rückbesinnung auf die afrikanische Heimat der von dort entführten Vorfahren.

Der 1973 produzierte jamaikanische Film »The harder they come«, der das kurze Leben, die Träume von einer Musikkarriere und den gewaltsamen Tod des jungen Ivan im Ghetto von Kingston schildert, machte gemeinsam mit den ersten internationalen Erfolgen von Bob Marley Reggae weltweit bekannt. In vielen Ländern standen eher die tanzbaren Rhythmen und nicht die meist sozialkritischen und religiösen Texte im Vordergrund. Viele wissen bis heute nicht, daß der von Peter Tosh getextete internationale Hit von Bob Marley und den Wailers »I shot the Sheriff«, der später noch durch eine Version von Eric Clapton geadelt wurde, die gewaltsame Auseinandersetzung zwischen einem jamaikanischen Marihuana-Bauern und der Polizei beschreibt. Peter Tosh, der für viele der zornigen, frühen Texte der Wailers verantwortlich war, wurde 1987 bei einem Überfall in seinem Haus in Kingston erschossen. Auch andere jamaikanische Reggae- und Musik-Stars, wie erst 1999 auch Junior Braithwaite, sind Opfer der von ihnen besungenen Gewalt in der Gesellschaft geworden.

Noch heute wird in den *Dance Halls* auf Jamaika Reggae gespielt – die Klassiker aus den 70er und 80er Jahren in *Oldie Nights* oder die *Dance House-* und *Rap*-Versionen, in denen sich der Reggae mit neuen, auch importierten Trends mischt. Die Texte spiegeln nach wie vor das Leben der Menschen, ihre Probleme, Wünsche und Illusionen wider. Nachdem eine Zeitlang sexistische und Gewaltphantasien dominierten, scheinen nun wieder Texte wichtiger zu werden, welche die offenen gesellschaftlichen Probleme thematisieren. Selbst Buju Banton, der noch vor einigen Jahren musikalisch dazu aufrief, Schwule zu ›eliminieren‹, hat mit seinen jüngsten Alben einen neuen Kurs eingeschlagen und wird wieder beim populären jamaikanischen Reggae-Sender Irie FM gespielt.

Reggae hat der internationalen Musikszene nachhaltige Impulse gegeben. Gruppen wie Police oder UB 40, Interpreten wie Maxi Priest oder Paul Simon haben ihr Repertoire mit deutlichen Anleihen aus Jamaika bereichert. Profilierte Reggae-Gruppen und -Sänger gibt es wie in London vor allem dort, wo Jamaikaner eingewandert sind, doch mit Majek Fashek aus Nigeria oder Lucky Dube aus Südafrika inzwischen auch in Afrika. Selbst in Norwegen hat sich mit den Irie Darlings eine sechsköpfige Reggae-Formation etabliert.

Der eigenartige Reiz des Reggae besteht darin, daß seine häufig auch aggressiven Texte, die von Sehnsucht und Aufbegehren, von Gewalt, Sex und von zerstörerischen Beziehungen handeln, mit einprägsamen Melodien und einem unwiderstehlichen Rhythmus einhergehen. Die beste Tanzmusik der Welt kommt nach wie vor aus Kingston.

Von Negril führt die Küstenstraße nahe an den Kalksteinklippen in einem Bogen zum South Negril Point und bis zum Negril Lighthouse. Kurz dahinter wird der Belag der Straße schlecht bis abenteuerlich. Nur eine recht dürftige Autotrasse durchquert die landeinwärts gelegenen Negril Hills, Ziel vieler Reitausflüge. Besucher, die sich vom freundlichen Leuchtturmwärter die Erlaubnis geholt haben, müssen genau 103 Stufen zur Aussichtsplattform erklimmen. Ihnen bietet sich etwa 20 m über dem Boden und 50 m über dem Meeresspiegel, ein schöner Blick über Klippen und Buchten. Das Leuchtfeuer, früher mit Kerosin, heute durch Solarenergie betrieben, gibt seit 1894 vorbeifahrenden Schiffen Signale. Die wilde Klippenlandschaft der Felsenküste diente für den Film »Papillon« und den Bond-Streifen »Dr. No« als Kulisse.

Eine Schutzzone, die **Negril Marine Park and Protected Area,** erstreckt sich zwischen Green Island Harbour und dem South West Point im Osten bis zu den Korallenriffen vor der Küste. Die Bemühungen von örtlichen Naturschutzorganisationen und Tauchveranstaltern sowie der Handelskammer von Negril, die Riffe zu schützen und die wirtschaftliche Ausbeutung der Torfbestände im Great Morass zu verhindern, haben vor kurzem zu einem Erfolg geführt und ziehen jetzt mit finanzieller Unterstützung der EU weitere Maßnahmen vom Training der Park Ranger bis zum Bau neuer Abwasseraufbereitungsanlagen nach sich.

Von der South Negril River Bridge werden Ausflüge in das

Sumpfgebiet angeboten. Feste Kleidung und ein wirksames Mittel zur Abschreckung der Moskitos sind zu empfehlen. Die Royal Palm Preserve, ein großer Bestand jamaikanischer Königspalmen, ist im südlichen Abschnitt des ausgedehnten Feuchtgebietes verborgen und nur über einen nicht ausgeschilderten Weg etwas mehr als 1 km östlich des Golfplatzes zu erreichen (Information und Öffnungszeiten über die Handelskammer).

Am nördlichen Ende der **Long Bay,** etwa 500 m vor Rutland Point, liegt **Booby Cay.** Die großen Resorts im Norden von Long Bay bringen ihre Gäste mit Booten auf die ›Robinsoninsel‹, die als Drehort von Südseeszenen in der Disney-Verfilmung des Jules Verne-Romans »20 000 Meilen unter dem

Ausflugsboote auf dem Negril River

beiten. **Bloody Bay,** der Beiname der Meeresbucht, deren Wasser sich vom Blut der ausgeweideten Tiere rot färbte, blieb seitdem erhalten.

Im Jahre 1702 versammelte der englische Vize-Admiral John Benbow in derselben Bucht seine Flotte, die er von Port Royal an die Westküste verlegt hatte, um einem Angriff des französischen Seeoffiziers und früheren Freibeuters Jean du Casse zu begegnen. Die mehrtägige Seeschlacht der beiden Kriegsflotten, die schließlich vor Kolumbien aufeinanderprallten, endete für die Engländer mit einem Debakel. Mehrere Kapitäne flüchteten, zwei von ihnen wurden später von einem Gericht der britischen Vize-Admiralität in Port Royal zu Tode verurteilt, Vize-Admiral Benbow erlag seinen Verletzungen und wurde in der Kingston Parish Church beigesetzt.

Nur 18 Jahre später ankerte der berüchtigte Pirat Jack Rackham, wegen seiner Vorliebe für baumwollene Kattununterwäsche Calico Jack genannt, in der Bucht. Da der britische Gouverneur Sir Nicholas Lawes von Rackhams Ankunft Kenntnis erhalten hatte, schickte er ein Kriegsschiff auf dessen Spur. In Negril Harbour konnten die Seesoldaten Calico Jack überraschen, der sich dort mit seiner Mannschaft bei einem Gelage vergnügte. Der See-

Meer« Leinwandruhm erhielt. *Booby Birds,* Tölpel, deren Bestand in den letzten Jahren allerdings deutlich geschrumpft ist, brüten auf den Felsen der Insel das eine Ei aus, das sie jedes Jahr legen.

Walfänger schleppten Mitte des 19. Jh. ihre Beute in die Bucht von Negril Harbour zwischen Rutland- und North Negril Point, um dort das Fett der Tiere zu Öl zu verar-

räuberkapitän wurde in Port Royal hingerichtet, seine Leiche zur Abschreckung in einem Metallkäfig auf einem sandigen Eiland vor der Küste, das noch heute den Namen Rackham's Cay trägt, ausgestellt.

Zwei der Besatzungsmitglieder entpuppten sich bei der Gerichtsverhandlung als Frauen. Anne Bonney, die Geliebte von Calico Jack, und ihre Gefährtin Mary Read entgingen dem Galgen, nachdem sie auf ihre Schwangerschaft, »being quick with child«, verweisen konnten. Mary Read starb dennoch bald darauf im Kerker von Port Royal an Fieber, Anne Bonney soll später in Großbritannien ein ruhigeres Leben auf dem Lande geführt haben.

Im Jahre 1814 versammelte sich eine Flotte von 50 britischen Kriegsschiffen in der Bucht, die bald darauf mit 6000 Soldaten an Bord auslief, um New Orleans zu erobern und dazu beizutragen, die jungen USA wieder unter britische Kolonialherrschaft zu zwingen. Ähnlich wie bei Admiral Benbow mehr als 100 Jahre zuvor endete auch diese Expedition mit einer Katastrophe. Der englische General Pakenham erlitt am 8. 1. 1815 gegen eine zusammengewürfelte Truppe von amerikanischen Infanteristen, Milizeinheiten aus Kentucky unter General Andrew Jackson und Freibeutern unter deren Anführer Jean Lafitte eine vernichtende Niederlage.

Information: *Jamaica Tourist Board,* Coral Seas Plaza, ✆ 9 57-42 43, Fax 9 57-44 89, zusätzliche Informationskioske befinden sich an der West End Rd., am Negril Crafts Market und an der Long Bay bei Cosmo's Restaurant; *Negril Chamber of Commerce,* King's Plaza/West End Rd., ✆ 9 57-40 67, Fax 9 57-45 91, gibt den informativen »Guide to Negril« mit Karte heraus; *Negril Coral Reef Preservation Society,* Box 27, Negril, ✆ 9 57-44 25 oder 9 57-40 69 informiert über die Bemühungen, das Korallenriff vor der Küste in ein Schutzgebiet einzubeziehen

Touren: *Caribic Vacations* (s. auch MoBay S. 158), Norman Manley Blvd., ✆ 9 57-47 60, veranstaltet deutsch- und englischsprachige Ausflüge in die nähere Umgebung, zu Wasserfällen, nach Black River und MoBay, von dort gehen Wochenend- und Mehrtagesreisen sogar bis auf die nördliche Nachbarinsel Kuba; *JUTA Tours,* Norman Manley Blvd., ✆ 9 57-31 17, organisiert Ausflüge und Transfers; bei *Sunset Cruises* (tägl. 16–19 Uhr, ✆ 9 57-41 28), die Kreuzfahrten vor der Küste auf der »Checkmate« anbieten, konzentrieren sich die sportlichen Aktivitäten auf das Heben der gefüllten Gläser; *Helitours,* ✆ 9 79-82 90, kreist über Negril oder fliegt die Südküste entlang

Flugverbindungen: Vom Negril Aerodrome an der Bloody Bay nördl. von Negril bietet Air Jamaica Express (✆ 9 57-42 10) je eine Verbindung nach Kingston (Tinson Pen) und Montego Bay an

Mietwagen: *Vernon's Car Rental,* Büros an der Plaza de Negril und am Norman Manley Blvd., ✆ 9 57-43 54 oder 9 57-46 98; *Action Rent-a-Car,* Norman Manley Blvd., ✆ 9 57-32 55

Fahrrad- und Mopedverleih: *CJ's Bike Rental,* ✆ 9 57-42 07, Fax 9 57-47 20, verleiht Motorräder und

-roller; ebenso *Dependable Bike Rental,* 📞 9 57-47 64 und 9 57-40 57; Fahrräder verleiht z. B. *Indian Skonk Bike Rental,* 📞 9 57-32 27 oder *Coco Bike Rentals,* Negril Westmoreland, 📞 9 57-91 51, Fax 9 57-91 50

🚌 **Busse:** Vollgepackte Minibusse fahren vom Ortszentrum beim Kreisverkehr an der Sheffield Rd. mehrmals am Tag (2 Std.) Savanna-la-Mar (1 Std.) und Lucea (1 Std.)

🚗 **Taxis:** Sammeltaxis fahren regelmäßig den Norman Manley Blvd. entlang und halten (manchmal) auf ein Stoppzeichen, private Taxis besorgt das Hotel oder kommen nach Anruf, etwa bei *Jerry's Taxi,* 📞 9 57-43 58, *Jervis Robertson,* 📞 9 57-42 77 oder *Easy Going Cabs,* 📞 9 57-32 27

🛏 **Unterkunft:** *Beaches,* Long Bay, gepflegtes All Inclusive-Resort der Sandals-Gruppe im karibischen Stil, für Paare, Singles und Familien, am Strand von Long Bay, diverse Restaurants, 📞 9 57-92 70, Fax 9 57-92 75, beaches.com, $$$–$$$$; *Grand Lido,* Bloody Bay, stilvolles All Inclusive-Resort, für Paare oder Singles, am Strand, mit Abschnitt für FKK, sehr gute Restaurants und Bars, die z. T. 24 Stunden geöffnet haben, 📞 9 57-40 10, Fax 9 57-43 17, superclubs.com, $$$–$$$$; *Hedonism II,* Norman Manley Blvd., am Nordende von Long Bay, legendärer All Inclusive-Klub für Erwachsene ›für alles, was Spaß macht‹, überwiegend von Einzelreisenden belegt, Strandabschnitt The Nude für FKK, und für Bekleidete The Prude, 📞 9 57-42 00, Fax 9 57-42 89, superclubs.com $$$– $$$$; *Sandals Negril,* Norman Manley Blvd., am Nordende von Long Bay, legerer All Inclusive-Klub für Paare mit verschiedenen Sportmöglichkeiten, gute Restauration, 📞 9 57-52 16, Fax 9 57-53 38, sandals.com, $$$$; *Swept Away,* Norman Manley Blvd., Long Bay, All Inclusive-Bungalowhotel für Paare mit dem besten Sportangebot in Negril, ohne festen Programmablauf, tropische Gartenanlage, 📞 9 57-40 61, Fax 9 57-40 60, sweptaway.com, $$$–$$$$; *Negril Inn,* Norman Manley Blvd., Long

Bay, kleineres All Inclusive-Resort, in der Sommersaison auch für Kinder, in einer tropischen Gartenanlage, ✆ 9 57-42 09, Fax 9 57-43 65, $$–$$$; *Poincana Beach Resort,* Norman Manley Blvd., Long Bay, All Inclusive-Resort für Erwachsene und Kinder, großes Angebot an (Wasser-) Sportmöglichkeiten, gute Restaurants, ✆ 9 57-52 56, Fax 9 57-52 29, $$–$$$; *Charela Inn,* Norman Manley Blvd., Long Bay, Hotel im spanischen Hazienda-Stil an einem breiten Strand, exzellentes Restaurant, ✆ 9 57-42 77, Fax 9 57-44 14, $$–$$$; *Coral Seas Cliff Hotel,* West End, an den Klippen, geräumige Zimmer in mehreren Gebäuden, mit Meerblick vom Balkon oder der Terrasse, ✆ 9 57-31 47, Fax 9 57-42 69, $$–$$$; *Beachcomber Club,* Norman Manley Blvd.,

nettes Strandhotel mit italienischem Restaurant und abendlichem Unterhaltungsprogramm, ✆ 9 57-41 70, Fax 9 57-40 97, $$–$$$; *Negril Cabins,* Rockland Point, rustikale Bungalows inmitten von Palmen und einem Mangowald, nur durch die Straße von der Bloody Bay getrennt, mit Bar und Restaurant, Kinder willkommen, ✆ 9 57-53 50, Fax 9 57-53 81, $$; *Xtabi,* Lighthouse Rd., West End, Apartments in der Gartenanlage oder auf den Klippen, nettes Restaurant mit Panoramaplätzen zum Sonnenuntergang, ✆ 9 57-43 36, Fax 9 57-01 21, xtabi.com, $$; *Mirage Cottages,* Lighthouse Rd., West End, gemütliche Häuschen und Apartments in einem üppigen tropischen Garten an den Klippen, gutes Restaurant, ✆ 9 57-44 71,

$–$$; *Roots Bamboo,* Norman Manley Blvd., kleines Hotel mit einfachen Zimmern, am Strand, ☎ 9 57-44 79, $; *Addis Kokeb Guest House,* am östl. Ende der West End Rd., einfache Unterkunft in einem gemütlichen Garten, Gemeinschaftsküche, ☎ 9 57-44 85, Fax 9 57-44 85, $; *Negril Yoga Centre,* Norman Manley Blvd., gegenüber vom Norman Manley Sea Park, einfache Häuschen und Zimmer, Naturkost, Yogakurse, ☎ 9 57-43 97, negrilyoga. com, $

✕ Essen und Trinken: *Rick's Café,* West End, Bar und Restaurant für den Sonnenuntergangskult, Cajun-Gerichte, ☎ 9 57-43 35, $$$; *Pickled Parrot,* West End, Negril, lockerer Hangout mit guter Snack Bar, Abendessen zum Sonnenuntergang, an den Klippen, ☎ 9 57-48 65, $–$$; *Café au Lait,* Lighthouse Rd., West End, französisch-jamaikanische Küche, leckere Gerichte von Meerestieren, ☎ 9 57-44 71, $$–$$$; *La Vendôme,* im Hotel Charela Inn, s. dort, jamaikanische Küche mit französischem Einschlag, mit Blick aufs Meer, ☎ 9 57-42 77, $$$–$$$$; *Cosmo's,* Norman Manley Blvd., neben dem Swept Away Hotel, Conch- (Muschel-)Suppe, Ziegengulasch in Curry, scharf gewürzter Escoveitch-Fisch, ☎ 9 57-43 30, $–$$; *Chicken Lavish,* West End Rd., nahe der Polizeistation, phantastisch gewürztes Hähnchen und frisch zubereiteter Fisch, ☎ 9 57-44 10, $–$$; *Pirates Cave,* West End Rd., abwechslungsreiche Küche, Jamaica Style, mit Blick auf Klippen und Sonnenuntergang, $–$$; *Hungry Lion Café,* West End, von den bemalten Wänden blikken Bob Marley, Peter Tosh und Marcus Garvey, serviert werden vegetarische Gerichte wie überbackenes Kartoffel-Linsen-Gemüse und Callaloo-Knoblauch-Lasagne, $; *My Mother's Tea,* Sheffield Rd., der Tee und die Omeletts mit *Magic Mushrooms* sorgen für Halluzinationen, netten oder weniger netten, und sind im Gegensatz zu Marihuana nicht verboten, $

Einkaufen: Wer geschnitzte oder gewebte Reisemitbringsel sucht, dürfte auf dem *Negril Crafts Market* nahe dem Kreisverkehr im Ortszentrum fündig werden. Das *Rutland Point Craft Centre* im Norden von Long Bay und der *Vendors Plaza* im Negril Village beherbergen ebenfalls jeweils mehrere Dutzend Verkaufsstände

Kultur: In der *Patrick Weise Studio Gallery* sind Bilder einheimischer Künstler ausgestellt, West End, ✆ 9 57-44 56

Nachtleben: *Seasplash,* am Norman Manley Blvd., ✆ 9 57-4041, Bar mit verführerischen Rum-Mixgetränken, 9–23 Uhr; *Risky Business,* Norman Manley Blvd., ✆ 9 57-30 08, 24-Stunden American Sports Bar mit AFL Live-Übertragung, Beach Parties, DJs am Do, Live-Musik Mo und Sa; *De Buss,* Norman Manley Blvd., ✆ 9 57-44 05, jamaikanische Snacks, Dancehall-Nächte, an der Doppeldecker-Bushaltestelle; *Alfred's Ocean Palace,* Norman Manley Blvd., ✆ 9 57-47 35, Snacks, Drinks und Reggae; *MXIII,* West End, ✆ 9 57-48 18, Do u. Sa Live-Musik auf der Bühne, an manchen Tagen auch ein Theaterstück (in Patois); *Mandela Green* (nach Nelson Mandela benannt), in Green Island nördl. von Negril, ✆ 9 56-26 07, Negril Plaza, und *Close Encounter,* King's Plaza, gehören zu den beliebtesten Diskotheken

Sport/Strände: *Negril Scuba Centre,* im Negril Beach Hotel, Norman Manley Blvd., ✆ 9 57-44 25, bestens ausgestattet, offeriert Kurse und Tauchgänge am Riff, deutschsprachig; *Sundivers* (PADI), ✆ 9 57-40 69, im Poincana Beach Hotel, bietet Kurse, gemeinsame Tauchgänge und verleiht Ausrüstungen; ebenso wie *Blue Whale Divers* (PADI), ✆ 9 57-44 38, am Norman Manley Blvd.; *Dolphin Divers,* ✆ 9 57-44 81, (PADI) deutschsprachig; *Seekajaktouren* entlang der Küste und den Verleih von Booten bietet *Negril Kayak Tours,* ✆ 9 57-44 74, beim Mariner's am West End; *Aqua Nova Water Sports,* beim Negril Beach Club, ✆ 9 57-43 23, verleiht Wassersportausrüstungen vom Schnorchel bis zum Segelboot und organisiert Ausflüge, z. B. auf Booby Cay; bei *Ray's Parasailing,* ✆ 9 57-43 49, kann man sich am Gleitschirm hinter Motorbooten durch die Luft ziehen lassen; *Rusty's X-cellent Adventures,* ✆ 9 57-01 55, Mountain Biking vom Feinsten, Rusty Jones kennt jeden Pfad in den Negril Hills; *Country and Western Horseback Riding,* Sheffield Rd., ✆ 9 57-32 50, organisiert Ausritte an der Küste und in die Hügel hinter der Stadt, ebenso wie *Babo's* Red Ground Rd., kein Telefon, nahe Adrija Plaza oder *Horseman Riding Stables,* West End, ✆ 9 57-44 74; *Rhodes Hall Plantation,* Green Island, ✆ 9 57-63 34, Fax 9 57-63 33, bietet Ausritte über die Bananen- und Kokosnußplantage bis zur Küste. Golffreunde können in den Hügeln über den Stränden beim *Negril Hills Golf Club* (✆ 9 57-46 38, Fax 9 57-02 22) versuchen, den kleinen weißen Ball zu treffen. Im *Negril Yoga Centre,* Norman Manley Blvd., ✆ 9 57-43 97, kann man in Meditationsstunden und bei entspannender Massage zur inneren Ruhe finden

Abendstimmung in Savanna-la-Mar

Von Negril über Savanna-la-Mar bis Black River

Ocho Rios und Montego Bay sind weit entfernt. Entlang der Südwestküste von Jamaika geht das Leben einen ruhigeren Gang. Bis Savanna-la-Mar, Blue Fields, Whitehouse oder Black River ist der internationale Jet-Set noch nicht vorgedrungen, Parasailing-Angebote wird man an den einsamen Stränden vergeblich suchen, genauso wie Bananenboote im Schlepptau PS-starker Wasserboliden. Der felsige Meeressaum entlang trockener Küstenebenen wird immer wieder von Marschen zahlreicher Flußmündungen und von sandigen Buchten unterbrochen. Einige Kilometer weiter im Landesinnern wachsen Zuckerrohr und Gemüse auf fruchtbaren Feldern, grasen Rinder auf grünen Weiden.

In **Little London,** 18 km östlich von Negril, leben mehrere Tausend Jamaikaner indischer Abstammung. Von den etwa 37 000 Indern, die von der britischen Kolonialbehörde nach Abschaffung der Sklaverei zur Arbeit auf den Zuckerrohrplantagen angeworben wurden, siedelte ein Drittel zunächst in der Umgebung von Little London. So ist es auch nicht verwunderlich, daß seit dem 19. Jh. in den nahe gelegenen Marschen Reis angebaut wird. Ungeachtet vielfältiger Versuche, Kartoffeln, Mais oder andere kohlehydratreiche Nahrungsmittel unter der Bevölkerung populär zu machen, gilt *Rice n'Peas,* Reis mit Bohnen, nach wie vor als unverzichtbares Gericht der Jamaikaner. Da die Pflanze auf Jamaika keine idealen Anbaubedingungen hat, müssen große Mengen Reis importiert werden.

Vom Hafen in **Savanna-la-Mar** wurde früher Zucker der West In-

dies Sugar Company aus dem 8 km entfernten Frome exportiert. In Sav oder Sav-la-Mar, wie der lange Ortsname meist abgekürzt wird, reihen sich die Geschäfte, Werkstätten und Büros entlang der gut 1,5 km langen Great George Street. Sonnabends erwacht die Hauptstraße wie aus einem Schlaf, zum Markttag scheinen sich alle 16 000 Einwohner dort zu versammeln, um an Hunderten von Ständen einzukaufen.

Das britische Fort am Hafen wurde nie vollendet, heute umspülen die Wellen des Karibischen Meers einen Teil der Ruinen. Nahe dem stattlichen Gerichtsgebäude von 1925 steht ein kleiner, fein gearbeiteter Brunnen, der von einer orientalischen Kuppel gegen Sonne und von einem schmiede-eisernen Gitter gegen Beschädigung geschützt wird. Die originellste Sehenswürdigkeit schmückte 1912 nur kurz die Stadt, nachdem ein Hurrikan den Schoner »Laconia« einen Kilometer vom Anleger entfernt auf die Great George Street plaziert hatte.

In der Bluefields Bay sammelte sich 1670 die Freibeuterflotte von Henry Morgan, um von dort zu ihrem legendären Raubzug gegen das spanische Panama zu starten. An der einsamen, von Mangroven bewachsenen Küste findet man immer wieder kleine Strandbuchten, an denen Baden möglich ist. In **Belmont** erinnert ein Monument an den im Ort geborenen Sänger Peter Tosh, dessen zornige, sozialkriti-

sche Texte den Reggae mitgeprägt haben. Peter Tosh wurde 1987 in Kingston bei einem Überfall auf sein Haus erschossen.

Die herrliche Bucht von **Whitehouse** bereitet sich auf die Zukunft vor. Nahe dem gleichnamigen Fischerdorf entsteht gegenwärtig das erste All Inclusive-Resort der Sandals-Kette an der Südküste. Das **Font Hill Wildlife Sanctuary** westlich von Black River schützt Marschen und Lagunen, in denen nahezu 100 der selten gewordenen Amerikanischen Krokodile leben. Wasser- und Stelzvögel, Reiher und Ibisse finden in den Tümpeln reichlich Nahrung.

In **Black River** müssen Frachtschiffe in der Bucht nach wie vor von Leichtern entladen werden, ein Hafenbecken mit Kai gibt es nicht. Der Holzhandel sorgte in der zweiten Hälfte des 19. Jh. für eine kurze Blüte des Ortes. Aus dem Holz des Kampescheholzbaumes, auch Blauholz genannt, wurde ein Naturfarbstoff gewonnen, mit dem man Felle und Leder schwarz färben konnte. Einige der einst respektablen viktorianischen Gebäude des an der Bucht entlang gestreckten Ortes stammen aus jener Zeit. Auch der Black River, auf dem die Baumstämme einst zum Export heruntergeflößt wurden, verdankt seinen Namen der kräftigen Naturfarbe. Das Invercauld Great House aus dem Jahre 1889, das dekorativ in der Nähe der Küstenstraße liegt, wurde von einem reichen schottischen Kaufmann, nicht etwa von

Straßenzug in Black River

dem Besitzer einer Zuckerrohrplantage errichtet. Der Black River,
der längste Fluß der Antilleninsel,
war einst auf 40 km schiffbar. Einige seiner Quellflüsse entspringen
im nördlichen Cockpit Country
und bewegen sich streckenweise
unter der Erde fort, um dann wieder ans Tageslicht zu treten. Heute
tuckern allein die Boote von Krebs-
fischern und Tourveranstaltern auf
dem Unterlauf des Flusses. Great
Morass und Upper Morass, ausgedehnte Feuchtgebiete und Moore,
die der Black River entwässert,
bieten Lebensraum für Wasservö-
gel und Krokodile. Undurchdringli-
ches Mangrovendickicht begrenzt
das Ufer des Flusses, auf Grasin-
seln wachsen Kiefern und sogar
Palmenwäldchen.

Middle Quarters an der A 2
westlich des großen Sumpfes nennt
sich *Peppered Shrimp Capital of
the World*. Die scharf gewürzten
und gegarten Flußkrebse, die entlang der Straße in kleinen Plastiktü-
ten feilgeboten werden, schmek-
ken höllisch gut und verlangen
schnellstmöglich nach einem küh-
len Red Stripe-Bier oder dem angenehm temperierten Wasser einer
frisch aufgeschlagenen Kokosnuß.
Wenige Kilometer nördlich von
Middle Quarters ergießt sich das
Wasser des Y's River dekorativ über
drei Felsstufen in blaugrüne Pools.
Ein von einem Traktor gezogenes
Wägelchen fährt Besucher über
Privatgelände zu den Wasserfällen
an den Weiden vorbei, auf denen
rotbunte Jamaikarinder grasen (Lie-

gewiese, Badeplätze, Snack Bar, Eintritt).

Wer einen Abstecher nach **Seaford Town** (s. S. 187f.), weitere 20 km auf schlechter Straße nach Norden, nicht scheut, wird vom Straßenbild überrascht sein. Ein gutes Drittel der Bewohner, hellhäutig und oft blond, hat Verwandte in Orten entlang der Weser in Norddeutschland. Ihre Vorfahren wanderten als Landarbeiter nach Jamaika aus, als dort 1834 Arbeitskräfte gesucht wurden, welche die freigelassenen Plantagensklaven ersetzen sollten. Das kleine Museum (✆ 9 95-93 99, Schlüssel beim Priester der Ortskirche) dokumentiert die Geschichte der deutschen Emigranten. Deutsch hilft in Seaford Town nicht weiter, die dunkel- und hellhäutigen Bewohner verstehen Englisch, verständigen sich untereinander jedoch selbstverständlich in Patois.

Zurück bei Y's Falls gelangt man über Maggotty zum **Appleton Estate.** Seit 1749 wird dort Zuckerrohr zu Melasse, Zucker und Rum verarbeitet, die größte Destille von Jamaika produziert 10 Mio. l Rum im Jahr. Eine ›Rum-Tour‹ führt zu historischen und modernen Produktionsstätten und schließlich zur Verkostung der hochprozentigen und oft dekorierten Appleton-Schnäpse und -Liköre (Jamaica Estate Tours, c/o Appleton Estate, Siloah, ✆ 9 63-92 15, Fax 9 63-92 18).

Die direkte, schnelle Verbindung von Black River nach Mandeville führt über die recht passabel ausgebaute A 2. Kurz hinter Middle Quarters lohnt es sich, langsamer zu fahren. Bis zu 20 m hoher Bambus säumt die Landstraße auf einem mehr als 5 km langen **Bamboo Avenue** genannten Abschnitt, in dem das Sonnenlicht von den Blättern des hellgrünen Bambustunnels gefiltert wird. An der Straße verführen *Jerk*-Grills und Stände zum Halten, an denen das leicht süßliche, kühle Wasser frisch aufgeschlagener Kokosnüsse angeboten wird.

ℹ️ **Information:** *Jamaica Tourist Board,* Hendriks Building, 2 High St., Black River, ✆ 9 65-20 74, Fax 9 65-20 76

❗ **Touren:** *South Coast Safaris,* Sitz in Mandeville, ✆ 9 62-02 20, Büro in Black River, 1 Crane Rd., ✆ 9 65-25 13, bietet 90minütige Bootstouren auf dem Black River, sowie tägl. Trips zu den Y's-Wasserfällen; *St. Bess Attractions,* ✆ 9 65-23 74, Büro gegenüber vom Konkurrenten, veranstaltet ähnliche Touren

🚌 **Busse:** Busterminals am oberen Ende der Great George St. in Sav-la-Mar und nahe der Feuerwache in Black River mit Verbindungen entlang der Küstenstraße A 2 nach Negril und Montego Bay sowie nach Mandeville und Kingston

🚕 **Taxis:** Über das Hotel oder *Backras Services* (auch Mietwagen), Sav-la-Mar, ✆ 9 55-36 60

🛏️ **Unterkunft:** *Shafston Estate Great House,* Bluefields, ordentliches und freundliches Guest House, am bewaldeten Hang mit Ausblick bis Sav-la-Mar, jamaikanische Küche, ✆ 9 97-

Grüße an die fremde Heimat

Die deutsche ›Kolonie‹ von Seaford Town

An den Wänden hängen vergilbte Fotografien und Karten, sind Briefe der ersten Siedler an die »Lieben in der alten Heimat« ausgestellt. Einige Gebrauchsgegenstände, Lampen und Geschirr geben Auskunft über die Lebensumstände im Ort Mitte des 19. Jh. Über der Tür im kleinen Seaford Town Historical Mini Museum ist eine Tafel mit den Namen der deutschen Einwanderer angebracht, die 1834 nach einer langen Schiffsreise von Bremen nach Kingston und einer beschwerlichen Fahrt über Land beim Montpelier Mountain im Südwesten von Jamaika eintrafen. Ein rührender Dankesbrief vom 25. 12. 1834 an den Kapitän der »Olbers«, der die Gruppe über den Atlantik befördert hatte, betont, daß seine Passagiere gern ein würdigeres Geschenk als diese Zeilen gefunden hätten, wären sie nicht von der blanken Armut aus der Heimat vertrieben worden.

Der englische Großgrundbesitzer Ellis of Montpelier, wenige Jahre zuvor als Lord Seaford zum Baron erhoben, hatte eine Bitte der Regierung aufgegriffen, europäische Siedler für Jamaika anzuwerben. Die britische Kolonialverwaltung mußte handeln. Nachdem vom Londoner Parlament 1834 beschlossen worden war, die Sklavenarbeit mit einer Übergangszeit von vier Jahren im britischen Empire aufzuheben, war absehbar, daß in Kürze ein Engpaß bei der Bewirtschaftung der ausgedehnten Plantagen auftreten würde. Neben den Ausreisewilligen in Großbritannien und Irland, Indien und Afrika versuchten Anwerber auch, ein Kontingent aus deutschen Landen zusammenzustellen.

Insgesamt 1200 verarmte Handwerker und Händler aus Orten entlang der Weser, den Stammlanden des britischen Königs fanden sich schließlich, die ihr Glück in der Neuen Welt versuchen wollten. Sie wurden in verschiedene Regionen von Jamaika angesiedelt, 251 von ihnen gründeten Seaford Town. Lord Seaford, dem auf der Antilleninsel mehr als 4000 ha Land gehörten, versprach den Neu-Ankömmlingen, Eigentumsrechte für insgesamt 200 ha zu übertragen, wenn sie fünf Jahre für ihn gearbeitet hätten.

Die Siedler mußten vom ersten Tag an mit außerordentlichen Problemen kämpfen. Das ungewohnte Klima und die für sie neue Arbeit als Bauern machte ihnen schwer zu schaffen. Tropische Krankheiten wie Gelbfieber und Malaria dezimierten die Gruppe rapide. Nach drei

Jahren lebten nur noch 100 der Immigranten. Auch die Versprechungen seiner Lordschaft erwiesen sich als wenig verläßlich. Das zugewiesene hügelige Land, das urbar gemacht werden sollte, stellte sich als wenig fruchtbar heraus, ein Bewässerungssystem war nicht vorhanden. Die von der Regierung in den ersten 18 Monaten für die Siedler zur Verfügung gestellten Grundnahrungsmittel mußten zu Fuß vom 19 km entfernten Chester Castle abgeholt werden.

Erst nach 15 Jahren wurde den ersten der verbliebenen Familien Grundeigentum übertragen. Auch gesellschaftlich sahen sich die armen Deutschen von Seaford Town zwischen den Stühlen. Schwarze mißtrauten ihnen als Verstärkung für die weißen Unterdrücker, wohlhabende Engländer blickten blasiert auf sie herab. Schon nach weniger als einem Jahr druckte eine deutsche Zeitung den warnenden Brief eines Aussiedlers an andere Emigrationswillige, ihnen nicht nach Jamaika nachzufolgen.

Seaford Town zeigt sich heute, als sei die Zeit stehengeblieben. Noch immer ist der Reichtum nicht in den Ort eingekehrt. An einigen der schlichten kleinen Häuser, deren Giebel entfernt an norddeutsche Vorbilder erinnern, findet man nach wie vor deutsche Familiennamen, Reimann, Kleinhans, Grosskopf, Schröder oder Sommer. Im Lebensmittelladen steht ein hellhäutiger, blauäugiger Besitzer hinter dem Tresen, auf dem Kopf eine Mütze, wie sie auch Fischer an der Nordseeküste tragen.

Die 200 Mitglieder der 15 verbliebenen Familien, die noch immer ein knappes Drittel der Bevölkerung stellen, scheinen im Laufe der zurückliegenden 160 Jahre nur wenige Verbindungen mit dunkelhäutigen Jamaikanern eingegangen zu sein. Sie haben nur untereinander geheiratet. Viele Jüngere wanderten aus, in die USA und vor allem nach Kanada. Die frühere Heimat und die deutsche Sprache der Vorfahren sind bei den ›Deutschen‹ von Seaford Town in Vergessenheit geraten. Sie sprechen Patois und unterscheiden sich bis auf ihre auffällige Hautfarbe nicht von den übrigen Bewohnern des Ortes.

50 76, $; *Natania's Guest House,* Little Culloden, Whitehouse, charmante Unterkunft mit Garten und kleinem Pool, am Strand, Bootsmiete möglich, ✆ und Fax 9 63-53 42, $–$$; *South Sea View Guest House,* Whitehouse, östl. vom South Sea Park, gute Zimmer, Pool, Treppen zur Felsbucht, ✆ 9 63-51 72, Fax 9 63-50 00, $–$$; *Invercauld Great House and Hotel,* Black River, 66 High St., restaurierte Plantagenvilla mit Pool, Tennisplatz und Restaurant, ✆ 9 65-27 50, Fax 9 65-27 51, $$–$$$; *Waterloo Guest House,* Black River, 44 High St., modernere Zimmer mit Klima-Anlage im Garten des georgianischen

Gebäudes, ✆ 9 65-22 78, Fax 9 65-20 72, $; *Bridge House Inn,* 14 Crane Rd., Black River, einfache Herberge an der Brücke über dem Black River, ✆ 9 65-23 61, $; *Apple Valley Guest House,* Maggotty, zwischen Appleton Estate und Y's Falls, kleinere, zu einem *Guest House* umgebaute ehemalige Plantagenvilla, guter Standort für Ausflüge in die reizvolle Umgebung und zur Erholung im Apple Valley Park, einer Parklandschaft mit Bootsverleih am Black River, Picknickplätzen sowie gelegentlichen Kulturveranstaltungen, mit Restaurant und eigener Bäckerei, ✆ 9 97-60 00, $; *South Coast Rentals,*

Fischer am Treasure Beach

17 High St., Black River, vermittelt Häuser an der Südwestküste, ☎ 9 65-26 51

Essen und Trinken: *Red Snapper,* Whitehouse, South Sea View Guest House, verschiedene Fisch-, Hummer- und Hühnchengerichte; *Scott's Cove,* im gleichnamigen Ort, südl. von Whitehouse, leckere Fischgerichte an Straßenständen, frisch, dazu gibt es *Bammies,* $; *Bridge House* Restaurant, Black River, frisch zubereiteter Fisch, ordentliche jamaikanische Gerichte, $–$$

Sport: *Ashton Great House* (☎ 9 65-20 36) in Luana, 6 km nördl. von Black River, unterhält einen Reitstall; *Paradise Park,* eine Rinderfarm, bietet Ausritte durch Palmenwälder am Sweet River entlang bis zum Meer, bei Ferris Cross, östl. von Savanna-la-Mar, ☎ 9 99-57 71, Fax 9 55-29 97

Von Mandeville nach Kingston

Die Santa Cruz Mountains ziehen sich südlich der gleichnamigen Stadt bis zur Küste der Karibischen See hin. Das Klima im Gebiet der bis zu 800 m hohen Hügelkette mit moderaten Temperaturen, hohem Ozongehalt und geringer Luftfeuchtigkeit galt zu britischen Kolonialzeiten als besonders angenehm und heilsam bei Erkrankungen der Atemwege.

In der Kleinstadt **Santa Cruz,** einem wichtigen Marktplatz für die Landwirte der Region, haben viele ausländische Mitarbeiter von Aluminiumfirmen ihren Wohnsitz. Eine kurvige Abzweigung nach Süden führt durch die Berge zum Bade- und Fischerort **Treasure Beach.** Mit wenigen mittelgroßen Hotels, einigen *Guest Houses* sowie *Bed & Breakfast*-Anbietern sind das abge-

schiedene Treasure Beach und dessen Vororte an den schönen Stränden der Great Pedro Bay, der Calabash-, der Frenchman's- und der Billy's Bay eine Alternative zu den gut erschlossenen Ferienmetropolen im Nordwesten von Jamaika. Ein entspannter, *Laid back*-Lebensstil, das fast vollständige Fehlen aggressiver Verkaufstechniken von Andenkenhändlern und von professionellen ›Urlaubsbekanntschaften‹ lassen eine lockere Ferienatmosphäre bei denen aufkommen, die allein Wasser, Landschaft und Ruhe genießen wollen.

Nur wenig weiter im Osten führt die Straße auf den fast 600 m hohen Felsbalkon von **Lovers' Leap.** Einer Legende zufolge soll sich ein Paar liebender Sklaven von der Klippe gemeinsam in den Tod ge-

191

stürzt haben, um nicht von ihrem Besitzer getrennt zu werden. Der Ausblick von den aufragenden Ausläufern der Santa Cruz Mountains nahe dem Lover's Leap Lighthouse über das Meer und an der Küste entlang ist spektakulär.

Von **Port Kaiser** etwas weiter im Osten verschifft die Kaiser Bauxit Company erzhaltige Erde nach Nordamerika. Träumer sehen hier bereits einen zukünftigen Kreuzfahrthafen. Am weitläufigen Strand von Alligator Pond sind die Jamaikaner unter sich. Fischer sortieren ihren Fang, einige Ausflügler aus Mandeville und Kingston baden oder schnorcheln vor der Küste.

Mandeville, 30 km von der Küste entfernt und knapp 700 m hoch gelegen, wird gern als der Ort auf Jamaika bezeichnet, der die britische Tradition am besten verdeutlicht. Das Klima entspricht zwar nicht dem von England, ist aber für jamaikanische Verhältnisse geradezu kühl. Für die einstigen Kolonialherren kam die hügelige Landschaft der fernen Heimat am nächsten. Grund genug für viele Offiziere ihrer Majestät, hier einen Wohnsitz einzurichten und britischen Le-

Von Mandeville nach Kingston

bensstil zu pflegen. Daß dazu auch die Gartenkunst gehörte, dokumentiert noch heute die 1865 gegründete Manchester Horticultural Society (☎ 9 62-23 28), die alljährlich im Mai eine weithin beachtete Ausstellung eröffnet. Der Manchester Country Club mit Tennisplätzen und einem Neun-Loch-Golfplatz wurde vor mehr als 100 Jahren gegründet und ist der älteste der Insel.

Mit der Ausbeutung von gewaltigen Bauxitvorkommen, dem Rohstoff für die Herstellung von Aluminium, im Norden und Westen der Stadt seit den 50er Jahren änderte sich der beschaulich ländliche Charakter von Mandeville. Die Al-

can Jamaica Co., Tochter der Canadian Aluminium Corporation, fördert noch immer die kostbare rote Erde im Tagebau. Der giftige ›Bauxit-See‹ von Kirkvine Works ist vom Straßenrand nördlich der Stadt gut erkennbar. Ein Großteil der Nordamerikaner, die für die internationalen Aluminiumgesellschaften arbeiten, wohnt in Mandeville. Hinzu kommen viele Jamaikaner, die nach langen Arbeitsjahren im Ausland in ihre Heimat zurückgekehrt sind und ihre Ersparnisse in großzügige Villen investiert haben. So gibt es in der Stadt zwar Armut, aber keine Slums, es gibt Marktgetümmel an

Community Tourism

Urlaubserlebnisse abseits der Karibik-Strände

»Als wir entdeckten, daß viele unserer Gäste Interesse daran hatten, Jamaika und die Gastfreundschaft seiner Menschen außerhalb der Urlaubszentren der Nordküste kennenzulernen, haben wir unser Konzept eines ›Community Tourism‹ ausgebaut.« Diana McIntyre Pike, Besitzerin des Astra Country Inn in Mandeville, wird nicht müde, ihre Vorstellungen von einem ›sanften Tourismus‹ zu propagieren. *Country style* heißt das Programm, das vom Tagestrip bis zur Inselrundreise Ausflüge in die Alltagswelt der Jamaikaner anbietet, die den ›Sonne und Sand-Touristen‹ verschlossen bleibt.

Eine Tagesexkursion nach Treasure Beach an der Südküste der Insel könnte mit einer Einladung in das Haus einer Familie beginnen, mit einer Erfrischung und einem jamaikanischen Snack, vielleicht Fisch und *Bammy,* einem Fladenbrot. Nach dem Besuch einer kleinen Ziegenfarm wartet ein Mittagessen mit jamaikanischen Spezialitäten im Restaurant des Olde Wharfe Hotel in Treasure Beach. Am Nachmittag läßt es sich dann herrlich am Strand faulenzen oder in der Karibischen See baden, bevor der Tag mit einem Panoramablick vom Lovers' Leap, einem fast 600 m hoch gelegenen Aussichtspunkt an der Steilküste, endet.

Wochenenden, aber auch ein Dutzend Einkaufszentren. Selbst US-Fast Food-Imbisse fehlen nicht.

Der Mandeville Square mit dem Cecil Charlton Park im Zentrum wird vom Kreisverkehr des Park Crescent umschlossen. Das aus Kalksteinblöcken erbaute Gericht wurde 1820 noch zur Zeit der Sklaverei eingeweiht, im gleichen Jahr wie die wuchtige St. Mark's Parish Church am Südrand des Platzes. Die Polizeistation am Nordende wurde vor 150 Jahren als Gefängnis und Arbeitshaus genutzt.

Marshall's Pen Great House and Bird Sanctuary (✆ 904-54 54) am nordwestlichen Stadtrand wird von der alteingesessenen Sutton-Familie bewohnt, kann jedoch nach Anmeldung besucht werden. Das frühere Herrenhaus einer Kaffeeplantage ist von einer herrlichen Gartenanlage umgeben, in der nahezu 100 unterschiedliche Vogelarten gezählt wurden.

Bei der Besichtigung der High Mountain Coffee Factory (✆ 962-42 11) in **Williamsfield** wird köstlicher Kaffee ausgeschenkt, bei der

Kleine Hotels, Bed and Breakfast-Unterkünfte, Landgasthöfe und Privatzimmer, vor allem im Süden der Insel, ergänzen das Übernachtungsangebot der großen All Inclusive-Ketten, die sich in meist abgeschlossenen Strandarealen bewußt vom täglichen Leben in den Orten isolieren.

Viele Urlauber haben Hemmungen, sich in das laute und quirlige Treiben eines Straßenmarktes zu begeben oder eine der urigen Bars an der Straße aufzusuchen, mit einem örtlichen Führer kann dieser Besuch zu einem echten Erlebnis werden. Ein Schuhmacher in einem Dorf auf dem Lande weiß gar nicht, daß sein Beruf in Europa nahezu ausgestorben und seine Handwerksstube für Touristen eine Attraktion ist. Der Stolz vieler Jamaikaner sind die gezüchteten, tropischen Blumen in ihren Gärten, die sie Blumenfreunden von Übersee gern zeigen. Band-Musiker, Rapper und DJs sind bereit, Interessierten Einblicke hinter die Kulissen ihrer phonstarken Aktivitäten zu gestatten.

Wer einmal an einem der lebhaften und fröhlichen Gottesdienste in einer der vielen Kirchen teilnehmen möchte, wird dies auf Einladung des Predigers sicher noch lieber tun. *Community Experience* bedeutet die Begegnung mit Jamaikanern, wie sie leben und arbeiten, nicht nur an der Bar des Strandhotels oder hinter dem Steuer eines Taxis. Besucher und Gastgeber können sich sicher fühlen, vor zudringlicher Belästigung und davor, als lokale Folklore ausgenutzt zu werden. Gleichzeitig profitieren so auch die ›normalen‹ Menschen ein bißchen von den Touristenströmen, ohne daß ihr Lebensstil wie in den Urlaubermetropolen Ocho Rios, Montego Bay oder Negril umgekrempelt wird.

nicht weit entfernten Pioneer Chocolate Factory (✆ 962-42 16) darf man Schokolade und Kakao naschen. In Shooters Hill kann man den Köchen der bekannten Pickapeppa Co. (✆ 962-29 28) in die Töpfe gucken, die eine pikante Gewürzsauce herstellen. Gemüse und Gewürze kommen von den Feldern rund um das Städtchen **Christiana,** einer etwa 1000 m hoch gelegenen Region, in der sich zu Beginn des 19. Jh. auch einige deutschstämmige Siedler niedergelassen hatten.

Um nach **Milk River Bath** zu gelangen, muß man die Hauptstraße von Mandeville nach Kingston vor May Pen Richtung Süden verlassen und am Milk River entlang durch eine trockene, von Gestrüpp und Kakteen bewachsene, menschenleere Landschaft fast bis zur Mündung des Flusses fahren. Die 33° Celsius warme Quelle, deren radioaktive Strahlung 50mal höher ist als die von Vichy in Frankreich, soll sich wohltuend auf Arthritis, Wirbelsäulenerkrankungen, Neuralgien und Leberschäden auswirken. Nach maximal 15 Minuten für einen Badegang muß man das Wasser verlassen. Wer will, kann die eigene Halbwertzeit durch einen guten Schluck aus der Quelle deutlich erhöhen. Die staatliche Bade-Einrichtung wird bereits seit Ende des 18. Jh. betrieben.

An der Mündung des Flusses, in Farquhar's Beach, das man nach 2 km auf einer staubigen Schotterstraße erreicht, leben einige Fischer in roh gezimmerten Holzhütten. Um zum wenig weiter westlich gelegenen Alligator Hole River im Canoe Valley zu gelangen, muß man die Straße über Milk River Bath hinaus bis zu einer ausgeschilderten Abzweigung zurückfahren, die sich durch hügeliges Gelände bis zur Mündung des Alligator River windet. In dem kleinen Naturschutzgebiet leben auch vier weibliche Manatees, die sich einst in Fischernetzen verfangen hatten.

May Pen, ein wichtiger Marktplatz der landwirtschaftlich intensiv genutzten Küstenebene, liegt knapp 40 km östlich von Mandeville. Auf den Feldern werden Zitrusfrüchte, Gemüse, Kakaopflanzen und Zuckerrohr angebaut. Der Ort gilt als Zentrum der (illegalen) Hahnenkämpfe auf Jamaika. In den versteckten Arenen, in denen die Kampfhähne ihre blutigen Auseinandersetzungen austragen, setzen nicht selten auch prominente Politiker ihre Wetten.

Die geheimnisvollen Mauern von **Colbeck Castle,** dem befestigten Sitz einer einst großen Planta-

ge, sollen schon mehr als 300 Jahre alt sein. Genau weiß das niemand zu sagen. Die Ruinen liegen knapp 3 km nordwestlich von **Old Harbour,** einem Marktstädtchen, dessen Ortsmitte ein imposanter viktorianischer Uhrenturm markiert. Von Old Harbour ist nach 15 km Spanish Town erreicht.

Spanish Town

Nachdem die Spanier ihre erste Kolonialhauptstadt Sevilla la Nueva im Jahre 1534 an der Nordküste aufgegeben hatten, gründeten sie nicht weit von der Küste Villa de la Vega, die ›Stadt in der Ebene‹. Von dem spanischen Verwaltungssitz, der später in St. Jago de la Vega umbenannt wurde und auch in besten Zeiten nicht mehr als ein paar hundert Bewohner zählte, blieben nicht einmal Ruinen erhalten.

Die englischen Eroberer von Jamaika brannten die Hauptstadt ihrer Vorgänger nieder, errichteten hier die Kapitale ihrer neuen Kolonie und nannten sie nach ihren Vorgängern Spanish Town. Sie blieb es bis zum Jahre 1872, als der aufstrebende, nur 25 km entfernte Handelsort Kingston zur Hauptstadt und zum Sitz des Gouverneurs der britischen Krone ernannt wurde.

Wenig erinnert an die 338jährige Tradition von Spanish Town als Regierungssitz von Jamaika. Sehenswert ist allein der historische Kern der pulsierenden, unstruktu-

Spanish Town

riert wirkenden Stadt mit heute mehr als 100 000 Einwohnern. Um den zentralen, seltsam unbelebten Platz **The Park** gruppieren sich die wichtigsten Gebäude. Die Südseite des Karrees wird von der Ruine des Gerichtsgebäudes aus dem Jahre 1819 flankiert, das früher als Rüstkammer fungierte. Im Westen imponieren die Backsteinfassade des Old King's House, das 1762 als Gouverneurssitz errichtet wurde und 1925 ausbrannte. In den unversehrten Stallungen ist das kleine Jamaican People's Museum of Crafts and Technology untergebracht (☎ 9 22-06 20, Mo–Fr 10–16 Uhr, Eintritt), in dem eine unsystematische, gleichwohl interessante Sammlung von frühen Zeugnissen des Lebens auf Jamaika ausgestellt ist. Die Ostseite des Platzes nimmt das aus rotem Sandstein errichtete House of Assembly ein, in dem von 1762 an die Abgeordnetenversammlung der britischen Kolonie tagte.

Über einer schattigen Arkade fällt der schön gearbeitete, hölzerne Balkon auf. Heute beherbergt der historische Bau Büros der Kreisverwaltung. An der Nordseite dominiert das kuppelgekrönte Rodney Memorial, das den Verteidiger des britischen Jamaika in einer Seeschlacht 1782 gegen eine französisch-spanische Flotte als marmornen, römischen Senator zeigt. Durch Arkaden gelangt man zu zwei Gebäuden, in denen das Jamaica Archives and Record Office offizielle und einst geheime Dokumente aus mehr als 300 Jahren Kolonial- und Staatsgeschichte verwahrt.

Drei Querstraßen weiter lohnt die 1714 erbaute **St. Jago de la Vega Cathedral,** die nach Fort Charles in Port Royal als zweitältestes Kolonialgebäude gilt, einen Besuch. Die anglikanische Kirche wurde auf den Ruinen einer von den Engländern zerstörten Franziskanerkapelle errichtet und diente lange als Grabstätte der wichtigsten Honoratioren der britischen Kolonie.

Wer auf der White Church Street und der Bourkes Road Richtung Kingston fährt, passiert das **St. Catherine District Prison.** Dort drängen sich die Gefangenen an den vergitterten Fenstern, um mit ihren Angehörigen auf der Straße zu sprechen. Vorbei geht es auch am Prison Oval genannten Sportfeld, auf dem sich Cricket- oder Fußballspieler gern zu einem Match treffen. Seit 1801 steht die alte gußeiserne Brücke, die parallel zur Hauptstraße den Rio Cobre quert.

Südlich von Spanish Town erstreckt sich bis zur Küste die nahezu unbewohnte, karge Hügellandschaft der **Hellshire Hills.** Dort, wo nur dorniges Gestrüpp und Kak-

teen gedeihen, leben noch einige der bis zu 2 m langen Jamaika-Leguane. Die Halbinsel läuft im Südwesten in eine Sumpflandschaft aus, die **Hellshire Beaches** im Osten gehören zu den Lieblingsstränden der Bewohner von Portmore und Spanish Town.

Bei der Fahrt in das 30 km entfernte Kingston auf dem Nelson Mandela Freeway (A 1) sollte man auf das kleine Schild achten, das die Abzweigung vom 70 m entfernten Arawak Museum in **White Marl** anzeigt (kein Telefon, Mo–Fr 10–16 Uhr, Eintritt). Auf dem Areal einer früher bedeutenden Siedlung der Arawak zeigt die kleine Ausstellung, die in einer achteckigen indianischen Hütte untergebracht ist, Werkzeuge, Schmuck und illustriert die Lebensbedingungen der Arawak vor ihrer Ausrottung durch die Spanier. Die Originale der kleinen ausgestellten Figuren sind im British Museum in London zu finden.

Information: Das Büro des Jamaica Tourist Board in Mandeville hat geschlossen. Als wertvolle Informationsquelle dienen Diana McIntyre-Pike und ihre Countrystyle-Agentur, die auch Touren und Ausflüge veranstaltet, c/o Astra Country Inn, 62 Ward Ave., ✆ 9 62-79 79, Fax 9 62-14 61

Mietwagen: *Candi Car Rental,* ✆ 9 62-31 53, *National Car Rental,* ✆ 9 62-00 74, beide in der Caledonia Rd.

Busse: Busse fahren zu allen größeren Orten auf Jamaika, Informationen beim Superior Omnibus Service, Caledonia Plaza, ✆ 9 62-24 21

Taxis: Manchester Taxi, ☎ 9 62-20 21, in Mandeville

  Unterkunft/Essen und Trinken in Treasure Beach: *Treasure Beach Hotel,* an der Küste, Strandhotel auf einem Hügel, mit Zimmern in Häuschen auf dem ausgedehnten Grundstück, Pool, legeres Restaurant Yabba mit jamaikanischer Küche und Bar, ☎ 9 65-23 05, Fax 9 65-25 44, $$–$$$; *Jake's,* Treasure Beach, Calabash Bay, locker elegante Unterkunft mit rustikalen Häuschen (mit Moskitonetz und Deckenventilator), guter Blick über die Küste, Pool, beliebtes Restaurant, ☎/Fax 9 65-05 52, islandoutpost.com, $$$; *4 M's Cottage,* Mountainside, nicht weit vom Strand Treasure Beach entfernt, kleines *Guest House* mit einfachen Zimmern mit Bad und Küchenbenutzung, ☎ 9 65-26 51, Fax 9 65-26 97, $; *Trans-Love Bakery,* Treasure Beach, köstliches Frühstücksrestaurant (ab 8 Uhr) mit Bäckerei, ☎ 9 65-04 68, $; **... in Mandeville:** *Astra Country Inn,* 62 Ward Ave., westl. vom Stadtzentrum, einfaches Hotel mit gutem Service und vielen Informationen über die Region, Pool, Bar, Revival-Room und Country Fresh Restaurant mit authentischer jamaikanischer Küche, ☎ 9 62-79 79, Fax 9 62-14 61, $$; *Mandeville Hotel,* 4 Hotel St., wenige Schritte vom Park Crescent, ruhige Lage im Zentrum, ordentliche Zimmer, Pool; *Manchester Arms Pub,* Restaurant mit jamaikanischen Gerichten, ☎ 9 62-21 38, Fax 9 62-07 00, $$–$$$; *Traveller's Rest Guest House,* 2 Harriott Meadows, nördl. vom Zentrum, gemütliche, englische Bed and Breakfast-Unterkunft, ☎ 9 62-82 94, $; *Den,* 35 Caledonian Rd., gute asiatische Spezialitäten, ☎ 9 62-36 03, $–$$; **... in Christiana:** *Hotel Villa Bella,* kleines Country Inn, mit jamaikanischer Küche und englischem *High Tea* am Nachmittag, veranstaltet auch Ausflüge zu Sehenswürdigkeiten in der Nähe, ☎ 9 64-22 43, Fax 9 62-

27 62, $–$$; **... in Milk River:** *Milk River Bath Hotel & Restaurant,* einfache Zimmer mit Klima-Anlage, Fernseher, nettes Restaurant mit ordentlicher jamaikanischer Küche, ☎ 9 02-46 57, $$

 Einkaufen: Mandeville verfügt über mehrere, z. T. moderne Einkaufszentren, wie das Manchester Shopping Centre in der Caledonia Rd.; *The Book Shop,* Villa Plaza, Main St., Mandeville, mit ordentlicher Auswahl, ☎ 9 62-92 04

 Nachtleben: *Fisherman's,* Treasure Beach, kleine Diskothek, Bar und (Fisch-)Restaurant; *Capri,* 4 Caledonia Rd., Mandeville, mit Live-Bands am Wochenende, ☎ 9 62-03 60; *Fayor's,* 33 Ward Ave., Entertainment, Filmvorführungen und Diskothek von Mi–Sa, ☎ 9 62-57 71; ein besseres Kino mit aktuellen Filmen befindet sich mit dem Odeon Cinema an der Caledonia Rd.; *Jim's HQ,* in Spur Tree Hill, 15 km westl. von Mandeville, gute und am Wochenende meist volle In-Diskothek

 Sport: Der *Manchester Country Club* (☎ 9 62-24 03) in Mandeville mit neun *Greens* und 18 *Tee boxes* wurde bereits vor mehr als 100 Jahren angelegt; Reitexkursionen in den Ausläufern der Santa Cruz Mountains organisiert die Mayfield Ranch (☎ 9 65-62 34, Fax 9 65-61 66), die ihre Gäste auch in Treasure Beach abholt; *Ausritte* durch die hügelige Landschaft des Manchester Parish werden über das Astra Hotel und das Mandeville Hotel vermittelt. Wer seinen Körper mit Kraftgeräten in Form bringen möchte, kann im New Bodies Health Club in Mandeville trainieren, ☎ 9 62-53 34

Karibikurlaub pur in Bluefields ▷

TIPS & ADRESSEN

Alle wichtigen
Informationen rund
ums Reisen – von
Anreise bis Zoll –
auf einen Blick

Ein zusätzlicher
Sprachführer hält die
wichtigsten Vokabeln
griffbereit

INHALT

REISEVORBEREITUNG

Informationsstellen

Das Jamaica Tourist Board – JTB – unterhält ein Büro in Frankfurt, das auch für Österreich und die Schweiz zuständig ist:
JTB, Postfach 900 437,
60444 Frankfurt/Main, ☏ 0 61 84/ 99 00 44, Fax 0 61 84/99 00 46
Im Internet:
jamaicatravel.com, discoverjamaica.com, jamaica-irie.com

Diplomatische Vertretungen von Jamaika

… in Deutschland
Botschaft von Jamaika, Schmargendorfer Str. 32, 12159 Berlin, ☏ 0 30/85 99 45-0, Fax 85 99 45 40

… in Österreich
Honorarkonsul von Jamaika, Rüdigergasse 22, A-1050 Wien, ☏ 01/ 5 87 13 13, Fax 5 87 13 12

… in der Schweiz
Permanent Mission of Jamaica, 36 Rue de Lausanne, CH-1201 Genf, ☏ 0 22/7 31 57 80, Fax 7 38 44 20

Gesundheitsvorsorge

Impfungen sind für Touristen aus Europa nicht vorgeschrieben. Wer sechs Wochen vor Einreise nach Jamaika in Afrika, Asien, Mittel- und Südamerika, der Dominikanischen Republik, Haiti oder auf Trinidad und Tobago war, sollte sich nach den Vorschriften hinsichtlich einer Gelbfieberimpfung erkundigen.

Zwar stellen Krankheiten wie Gelbfieber, Typhus und Malaria auf Jamaika keine Gefahr dar, doch drohen oft Risiken wegen eines mangelhaften Impfschutzes. Die Reise sollte daher Anlaß sein, den Schutz gegen Tetanus, Diphterie und Polio zu überprüfen und eventuell aufzufrischen. Manche Ärzte empfehlen auch eine Immunisierung gegen Hepatitis.

Auf Jamaika sind Geschlechtskrankheiten nicht selten. Es besteht zudem die Gefahr der Aids-Übertragung. Da die im Land erhältlichen Kondome nicht unbedingt von bester Qualität sind, sollte man bei Bedarf einen entsprechenden Vorrat mitnehmen.

Eine nicht zu unterschätzende Gefahr bildet die intensive Sonneneinstrahlung auf Jamaika. Sonnenschutzmittel mit hohem Wirkfaktor mindern das Risiko von Sonnenbrand, Sonnenstich und Hitzschlag. Eine Sonnenbrille gegen Ultraviolettstrahlen gehört unbedingt ins Gepäck.

Viele Reisende leiden aufgrund der Klima- und Nahrungsumstellung vorübergehend unter Verdauungsproblemen. Wer einen empfindlichen Magen hat, sollte Salate und Speise-Eis meiden sowie Obst und Gemüse gründlich waschen oder schälen.

Klima und Reisezeit

Da die Durchschnittstemperaturen auf Jamaika gleichbleibend warm sind, eignet sich die Insel ganzjährig als Reiseziel. Touristisch wird zwischen Haupt- und Nebensaison – vom 15. 12. bis zum 30. 4. bzw. vom 1. 5. bis zum 14. 12. – unterschieden, was sich im Preisniveau bemerkbar macht.

Während der Nebensaison gibt es zwei Regenzeiten: eine kürzere im Mai und Juni sowie die große von August bis Oktober. In dieser Zeit fallen fast täglich kräftige, aber meist nur kurze Schauer, auf die wieder Sonnenschein folgt. Im Norden sind die Niederschlagsmengen höher als im Süden. Zwischen Juli und September ist die Gefahr, einen Hurrikan zu erleben, am größten. Die Tagestemperaturen betragen im Durchschnitt zwischen 26 und 32° Celsius, wobei es je nach Höhenlage und Nähe zum Meer kleinere Unterschiede gibt. Nachts kann es bis auf 16° Celsius abkühlen.

Reisekleidung

Aufgrund des tropischen Klimas ist für alle Jahreszeiten leichte, weitgeschnittene Baumwollkleidung empfehlenswert. Da die Temperaturen abends in der Nebensaison oder in höheren Lagen deutlich abkühlen können, ist die Mitnahme langärmeliger Hemden ratsam; sie bieten zudem leidlichen Schutz vor Moskitos. Für Spaziergänge in Städten und Orten oder den Besuch von Kirchen, Museen und bei Einladungen wird zumindest dezente Kleidung erwartet.

Je leichter Frauen bekleidet sind, desto größer ist auch die Anmache. Einige teure Hotelrestaurants halten einen strikten *Dress Code* ein – Männer müssen Jackett, manchmal auch Krawatte tragen.

Für Wanderungen in den Blue Mountains ist wärmere, wind- und auch regenfeste Kleidung mitzunehmen. Unbedingt ins Gepäck gehört Badezeug. FKK ist auf Jamaika nur an wenigen Hotelstränden erlaubt.

Reisen mit Kindern

Jamaika ist ein sehr kinderfreundliches Land, und generell ist das Reisen in Begleitung des Nachwuchses kein Problem. Viele Hotels sind auf kleine Gäste eingestellt und verfügen über kindgerechte Betten; abendlicher Babysitterservice oder die Betreuung durch ein Kindermädchen bei Tag lassen sich meist vorab organisieren. Manche Ferienanlagen richten sich speziell an reisende Familien und bieten viele wirklich oder vermeintlich kindgerechte Vergnügungen. Die meisten Hotels haben einen günstigen Kindertarif, solange die Kleinen unter 12 Jahre alt sind und im Zimmer der Eltern übernachten.

Bei Reisen mit Kindern sollten die möglichen Gefahren durch die starke Sonneneinstrahlung und gefährliche Strömungen an abgelegenen Stränden besonders beachtet werden.

Bei der Buchung einer Pauschalreise sollten Eltern beachten, daß in einigen All Inclusive-Resorts Kinder nicht erwünscht sind.

Reisen für Behinderte

Jamaika ist kein Urlaubsland, das Reisenden mit Behinderungen besonders entgegenkommt. Nur wenige der großen internationalen Resorts an den Küsten haben vor allem wegen ihrer nordamerikanischen Gäste einige behindertengerechte Einrichtungen wie Rampen für Rollstühle oder Zimmer mit geräumigen Bädern.

Es ist sinnvoll, über ein Reisebüro mit einem Pauschalveranstalter in Kontakt zu treten, um die geeigneten Hotels und Rundreisemöglichkeiten zu erkunden sowie sich an Selbsthilfeorganisationen im jeweiligen Heimatland oder an die Bundesarbeitsgemeinschaft ›Hilfe für Behinderte e. V.‹, Kirchfeldstr. 149, 40215 Düsseldorf, ✆ 02 11/3 10 06-0 zu wenden. Dort erhält man Informationsmaterialien und Tips zu bestimmten Regionen und Hotelanlagen in den jeweiligen Urlaubslänndern.

Das Jamaica Tourist Board sowie die Organisation ›Disabled Peoples Organisation of the Carribbean‹, 1 F North St., Kingston, ✆ 9 67-94 39 oder 9 22-21 55, können mit ergänzenden Hinweisen sowie einer Liste von Hotels, die auf Rollstuhlfahrer eingestellt sind, die Reiseplanung erleichtern.

Literarische Reisevorbereitung

Barbara Goudon: Stella seh, Kingston 1989. Die beliebte Kolumnistin erzählt Geschichten aus den unruhigen 1970er Jahren.

Charles Hyatt: When me was a Boy, Kingston 1989. Geschichte über das Leben in Kingston während der 1930er Jahre.

Eva Jones: Stone Haven, Kingston 1993. Familiengeschichte des Jamaikaners Stanley, der mit einer weißen Quäkerin verheiratet ist. Die Geschichte der Insel von den 1920er Jahren bis zur Unabhängigkeit bildet den Hintergrund.

Terry McMillan: Männer sind die halbe Miete, München 1997. Amüsanter Roman über eine 40jährige erfolgreiche Angestellte aus Boston, die auf Jamaika den Mann ihrer Träume findet.

Anna Seghers: Karibische Geschichten, Berlin 1994. Novellen über Sklaverei und Humanismus.

Olive Senior: Das Erscheinen der Schlangenfrau, Frankfurt/Main 1996. In Kurzgeschichten wird das Leben der Jamaikaner und ihre besondere Mentalität anschaulich gemacht.

Laura Tanna: Jamaica Folk Tales & Oral History, Kingston 1984 ff., vols 1–23. Geschichten, Gleichnisse und Fabeln über Anancy, Nana Hana, Reece und Duppy – Kobolde, Tiergötter und Geister, die ihren Ursprung in der afrikanischen Kultur haben.

Anthony C. Winkler: The Painted Canoe, Kingston 1983. Geschichte eines alten Fischers, der gegen das Meer und das Schicksal ankämpft. Am Ende siegen Weisheit und Zuversicht über die Wissenschaft.

The Great Yacht Race, Kingston 1992. Im Montego Bay der 1950er Jahre sind nicht die gesellschaftlichen Probleme, sondern die Ergebnisse der großen Regatta das wichtigste Ereignis für die weiße Herrschaftsschicht.

Going Home to Teach, Kingston 1995. Autobiographie des großen jamaikanischen Erzählers.

Peter-Paul Zahl: Der schöne Mann, Berlin 1994. Kriminalroman über die Verbrechen der Politmafia.

Nichts wie weg, Berlin 1994. Kriminalroman über Sextourismus und gefährliche Wunderheiler.

Teufelsdroge Cannabis, Berlin 1995. Kriminalroman über Drogenhandel und die Hintermänner.

Lauf um Dein Leben, Berlin 1996. Kriminalroman über Machenschaften in der Sportszene.

Geheimnisse der karibischen Küche, Hamburg 1998. Kochbuch, gewürzt mit Geschichte und Kultur.

Ananzi ist schuld, München 1999. Jamaikanische Geschichten für Kinder.

Einreise-, Ausreise- und Zollbestimmungen

Reisende aus Westeuropa benötigen für die Einreise bei einem Aufenthalt von bis zu drei Monaten einen noch mindestens sechs Monate gültigen Paß, aber kein Visum, ein Rück- oder Weiterflugticket und ausreichende Geldmittel für den Aufenthalt. Eine Kreditkarte genügt als Nachweis.

Generell ist die Einfuhr von Pflanzen, Obst, Honig, Rum, Waffen, Munition und Drogen streng verboten. Auch jamaikanische Devisen dürfen nicht importiert werden, ansonsten gibt es betreffs der eingeführten Geldmenge keine Beschränkungen. Fleisch und Obst in Konservendosen sind vom Einfuhrverbot ausgenommen.

Die Mitnahme von Gegenständen des persönlichen Bedarfs ist nicht reglementiert. Jede Person darf 50 Zigarren, 200 Zigaretten, 225 g Tabak, $1/2$ l Spirituosen (kein Rum!) und 1 l Wein ins Land bringen. Die Einfuhr von Tieren unterliegt strengen Quarantänebestimmungen, deshalb sollten Haustiere auf jeden Fall daheim gelassen werden. Es kann vorkommen, daß teure Kameras, die Video-Ausrüstung, tragbare Computer und Mobiltelefone im Paß registriert werden. Für Handys ist sogar eine Kaution zu entrichten, die bei Verlassen des Landes rückerstattet wird.

Bei der Ausreise dürfen Souvenirs in einer Menge mitgenommen werden, die keinen Verdacht auf kommerzielle Weiterverwertung weckt. Der Export von Tieren und Pflanzen, vor allem von Marihuana, ist streng untersagt. Beim Abflug wird eine Ausreisegebühr von 1000 Jamaica-Dollar erhoben. Bei Stichproben müssen Belege für den ordnungsgemäßen Tausch der Devisen vorgelegt werden. Die Ausfuhr von Souvenirs richtet sich auch nach den Einfuhrbestimmungen des jeweiligen Heimatlandes.

Anreise

Flüge aus Europa landen zumeist auf dem Sangster International Airport bei Montego Bay. Es gibt einmal wöchentlich eine Direktverbindung ab Frankfurt oder Düsseldorf mit der LTU oder Condor, dazu mit der Martinair ab Amsterdam sowie mit der Balair ab Zürich und täglichen Service von Frankfurt via Miami sowie von größeren deutschen, Schweizer und österreichischen Flughäfen via London mit British Airways. Condor bietet Anschlußflüge ab Österreich ebenso wie Martinair, die auch Zürich und Genf bedient. Hinzu kommen diverse Flugverbindungen von den USA und Kanada.

Der Norman Manley International Airport von Kingston wird täglich von Frankfurt mit Umsteigen in Miami und von den größeren deutschen, Schweizer und österreichischen Flughäfen via London angeflogen.

Die Flugzeit von Deutschland beträgt je nach Strecke und Umsteigeverbindung zwischen neun und 13 Stunden. Regelmäßige Schiffsverbindungen nach Jamaika gibt es nur im Rahmen von Karibikkreuzfahrten.

UNTERWEGS AUF JAMAIKA

… mit dem Mietwagen

An den Flughäfen von Kingston und Montego Bay haben alle größeren Autovermieter ihre Büros. Ein Wagen der unteren Klasse schlägt mit mindestens 65 US-Dollar pro Tag inklusive Versicherung und Steuer zu Buche. Vollkaskoversicherungen sind nicht erhältlich; eine Zusatzversicherung limitiert das eigene Haftungsrisiko. Bei Vertragsabschluß sollte man beachten, ob die gefahrenen Kilometer im Preis inbegriffen sind. Eine Reservierung vom Heimatland aus kann preiswerter sein.

Wer ein Auto mieten will, muß 25 Jahre alt sein und über eine Kreditkarte verfügen sowie seit mindestens einem Jahr einen Führerschein haben. Beim Mieten und bei eventuellen Polizeikontrollen ist der nationale Führerschein ausreichend.

Auf Jamaika herrscht Linksverkehr. In den Orten dürfen 50, außerhalb der Ortschaften 80 km/h gefahren werden (30 bzw. 50 Meilen). Es gibt nur wenige Straßenschilder, und abseits der relativ gut ausgebauten Küstenstraße muß mit tiefen Schlaglöchern und anderen Straßenschäden gerechnet werden. Besonders im Bereich scharfer Kurven sollte man auf Hindernisse oder Gegenverkehr gefaßt sein.

Außer Autos sind oft auch Ziegen, Hühner und Kühe auf den Straßen unterwegs. Nächtliche Fahrten sind daher besonders risikoreich, zumal viele Wagen keine funktionstüchtige Beleuchtung haben. Wer in abgelegene Gegenden oder im Gebirge fahren will, sollte vor allem in der Regenzeit Erkundigungen über den Streckenzustand einholen. Im Straßenverkehr lauern ernste Gefahren: Jamaika hat die dritthöchste Todesrate, da fast immer zu schnell, häufig riskant und rücksichtslos gefahren wird.

… mit dem Flugzeug

Air Jamaica Express unterhält den Inlandsverkehr und fliegt Kingston, Montego Bay, Negril und Port Antonio an. Die Flugpläne sind Schwankungen unterworfen. Informationen zu Abflugzeiten und Preisen erhält man in Kingston, ✆ 9 22-46 61, in Montego Bay, ✆ 9 52-43 00, in Negril, ✆ 9 57-42 10. Auch die Büros des JTB geben Auskunft.

… mit dem Bus

Viel benutzte Fortbewegungsmittel sind Busse oder Minibusse. Sie steuern jede Ortschaft und jede Stadt an.

Minibusse fahren immer dann ab, wenn sie voll besetzt sind. Abfahrtsort und Strecke kann man überall erfragen. Offiziell zugelassene Wagen haben ein rotes Schild mit den Buchstaben PPV *(Public Passenger Vehicle)*. Den Preis handelt man vor Beginn der Fahrt aus und zahlt ihn am Ziel. Unterwegs ist mit häufigen Verzögerungen zu rechnen.

Die größeren Busse fahren von Busbahnhöfen ab, stoppen, wenn nötig, aber auch an jeder Ecke. Man kann sie auch auf offener Strecke mit Handzeichen anhalten. Hier wird während der Fahrt bezahlt (Kleingeld bereithalten). Die Fahrkünste und Umgangsformen des Personals der meist überfüllten Busse und Minibusse stehen bei Jamaikanern in keinem guten Ruf.

… mit dem Taxi

Die Preise der Taxis sind entsprechend der Strecke festgelegt, die Fahrt mit der Mietdroschke ist kein billiges Vergnügen. Alle offiziell zugelassenen Wagen haben rote Kennzeichen mit den Buchstaben PPV *(Public Passenger Vehicle)*. **Achtung:** nicht jeder Wagen mit einem Taxischild auf dem Dach ist auch wirklich ein Taxi. Manchmal gibt es am Ende der Fahrt eine unliebsame Überraschung, wenn der Fahrer einen deutlich überhöhten Preis fordert. Generell gilt: alle Preisabsprachen vorher treffen.

Fahren per Anhalter

Das Reisen per Anhalter ist bei Jamaikanern weit verbreitet. In Anbetracht möglicher Risiken – Jamaikaner sind waghalsige Fahrer – ist der Fortbewegung mit Busse oder Minibussen der Vorzug zu geben, zumal auch Fahrer von Privatautos sich das Mitnehmen oft bezahlen lassen.

Organisierte Touren

Verschiedene Reiseveranstalter in der Bundesrepublik haben sich auf Jamaika spezialisiert und bieten vielfältige Unterkünfte und Tourenangebote für jeden Geldbeutel. Im Land sind unterschiedlichste Arrangements erhältlich, die sich individuell auf Reisedauer, Zielgebiet und Spezialinteressen der Touristen anpassen lassen. Es gibt Ausflüge zu Rumbrennereien und Kaffeeplantagen, Wandertouren in die Blue Mountains und Exkursionen in alle Landesteile. Manche Veranstalter orientieren sich an ökologischen Aspekten, andere haben Sport und Unterhaltung oder kulinarische Highlights im Programm. Auch Radtouren und Segelausflüge sind beliebt. Informationen vor Ort erteilt jedes Büro des *Jamaica Tourist Board* (s. S. 203).

Meet the People, über das *Jamaica Tourist Board,* ermöglicht Treffen mit jamaikanischen Familien zum besseren Kennenlernen und Verstehen.

Sun Venture Tours, 30 Balmoral Ave., Kingston 10, ☎ 9 60-66 85, Fax 9 20-83 48, sunventuretours. com, bietet Foto-Safaris, Bergwanderungen, Höhlentrips und diverse andere mehrstündige und -tägige Ausflüge abseits der Strände an.

Countrystyle – Community Tourism, P. O. Box 60, 62 Ward Ave., Mandeville, ☎ 9 62-79 79, Fax 9 62-14 61, kann auf ein Netz kleinerer

Country Inns zugreifen und organisiert Touren zu Land und zu Leuten.

Motor- und Fahrräder

Die Miete eines Motorrads schlägt mit mindestens 35 US-Dollar pro Tag zu Buche. Mit der Kreditkarte wird die Kaution beglichen. Da Schäden am Motorrad stets vom Mieter zu erstatten sind, sollte man vor der Übernahme das Fahrzeug gründlich überprüfen.

Jamaika läßt sich hervorragend mit dem Mountainbike erkunden, sofern man sich auf die besonderen Verkehrsverhältnisse einstellt. Abseits der Hauptstrecken sind die Straßen oft voller Löcher oder mit Sand und Kies bedeckt. Fahrradverleiher gibt es in vielen Orten, aber gute Räder sind rar. Grundsätzlich sollte man Flickzeug mitnehmen.

UNTERKUNFT

Für die im Text genannten Unterkünfte gelten folgende Preiskategorien:
$ – bis 50 US-Dollar,
$$ – bis 100 US-Dollar,
$$$ – bis 150 US-Dollar,
$$$$ – über 150 US-Dollar
jeweils für ein Doppelzimmer ohne Verpflegung.

Jamaika verfügt über eine vielfältige Palette an Unterkünften mit einem breiten Preisniveau. Das *Jamaica Tourist Board* gibt zweimal jährlich ein Hotelverzeichnis heraus. Die darin aufgeführten etwa 140 Hotels und 300 *Guest Houses* sind hinsichtlich der Qualität und der Preise überprüft. .

Hotels

Luxuriöse Häuser liegen meist am Rande der beliebten Ferienorte, verfügen über einen eigenen Strand und vielfältige Sportmöglichkeiten. Einige sind ganz auf Golfer oder Taucher eingestellt. Die meisten Hotels gehören zur Mittelklasse. Man kann je nach Saison und Serviceleistung – Voll- oder Halbpension oder nur Übernachtung mit Frühstück – zwischen verschiedenen Angeboten und Preisniveaus wählen. Während der Hauptsaison im Winter ist eine frühe Reservierung ratsam.

All Inclusive-Resorts

Gut zwei Dutzend dieser speziellen Anlagen befinden sich an der Nord- und Westküste, die teils exklusiv auf Alleinreisende, Paare oder Familien ausgerichtet sind. Für einen Pauschalpreis ist hier jede Annehmlichkeit vom Menü über Cocktails bis zu Postkarten frei erhältlich. Der Tagespreis ab 120 US-Dollar klingt zwar hoch, relativiert sich aber, da die Reisekasse ansonsten geschont wird. All Inclusive-Resorts liegen meist abgeschirmt vom Leben der Jamaikaner.

Guest Houses

Wenn Jamaikaner unterwegs sind, steigen sie häufig in einfachen *Guest Houses* ab. In diesen Hotels oder Pensionen wohnt der Besitzer meist mit im Haus. Die Unterkünfte sind schlicht eingerichtet, bieten dafür aber unvergleichliches Lokalkolorit. Im Preis sind oft Abendessen oder Frühstück inbegriffen. Man zahlt je nach Qualität zwischen 20 und 70 US-Dollar pro Nacht.

Häuser und Villen

Von einfachen Hütten bis zu Luxusvillen können alle Arten von Unterkünften auch komplett gemietet werden – eine Alternative, die besonders für Familien interessant ist. Entweder versorgt man sich selbst, oder es werden ein Koch und Hauspersonal ge-

stellt. Eine Liste der Anbieter ist vom *Jamaica Tourist Board* erhältlich. Eine gute Auswahl vor allem an der Nordküste bietet die Jamaica Association of Villas and Apartments (JAVA), Pineapple Pl., Box 298, Ocho Rios, ☎ 974-25 08, Fax 974-29 67.

Camping

Offiziell anerkannte und kontrollierte Campingplätze gibt es auf Jamaika nicht. Die angebotenen Areale, auf denen auch einfache Hütten gemietet werden können, sind von unterschiedlicher Qualität. Häufig liegen sie im Bereich beliebter Strände. Nicht auf allen Stränden ist das Campen erlaubt. Wildes Campen ist zwar häufig möglich, aber ein höchst unsicheres Vergnügen. In den Blue Mountains gibt es mehrere Campingplätze für Wanderer.

ESSEN & TRINKEN

Für die im Text genannten Restaurants gelten folgende Preiskategorien:
$ – bis 8 US-Dollar,
$$ – bis 15 US-Dollar,
$$$ – bis 25 US-Dollar,
$$$$ – über 25 US-Dollar
für eine Mahlzeit ohne Getränke.

Die jamaikanische Küche verbindet afrikanische, europäische und asiatische Einflüsse, hat aber auch ganz eigene Züge. Im allgemeinen sind die Gerichte würzig und enthalten viel tropisches Gemüse oder Obst. Restaurants gibt es in allen Qualitäts-

und Preislagen. Wer authentisch speisen möchte, sollte sich an die versteckteren Restaurants abseits der Hauptstraßen oder bei Fahrten über Land an die kleinen Garküchen am Straßenrand halten. Küchenhygiene ist meist nur ein geringes Problem.

Hauptmahlzeiten bestehen aus frisch gefangenem Fisch, Langusten, Huhn, Ziegen- oder Schweinefleisch. Sehr beliebt ist *Jerk*, würzig mariniertes Hühner- oder Schweinefleisch, das dann über Pimentzweigen gegrillt wird. Ansonsten wird für

Fleischeintöpfe gern Curry als Gewürz verwendet. Als Zwischenmahlzeit dienen Suppen, gebratene Kochbananen, mit Hack oder Gemüse gefüllte Blätterteigtaschen *(Patties)* oder Maismehlfladen *(Johnny Cake)*. Auch die große Palette tropischer Früchte von Ananas über Mango, Papaya, Bananen bis zu Melonen und Orangen läßt den kleinen Hunger schnell vergessen.

Außer dem allgegenwärtigen Red Stripe-Bier trinkt man auf Jamaika Soda-Getränke oder Limonaden. Überall wird neben Kaffee auch Tee angeboten – allerdings versteht man unter *Tea* vielerlei verschiedenes Gebräu bis hin zur suppenähnlichen Brühe. Eine köstliche und unbedenkliche Erfrischung ist die Milch aus frisch aufgeschlagenen Kokosnüssen. Wer sich nicht mit der landestypischen Küche anfreunden kann, findet auch andere Restaurants (chinesisch, italienisch) sowie amerikanisches Fast Food der weltbekannten Ketten.

KLEINER SPRACHFÜHRER

Ackee	Gemüse, gekocht und mit Stockfisch oder mit gesalzenem Fleisch zubereitet, ein jamaikanisches Nationalgericht
Anancy	Gott westafrikanischer Stämme, der als Spinne und in Menschengestalt auftritt und als faul und sehr trickreich gilt; Held zahlloser Geschichten
Babyfather	Vater des Kindes. Die meisten Kinder auf Jamaika werden unehelich geboren
Bald Head	Kurzhaarfrisur, im Gegensatz zu langen Rasta-Haaren
Balm-Yard	Ort, an dem eine Heilerin praktiziert
Bammy	Fladenbrot aus dem Mehl der Kassavawurzel, wird häufig mit gebratenem Fisch oder Fleisch gegessen
Breadfruit	Brotfrucht
Browning	Frau mit hellbrauner Hautfarbe
Callaloo	Blattgemüse, schmeckt ähnlich wie Spinat
Common Law Wife	Lebensgefährtin, nicht verheiratet
Calypso	Rhythmische Tanzmusik, stammt von Trinidad
Concorde	100 Jamaica Dollar-Note, fliegt so schnell weg wie das Düsenflugzeug
Coolie	Abschätzig für Jamaikaner indischer Herkunft
Curry Goat	Ziegenfleischeintopf, mit Curry und Chili-Pfeffer
Cuttlass	Machete
D. J.	Diskjockey, aber nicht ›Plattenaufleger‹, sondern Rapper
Dread-Locks	›Löwenmähne‹ eines Rasta, der seine Haare nicht schneidet, sie nur wäscht

Duppy	Seele, Geist eines Verstorbenen		Briten einen 80 Jahre dauernden Guerilla-kampf lieferten
Escoveitch	Fisch mit Essig und Öl zu mariniet	Mento	Rhythmische Volksmusik mit feinsinnigen Texten
Funde	Trommel aus Ziegenfell	Obeah	Schwarze Magie, wird meist von Obeah-Männern praktiziert
Ganja	Marihuana, Cannabis		
Gizzada	Gebäck mit Kokosras-peln		
Gratto	Brotfladen	Panto-mime	Revuetheater, die Saison dauert von Weihnachten bis in den Mai
Greenback	US-Dollarnote		
Higgler	Straßenhändler/in, Marktverkäufer,		
Irie	Cool, Ausdruck aus der Rasta-Sprache	Parish	Verwaltungsbezirk, ursprünglich Kirchendistrikt, es gibt 14 *Parishes* auf Jamaika
Irie-FM	Beliebter Radiosender für Reggae-Musik		
JDF	Jamaica Defense Force, Armee von Jamaika	Patties	Mit Fleisch oder Gemüse gefüllte Blätterteigtaschen
Jelly	Weiches Fruchtfleisch der noch unreifen Kokosnuß		
		Plantain	Kochbanane
Jelly Water	Süßliches, erfrischendes Wasser der jungen Kokosnuß	Rent-a-Dread	Männlicher Prostituierter mit Rasta-Haaren, kein Rastafari
Jerk Chicken, Jerk Pork	Scharf mariniertes Hühner- oder Schweinefleisch, über Pimentzweigen gegrillt	Rice and Peas	Reis mit Kidney-Bohnen, mit Kokosmilch zubereitet
		Scandalbag	Einkaufstüte aus Plastik
Kumina	Auf Jamaika populäre Naturreligion der Bantu	Spliff	Marihuana-Joint
		Stew Peas	Eintopf aus Rindfleisch und roten Bohnen
Mannish Water	Suppe aus Ziegenkopf, Eingeweiden und Gemüse, soll die Potenz stärken	Tea	Heißgetränk oder klare Suppe, auch als *fish-tea*
		Trade-Wind	Passatwind
		Yabba	Irdene Krüge mit traditionellen Mustern
Maroons	Nachkommen ehemaliger Sklaven, die den	Yam	Stärkehaltige Knollenfrucht

REISEINFORMATIONEN VON A BIS Z

Alkohol

Das auf der Insel gebraute, sehr wohlschmeckende und erfrischende *Red Stripe Beer* hat fast den Rang eines Nationalgetränks und ist überall auf Jamaika erhältlich. Daneben ist auch das dunkle, schwere *Dragon Stout* eine Kostprobe wert. Das niederländische *Heineken* wird vor Ort in Lizenz hergestellt.

Das vielfältige Angebot an Rum auf Jamaika reicht von dunklen bis zu weißen Sorten. Die Jamaikaner bevorzugen meist den weißen *Overproof Rum* (etwa 63 % Alkohol), den die verdünnt mit Wasser oder Fruchtsaft trinken. Rum bildet auch die Grundlage für einige der Liköre, die teils auch Kaffeebohnen oder Obst als Bestandteil haben. In *Old Jamaica*-Sorten werden tropische Früchte verwendet, weit über die Insel hinaus berühmt ist der Kaffee-Likör Tia Maria.

Apotheken

In den meisten Städten und Ortschaften auf Jamaika bieten *Pharmacies* ein Standardsortiment an Medikamenten oder können das gewünschte Präparat nach einem Rezept herstellen. Die Öffnungszeiten variieren; viele Apotheken haben bis 21 Uhr und auch an Sonntagen geöffnet. Wer besondere Medikamente benötigt, sollte diese unbedingt in ausreichender Menge von daheim mitbringen.

Ärztliche Versorgung

Die medizinische Versorgung im Land ist flächendeckend; alle Städte verfügen über Krankenhäuser, größere Ortschaften über sogenannte *Medical Centres*. Diese öffentlichen Praxen sind sehr günstig, aber meist überfüllt.

Private Ärzte und Polikliniken bieten individuellen Service, jedoch zu höheren Kosten. In großen Hotelanlagen hat meist am Vormittag eine Krankenschwester Dienst. Auslandskrankenscheine werden nicht akzeptiert. Wer eine Auslandsreisekrankenversicherung abschließt, erhält daheim bei Vorlage von ärztlichem Attest und Quittungen die Kosten abzüglich einer Selbstbeteiligung erstattet.

Auskunft

Für touristische Auskünfte auf Jamaika wendet man sich an das *Jamaica Tourist Board* (JTB), das mehrere Büros unterhält:

JTB Kingston, 2 St. Lucia Ave., Kingston 5, ☎ 929 92 00, 9 24-80 24 (Flughafen), Fax 9 29-93 75

JTB Montego Bay, Cornwall Beach, Montego Bay, ☎ 9 52-44 25 und 9 52-24 62 (Flughafen), Fax 9 52-35 87

JTB Ocho Rios, Ocean Village Shopping Centre, Ochos Rios, ☎ 9 74-

25 82 oder 9 74-25 70, Fax 9 74-25 59

JTB Port Antonio, City Centre Plaza, Port Antonio, ✆ 9 93-30 51 oder 9 93-25 87, Fax 9 93-21 17

JTB Negril, Coral Seas Plaza, Shop No. 9, Negril, ✆ 9 57-42 43, Fax 9 57-44 89

JTB Black River, Hendriks Building, 2 High St., Black River, ✆ 9 65-20 74, Fax 9 65-20 76

In manchen Touristenorten befinden sich in Shell-Tankstellen und Verkaufskiosken kleinere Büros der *Jamaica Traveller Information.*

Banken

Es gibt auf Jamaika mehrere staatliche und kommerzielle Banken, die auch Filialen in vielen größeren Orten der Insel haben. Meistens sind die Banken in den Städten Mo bis Do von 9 bis 14 Uhr und Fr bis 16 Uhr geöffnet, andere schließen um 12 Uhr und haben noch einmal von 14.30 bis 17 Uhr geöffnet. In der Nähe von Touristenzentren unterhalten die Banken spezielle Wechselbüros *(Bureaux de Change),* diejenigen auf internationalen Flughäfen haben durchgehend geöffnet.

Diplomatische Vertretungen auf Jamaika

... von Deutschland
Botschaft der Bundesrepublik Deutschland, 10 Waterloo Rd.,

Kingston 10, ✆ 9 26-67 28 oder 9 26-67 29, Fax 929-82 82

... von Österreich
Österreichisches Konsulat, 2 Ardenne Rd., Kingston 10, ✆ 9 29-52 59, Fax 9 53-25 58

... der Schweiz
Schweizerisches Konsulat, 105 Harbour St., Kingston 5, ✆ 9 78-78 57, Fax 9 78-85 63

Drogen

Das Angebot an Marihuana ist reichlich, der Konsum hingegen streng verboten. Auch wenn bei Einheimischen der Genuß leichter Drogen oft toleriert wird, kennt die Polizei bei Touristen häufig kein Pardon. Die saftige Geldstrafe und der Aufenthalt in jamaikanischen Gefängnissen bis zur Abschiebung sind kein Vergnügen.

Einkaufen

Die Geschäfte und Einkaufszentren bieten eine breite internationale Produktpalette. Hier wie auch in den kleinen hoteleigenen Läden ist das Preisniveau relativ hoch. Wer es urwüchsiger mag, wird vorrangig auf den lebhaften Märkten einkaufen.

Elektrizität

Die Stromspannung beträgt 110 Volt; mitgebrachte Elektrogeräte müssen umschaltbar sein. Für die Benutzung ist ein flachpoliger Adapterstecker nötig.

Feiertage

1. 1.	New Year's Day
Aschermittwoch	Ash Wednesday, beweglich
Karfreitag	Good Friday, beweglich
Easter Monday	Ostermontag, beweglich
23. 5.	Tag der Arbeit
Labour Day	Erster Montag im August
Independence Day	Unabhängigkeistag, dritter Montag im Oktober
National Heroes Day	Tag der Nationalhelden
25. 12. Christmas Day	Erster Weihnachtstag
26. 12. Boxing Day	Zweiter Weihnachtstag

Feste und Festivals

Die Feste der Jamaikaner sind aufgrund ihrer Vorliebe für farbenprächtige Kleidung und ausgelassene Musik oft ein Augen- und Ohrenschmaus besonderer Art. Im Laufe des Jahres gibt es eine ganze Reihe von Anlässen zum Feiern:

6. 1.

Accompong Maroon-Festival anläßlich der Unterzeichnung des Friedensvertrages zwischen der früher weißen Regierung der Insel und den *Maroons*. Es wird mit einem Straßenfest in Accompong begangen.

6. 2.

Zum Geburtstag von Bob Marley werden an vielen Orten Konzerte gegeben. Von Florida segeln Hochseejachten zum Pineapple Race nach Montego Bay.

Ostern

Um Ostern herum findet die viertägige Montego Bay Yacht's Club Easter Regatta an der Nordküste statt.

April

Anfang des Monats wird der einwöchige Jamaica Carnival gefeiert. Die Bewohner von Kingston, Montego Bay und Ocho Rios veranstalten Kostümparaden, Calypso- und Soca-Bands spielen mehrere Tage lang.

Juni

Musiker aus aller Welt kommen Mitte des Monats zum Ocho Rios Jazz Festival und spielen eine Woche lang auf vielen Konzerten. Den Juni hindurch präsentiert die National Dance Theatre Company ein Programm mit Musik- und Tanzdarbietungen.

Juli/August

Ende Juli/Anfang August ist Reggae Sumfest, ein internationales Reggae-Festival, das jedes Jahr in Montego Bay stattfindet, mehrere Tage lang die beliebteste Attraktion für Zehntausende.

Am ersten Montag im August wird landesweit der Unabhängigkeitstag mit kulturellen Veranstaltungen und einer Parade in Kingston gefeiert.

Mitte August wetteifern in Discovery Bay beim National Pushcart Derby die Fahrer von Schubkarren und den ungewöhnlichsten Seifenkisten miteinander – ein großer Spaß für Jung und Alt.

September

Ende des Monats treten die Schönsten der Insel beim Miss Jamaica World

Beauty Pageant um den begehrten Titel und die Aufstiegschancen zu internationalen Wettbewerben an.

Oktober

In der dritten Oktoberwoche lockt das Blue Marlin Tournament – ein traditioneller, in der Karibik bekannter Hochseeangelwettbewerb – nach Port Antonio.

Dezember

Mitte Dezember ist Montego Bay Austragungsort des Johnnie Walker World Championship of Golf. Am 26. Dezember beginnen im Ward Theatre von Kingston die Aufführungen der National Pantomime.

Foto und Video

Neben der überwältigenden Landschaft sind auch die Bewohner Jamaikas ein beliebtes Fotomotiv. Fragen Sie auf jeden Fall um Erlaubnis, bevor Sie auf den Auslöser drücken! Sie vermeiden aggressive Reaktionen, da der Mangel an Respekt als grobe Unhöflichkeit gilt. Wenn die Menschen eine geringe Geldsumme fordern, ehe sie sich ablichten lassen, sollte man entweder zahlen oder die Kamera geschlossen lassen.

Auf Jamaika sind Negativ- und Diafilme erhältlich, aber oft zu recht hohen Preisen. Wer viel fotografieren will, sollte genügend Filme von daheim mitbringen. Belichtete Filme sollten kühl gelagert und möglichst bald entwickelt werden.

Einfaches Fotozubehör wie die unbedingt zu empfehlenden UV-Filter wird in vielen Fachgeschäften und Drogerien angeboten. Unbespielte Videokassetten sind überall erhältlich; auch hier muß mit hohen Preisen gerechnet werden.

Frauen allein auf Jamaika

Alleinreisende Frauen, die sich vor ›Anmache‹ abschirmen wollen, sind im Schutz einer Ferienanlage am besten aufgehoben. Wer allein und individuell die Insel bereisen möchte, muß darauf gefaßt sein, häufige Annäherungsversuche mit einem kurzen und bestimmten »No, thank you!« abzulehnen. Alleinreisende Frauen gelten bei vielen männlichen Jamaikanern als Aufforderung, sich ihnen als Partner anzudienen. Dies gilt vor allem in Touristenhochburgen wie Negril, Ocho Rios oder Montego Bay. Dahinter steht zum einen das Verlangen nach sexuellen Abenteuern, häufig jedoch gleichermaßen der Wunsch, sich als Begleiter einer wohlhabenden Europäerin oder Nordamerikanerin - unter Umständen nicht nur für den Urlaub - materiell zu verbessern.

Rent a dread nennt man auf Jamaika die Männer, die ihre sehr persönlichen Dienste Touristinnen gegen Geld anbieten. Viele dauerhafte Verbindungen von Jamaikanern mit (ehemaligen) Touristinnen zeigen jedoch auch, daß harmonische Partnerschaften möglich sind, die über kurzfristige Strand- oder Diskobekanntschaften hinausgehen.

Für sexuelle Abenteuer gilt es, wie überall auf der Welt, Vorsichtsmaßnahmen zu treffen und sich vor eventuellen Ansteckungen zu schützen. Mitarbeiterinnen an den Rezeptionen von Hotels, können alleinreisenden Frauen meist gute Tips geben, welche Gegenden und Orte zu meiden sind.

Auch bei Fragen unterwegs sind jamaikanische Frauen meist hilfsbereite Ratgeberinnen, die auch schon einmal allzu zudringliche Bewerber in ihre Schranken verweisen.

Das Women Crisis Center, 18 Ripon Rd., Kingston 5, ✆ 9 29-29 97, hilft allen in Not geratenen Frauen, auch weiblichen Besuchern von Jamaika.

Geld

Die offizielle Währung – der Jamaica-Dollar, abgekürzt J$ und *Jay* genannt – ist in 100 Cent unterteilt. Es gibt Münzen zu 1, 5, 10, 20, 25 und 50 Cent sowie 1 und 5 J$ sowie Banknoten zu 1, 2, 5, 10, 20, 50 und 100 J$. Die Wechselkurse ändern sich nach Angebot und Nachfrage, und es ist illegal, schwarz Devisen gegen Landeswährung zu tauschen. Die offiziellen Transaktionen sind gebührenpflichtig.

Fast überall auf Jamaika kann man legal auch mit US-Dollar bezahlen, doch es empfiehlt sich ein Vergleich, in welcher Währung man die günstigeren Konditionen erhält. Viele Preise werden in US-Dollar angegeben. Bei Unklarheiten ist es besser zu fragen, welche Währung und damit welcher Preis gilt. Die meisten Hotels, Restaurants und größeren Geschäfte akzeptieren auch Kreditkarten von Master/EuroCard oder Visa, einige wenige auch American Express.

Reiseschecks sollte man in US-Währung und nur in Werten bis zu 100 Dollar ausstellen lassen. Da Jamaica-Dollar weder ein- noch ausgeführt werden dürfen, empfiehlt es sich, für das Rücktauschen des Restgeldes beim Ende der Urlaubsreise die Wechselquittungen aufzubewahren. Wer seine Reiseschecks oder Kreditkarten verloren hat, sollte sich sofort um Sperrung und Ersatz kümmern.

Hochzeit

Heiraten auf Jamaika ist bei Urlaubern recht beliebt. Spontan Entschlossene müssen sich mindestens 24 Stunden auf der Insel befinden und eine beglaubigte Kopie ihrer Geburtsurkunde mitführen sowie eventuell die Scheidungsurkunde und – bei Ehewilligen unter 21 Jahren – ein Erlaubnisschreiben der Eltern. Sämtliche Dokumente müssen in englischer Sprache vorliegen. Viele größere Hotels bieten besondere Hochzeitsarrangements an. Nach der Heirat werden die Dokumente von der Botschaft des Landes beglaubigt und in den Heimatort nachgeschickt.

Karten

Das *Jamaica Tourist Board* gibt »Discover Jamaica«-Landkarten heraus, die hinsichtlich der topographischen und touristischen Details für einen Urlaub meist ausreichen. Man erhält sie an den Tankstellen oder in JTB-Büros.

Die Karten des *Jamaica Ordnance Survey* sind weit präziser, doch können nur selten alle benötigten Einzelblätter auch geliefert werden. Man bekommt sie im Survey Department, 23 1/2 Charles St., Kingston 10 (✆ 9 22-66 30) zum Preis von 5 US-Dollar pro Blatt.

Maße, Gewichte und Temperaturen

Entsprechend seiner Geschichte als ehemals britischer Kolonie wird in Jamaika trotz begonnener Umstellung auf das metrische System noch fast immer in Meilen, Gallonen und Fahrenheit gemessen. Die Entfernungen an Straßenschildern werden häufig bereits in Kilometern ausgewiesen.

1 inch – 2,54 cm
1 foot – 30,48 cm
1 yard – 91,44 cm
1 mile – 1,609 km
1 fluid ounce – 29,57 ml
1 pint – 0,47 l
1 quart – 0,95 l
1 gallon – 3,79 l
1 ounce – 28,35 g
1 pound – 453,59 g

Die Temperaturangaben können nach folgender Formel von Fahrenheit auf Celsius umgerechnet werden: Wert in Fahrenheit minus 32 dividiert durch 1,8 = Wert in Celsius.

Notruf

Feuerwehr und Ambulanz erreicht man unter ☎ 1 10, die Polizei unter ☎ 1 19. Das *Jamaica Tourist Board* hat zwei Rufnummern für Notfälle und dringende Auskünfte. Sie sind 24 Stunden besetzt: ☎ 0-8 88-9 91-99 99, 0-8 88-9 91-44 00.

Öffnungszeiten

Behörden und Büros haben Mo bis Fr von 9 bis 17 Uhr geöffnet, Geschäfte und Einkaufszentren Mo bis Fr von 8 oder 9 bis 17 Uhr, Sa bis 12 Uhr; manche Läden schließen Mi oder Do für einen halben Tag. In der Nähe von Touristenzentren haben viele Geschäfte jeden Tag bis in die Abendstunden geöffnet. Die Öffnungszeiten von Museen variieren. Viele haben jedoch am Wochenende oder montags geschlossen.

Post

Bei mehr als 300 Postämtern oder kleinen *Postal Agencies* ist dieser Service auf Jamaika überall vertreten. Generell kann man zwischen 9 und 17 Uhr Briefmarken kaufen, größere Postämter haben Sparkassen- und Faxservice. Auch Hotels und Souvenirgeschäfte halten Briefmarken vorrätig. Luftpostbriefe (40 J$) und Postkarten (30 J$) nach Europa benötigen zwei bis vier Wochen. Da es nur wenige Briefkästen gibt, sollte man seine Post am besten an der Hotelrezeption abgeben. Faxservice wird in manchen Orten auch von privaten Firmen angeboten. Da der Versand von Päckchen nicht unbedingt sicher ist, sollten wertvollere Gegenstände mit *UPS* oder *Federal Express* geschickt werden.

Preise

In den meisten Läden sind die Preise festgelegt, und nur selten läßt sich daran mit Handelsgeschick etwas ändern. Bei Straßenhändlern und auf den Märkten sieht es anders aus: Das Feilschen um Preise – *higgling* –, freundlich und mit Humor, gehört hier einfach dazu. Wenn der Ton schroff wird, sollte man besser gehen.

Radio und Fernsehen

Die *Jamaica Broadcasting Company (JBC)* strahlt zwei nationale Fernsehprogramme aus, *JBC One* und *JBC Two*. Die *Public Broadcasting Company (PBC)* soll die Rolle eines öffentlich-rechtlichen Fernsehens nach dem Modell des US-amerikanischen *Public TV* übernehmen.

Viele Hotels bieten Satelliten- oder Kabelfernsehen zumeist aus den Programmen der USA. *CNN* gehört inzwischen auch hier zum Standard, und gelegentlich wird gegen Gebühr das werbefreie *HBO*-Programm angeboten.

Drei staatliche und drei kommerzielle Stationen bedienen den Rundfunkbereich. Beliebt sind Talk-Shows, bei denen angerufen werden kann. Neben Sport gehört auch eine umfangreiche politische Berichterstattung zum Programm.

Irie FM, der beliebteste Sender auf Jamaika, bietet Reggae-Musik und Informationen. *Love FM* hat sich auf Soft-Pop made in USA spezialisiert, *KLAS FM* und *Power 106 FM* senden überwiegend amerikanische Unterhaltungsmusik.

Sicherheit

Jamaika ist kein gefährliches Reiseland, solange man die auch sonst überall ratsame Vorsicht walten läßt. Größere Geldbeträge sollten nicht in aller Öffentlichkeit gezeigt und – wenn man sie nicht im Hotelsafe läßt – an einem sicheren Ort am Körper (Geldgürtel, Brustbeutel) getragen werden. Wertsachen verwahrt man am besten im Safe des Hotels. Besonders auf Märkten oder in engen Gassen treiben mitunter Taschendiebe ihr Unwesen; Foto- und Videokameras sind dann in einer verschließbaren, eng am Körper getragenen Tasche gut aufgehoben.

In Kingston wie in anderen größeren Städten sollte man tags wie nachts die Elendsviertel meiden. Nicht sinnvoll sind nächtliche Spaziergänge an einsamen Strandabschnitten. Auch wenn die Kriminalitätsrate in bestimmten Gegenden hoch und der Besitz von Waffen verbreitet ist, sind Überfälle auf Touristen die Ausnahme. Es kann nicht schaden, sich am Verhalten der Einheimischen zu orientieren – wenn in bestimmten Gegenden nachts niemand auf der Straße ist, gibt es zumeist triftige Gründe dafür.

Souvenirs

Sehr beliebte Reisemitbringsel sind kunsthandwerkliche Produkte. In Läden, auf Märkten und an Straßenständen werden Schnitzereien, Körbe, Strohhüte, Puppen, Lederwaren und Gemälde angeboten. Die Preisunterschiede sind oft beachtlich. *Things Jamaican*, die staatlich unterstützten Verkaufsstellen für jamaikanisches Kunsthandwerk, sind in allen Urlaubszentren vertreten. Bei Produkten aus Korallen oder Muscheln fördert der Kauf den hemmungslosen Raubbau an der Natur. Zudem ist die Ausfuhr von Tieren oder Pflanzen streng untersagt. Blue Mountain-Kaffee, Gewürzmischungen und Rumprodukte kann man am Ende des Urlaubs auch in der Abflughalle der Flughäfen kaufen.

Sport

Cricket

Der Nationalsport der Jamaikaner wird auf vielen Plätzen, selbst in kleinen Dörfern gespielt. West-indische Cricket Teams sind gewohnt, selbst Engländer zu schlagen. Deutschsprachige Urlauber sollten lieber bescheiden zuschauen.

Golf

Golfzentrum der Insel ist Montego Bay mit vier Plätzen. Kingston und Runaway Bay bieten je zwei Anlagen, Negril, Ocho Rios, Mandeville und Port Antonio je ein *Green*. Die *Green Fees* bewegen sich zwischen 13 und 150 US-Dollar.

Hochseeangeln

Dieses vor allem bei US-Amerikanern beliebte Freizeitvergnügen wird in Port Antonio, Negril, Montego Bay und Ocho Rios angeboten.

Joggen

Es mag vielleicht ein ungewöhnlicher Anblick sein, wenn Jogger in der Innenstadt von Kingston ihre Runden drehen – inzwischen verfügen aber viele Hotels und Ferienanlagen über eigens angelegte Laufstrecken, oft entlang schöner Küstenabschnitte.

Reiten und Polo

Reitställe gibt es in Ocho Rios, Port Antonio, Negril, Montego Bay, Chukka Cove und Mandeville. Auch die Hotels helfen bei Arrangements. Ein zweistündiger Ausritt kostet zwischen 20 und 40 US-Dollar. Polo kann man in Chukka Cove lernen, ist ansonsten aber ausschließlich Zuschauersport; Termine sind den örtlichen Veranstaltungskalendern zu entnehmen.

Schwimmen

Mehr als 300 km Strand und klares angenehm warmes Wasser machen Jamaika zur idealen Bade-Insel. Hotelstrände und öffentlich zugängliche Abschnitte wechseln sich ab. Wer ins Wasser gehen möchte, sollte sich vor allem an der Ost- und Südküste nach Strömungen erkundigen. Die Gefahren, die von Haien, Quallen, Seeigeln, Muränen und Stachelrochen drohen, sind gering.

Segeln/Windsurfen

Segelausflüge bis etwa drei Stunden Dauer kosten 30 US-Dollar pro Kopf. Es handelt sich um Bootstouren mit jamaikanischem Kapitän. Montego Bay, Port Antonio und Kingston verfügen über größere Jachthäfen. Einfachere Boote zum Herumschippern werden an vielen Stränden zum Preis ab 30 US-Dollar pro halbem Tag offeriert, Windsurfbretter gibt es ab ca. 10 US-Dollar pro Stunde.

Surfen

Jamaika ist kein Urlaubsziel für Surfer. Lediglich vor der Küste von Boston Beach am Ostende der Insel lassen Wind und Wellen gute Surfbedingungen entstehen.

Tauchen

Schnorcheln kann man überall, wo Küste und Wellen es zulassen. Das klare Wasser und die Meeresfauna und -flora der Korallenriffe machen auch für Ungeübte ein Probeschnorcheln zum Erlebnis. Die Leihgebühr für Schnorchel und Flossen beträgt etwa 10 US-Dollar pro Tag. Wer häufiger ins Wasser will, bringt die Ausrüstung besser von daheim mit. **Achtung:** Beim Schnorcheln besteht erhöhte Gefahr von Sonnenbrand; versierte Wasserfreunde ziehen ein T-Shirt an.

Organisiertes Flaschentauchen – *Scuba Diving* – ist vor Negril, Montego Bay, Runaway Bay, Ocho Rios und Port Antonio möglich. Besonders die Nordküste ist ein hervorragendes Tauchrevier. Viele Anbieter verleihen die Ausrüstung (35–60 US-Dollar pro Tag) und führen Kurse durch. Solche Lehrgänge gehören auch zum Programm zahlreicher Hotels. **Achtung**: Die ›freien‹ Tauch-Guides, die an den Stränden unterwegs sind, haben oft keine Ausbildung in Sicherheitsfragen.

Tennis
Viele Hotelanlagen verfügen inzwischen über Tennisplätze; Schläger können geliehen werden oder stehen gratis zur Verfügung.

Wandern
Ein Ausflug in den Blue Mountains and John Crow National Park kann zum Highlight des Inselurlaubs werden. Wer bis zum 2256 m hohen Blue Mountain Peak hinaufsteigen will, muß ein geübter Wanderer sein und über gute Kondition verfügen, aber es gibt auch einfachere Pfade. Die hohe Luftfeuchtigkeit und Temperatur bringen aber auch auf vermeintlich einfachen Strecken ungewöhnliche Anstrengungen mit sich. Außerhalb der Blue Mountains ist Jamaikas Wegenetz unterentwickelt, auch wenn es Wandermöglichkeiten über Hunderte von Kilometern querfeldein gibt.

Wasserski
An fast allen Stränden, an denen sich ausreichend viele Touristen aufhalten, wird der schnelle Ritt über die Wellen hinter PS-starken Motorbooten angeboten.

Sprache

Jedermann auf Jamaika versteht und spricht Englisch – wenn auch oft mit einer besonderen Aussprache. Das th wird wie t oder d gesprochen, und häufig mischen sich auch Ausdrücke aus dem Patois in das Gespräch. Untereinander verständigen sich die Jamaikaner meist in Patois (vgl. S. 43f.), einem Dialekt, der mit gewissen Unterschieden in den ehemaligen britischen und französischen Kolonien in der Karibik gesprochen wird (vgl. S. 211).

Steuern

Auf Hotel- und Restaurantrechnungen und Waren in den meisten Geschäften wird eine Verbrauchssteuer in Höhe von 15 % erhoben.

Telefon und Telefax

Jamaika verfügt über ein leistungsfähiges digitales Telefonnetz, auch wenn nur weniger als 2 % der Bevölkerung einen privaten Anschluß haben. Überall im Land findet man öffentliche Fernsprecher, die meist mit einer *Cable & Wireless*-Telefonkarte benutzt werden können. Diese ist erhältlich in Läden, Hotels, Banken und Kiosken mit dem Schild »Phone

Cards on Sale«. Bei Gesprächen von Münzgeräten wirft man das Geld erst ein, wenn sich der gewünschte Teilnehmer meldet.

Wer vom Hotel nach Europa telefoniert, muß häufig hohe Zuschläge zahlen. Preiswerter ist die Verwendung einer Telefonkarte. Sie wird meist über die Kreditkarte oder die heimische Telefonrechnung abgebucht. Es kommt vor, daß ein jamaikanischer Telefonvermittler behauptet, man könne diese Karten nicht verwenden. In einem solchen Fall beendet man am besten den Versuch und probiert es mit einem anderen Vermittler.

Bei Auslandsgesprächen von Telefonzellen muß zunächst die *Access number* der jeweiligen Telefonkarte und dann die entsprechende nationale Auslandsvorwahl gewählt werden. Mit ☏ 0 11 49 ereicht man die Bundesrepublik, mit ☏ 0 11 43 Österreich und mit ☏ 0 11 41 die Schweiz. Beim Weiterwählen fällt die 0 der Ortskennziffer weg. Von Europa erreicht man mit der Vorwahl ☏ 0 01-876 sämtliche Telefon- und Faxanschlüsse auf Jamaika.

Handys – *Cellular Phones* – können gegen Kaution mitgebracht werden, ihr Funktionieren hängt von Frequenz und Funknetz ab. Wer mobil telefonieren will, kann ein Handy beim Cellular Service von Cable & Wireless mieten (Call Center: ☏ 1-8 88-2 25-52 95). Cable & Wireless-Büros findet man in vielen Orten. Die Telefongebühren betragen 3 US-Dollar pro Minute.

Telefaxe können in verschiedenen Orten in Postämtern, kommerziellen Service-Einrichtungen oder von vielen Hotelrezeptionen aufgegeben werden.

Trinkgeld

Häufig ist ein Trinkgeld *(Tip)* von 10 bis 15 % im Preis inbegriffen, auch wenn es auf der Rechnung in Restaurants und Hotels versteckt angegeben wird. Wo das nicht der Fall ist, sollte man bei gutem Service ein Trinkgeld von etwa 10 % geben. In einigen Ferienanlagen ist es den Mitarbeitern verboten, Trinkgelder anzunehmen. Zimmerpersonal und Gepäckträger bekommen 50 Cents bis 1 Dollar pro Tag bzw. pro Gepäckstück, Taxifahrer 10 bis 15 % vom Fahrpreis.

Wasser

Fast überall auf der Insel hat das Leitungswasser gute Qualität und ist zum Trinken geeignet. Die wenigen Ausnahmen sind gekennzeichnet.

Zeit

Die Differenz zur mitteleuropäischen Zeit beträgt im Sommer minus sieben, im Winter minus sechs Stunden.

Zeitungen

In allen Orten mit internationalen Urlaubern sind amerikanische und englische Zeitschriften und Zeitungen erhältlich – allerdings zum Dreifachen ihres normalen Preises. In Montego Bay und Negril gibt es vereinzelt deutsche Blätter, die aber meist nicht aktuell und ebenfalls sehr teuer sind.

Im Land erscheinen Blätter wie die konservative Tageszeitung »The Gleaner«, »Sunday Gleaner«, das Boulevardblatt »The Star« und der zweimal wöchentlich publizierte »Jamaica Observer«. Kleinere Tageszeitungen erscheinen in verschiedenen Städten und Orten. Vor allem an Touristen wenden sich der monatlich herausgegebene »Jamaica Tourist Guide« sowie der vierzehntägig erscheinende »The Vacationer«. Beide Blätter sind gratis und enthalten einen Veranstaltungskalender.

ABBILDUNGSNACHWEIS

Hauke Dressler / Look, München: vordere u. hintere Umschlaginnenklappe, Umschlagrückseite oben u. Mitte, S. 52, 70, 92, 105, 176/77, 190/91

Kinoarchiv Peter W. Engelmeier, München: S. 40

Christian Heeb / Look, München: Titelbild, S. 2/3, 16, 30/31, 60, 86, 116, 125, 127, 180/81, 189

Jamaica Tourist Board, Frankfurt: S. 14

Gerold Jung, Ottobrunn: S. 12/13, 111, 130, 149, 152/53, 158, 161, 165

Thomas Kanzler, Dießen: S. 10/11, 96, 112/13, 114, 138, 155

Bildagentur Schapowalow, Hamburg: S. 62/63, 65, 68, 81, 85, 95, 99, 102/03, 122/23, 145

Jörg Steinert / White Star, Hamburg: S. 8, 23, 26, 54, 57, 73, 77, 78, 87, 128, 173, 179

Martin Thomas, Aachen: Umschlagrückseite unten, S. 1, 19, 20, 24/25, 38, 45, 49, 50, 58, 108, 121, 143, 156/57, 162/63, 169, 170, 175, 183, 185, 197

Ullstein Bilderdienst, Berlin: S. 37, 47

Zitate

Das Zitat auf Seite 61 wurde entnommen aus: „IAN FLEMING, 007 James Bond jagt Dr. No", © alle deutschsprachigen Rechte bei Scherz Verlag, Bern und München, lieferbar als Scherz Krimi Nr. 1212

Das Zitat auf Seite 106 wurde entnommen aus „Nichts wie weg", Peter-Paul Zahl, © Verlag Das Neue Berlin, 1994.

Karten und Pläne

Berndtson & Berndtson Productions GmbH, Fürstenfeldbruck
© DuMont Buchverlag, Köln

REGISTER

Ortsregister

Personenregister